應用社會科學調查研究方法系列叢書 9

電話調查方法

Telephone Survey Methods
Sampling, Selection, and Supervision

Paul J. Lavrakas 著
朱瑞淵、王昭正譯
王金利校閱

弘智文化事業有限公司

Paul J. Lavrakas

Telephone Survey Methods : Sampling, Selection, and Supervision

Copyright © 1993
By Sage Publications, Inc.

Chinese edition copyright © 1999
By Hurng-Chih Book Co., Ltd..
For sales in Worldwide.

ISBN 957-97910-1-5
Printed in Taiwan, Republic of China

第二版序

　　當我在 1980 年代中期著手編寫本書之首版時,被應用於電話調查中的調查研究方法論,才屬於剛萌芽的起步階段而已。從那時起,數量龐大的各種新的方法論研究,如雨後春筍般地開始被發表公布;而每年也都有許多以方法論為基礎的重要研究,被學者們加以進行及發表。其中最為著稱者,則是 Bob Groves 與他的同僚們(e.g., Biemer, Groves, Lyberg, Mathiowetz & Sudman, 1991; Groves, 1989; Groves, Biemer, Lyberg, Massey, Nicholls & Waksberg, 1988),對於任何一位調查研究人員在介入某項調查案的規劃、執行以及解釋時,所應該小心謹慎及關切的考慮方向上,造成一種極為重要的衝擊。時至今日,那些審閱報告及細心謹慎的決策者們,都會對可能影響到各項調查案之精確嚴密性的許多來源加以考量——例如在涵蓋範圍上的誤差、未獲回應的誤差、測量方法上的誤差,以及抽樣誤差等;以確定在一項意有所圖之調查案的設計方向上,是否如他預期的結果,或者在解釋一個已完成的調查。

　　在《電話調查之方法:抽樣、選擇及監督》的第二版

中，不僅反映了許多新的改變，而且也包括我個人在考量電話調查方法之規劃與實施上的成長（我希望不致於言過其實）。此版本之問世，乃是在我完成第一版以後、又累積了與電話調查有關的長達八年之額外經驗，以及自從1980年代中期、由有關於整體性調查誤差之領域中所學到及所著述者（cf. Fowler, 1993; Groves, 1989），嘔心瀝血彙編而成的結晶。在遵循這項觀點的前題下，此版本也將第一版中所述及的導引主題，使其更為明確化：使用各種電話調查方法，試圖減少出現誤差的可能來源（亦即偏見與變異數），以期獲致高品質（也就是精確）的結果。

我改編本書之目的，完全與第一版中之目的一致：針對那些正在進行、或是考慮進行一項電話調查的所有人，提供他們一種詳細而適用的研究途徑。我個人一直都對下列的看法深信不疑：當一位研究人員要選擇使用何種作法對調查資料進行蒐集時，在絕大部分情況下，他必須在一開始的時候，就針對是否應該利用電話、或者是採用其他方式（不論是因為電話方式並不切合此項調查之目的，或者是由於在可取得的各種來源中、電話方式並不可行），做出明確的決定。在這種情形下，我也深信：只要是在適切及可行的情況下，電話調查應該是一種較佳的選擇方式；因為它可以提供絕佳的機會，來針對整個調查過程的品質建立管控，更因此而使得降低整體性抽樣誤差的機會獲得改善。

雖然如此，我在做這種陳述的時候，並不代表著我建議各位在選用調查模式時，總是依循著那種「二選一」

（either/or）的決策方式。就如我在本書中所提到的，各種混合模式（mixed mode）——也就是使用一種以上的模式（例如：電話與郵件）進行資料蒐集——的調查，在使用的頻率上已經較以往更為頻繁。身為一位現代的研究人員，他所應該檢視的重點，並不是對各種不同的調查資料之蒐集模式進行相互比較；相反地，他應該考慮如何將不同的模式以組合型態加以運用，以期達到下列目標：充分利用每一種模式的個別優勢、並且使其個別缺點所造成之影響減到最低。

雖然在許多其他的優秀著作中，都提到一般的調查研究方法，而其中也有少數是特別以電話調查為主；但截至目前為止，並沒有任何的著述和本書一樣，是將其當做一種可被實際適用的調查方式。對於藉由電話調查來蒐集資料而言，不論這項調查是以書面記錄式訪談或以電腦輔助式電話訪談進行，本文中都充滿許多與某種高度的公式化過程有關，睢屬世俗、但卻是相當重要的各種細節。當我們在規劃及實施一項電話調查時，如果想要獲得高品質的資料，則將焦點置於世俗及特定的問題上，乃是不可或缺的要素。對於許多在進行電話調查的人而言，他們在表現上都不願意承認建立監控標準在確保有效抽樣及標準化訪談上——對所有的高品質電話調查來說，這兩者應該就是其追求之目標——所具有的重要性；或者是，縱使他們承認其重要性，但是有許多人似乎仍然不願意、以及（或是）無法去達到這項要求所必須付出的努力。

以本書之篇幅而言，要想把與電話調查過程有關的所

有方面都涵蓋在內，那是不可能的事情。因此，我只選擇一般著述中並未深入探討的那些部分——亦即抽樣、受訪者的選取以及監督——來做敘述。特別要提到的是，有關於如何發展專供電話調查中所使用的高品質問卷調查表，在本書內並未提及。取而代之的是，本書提出如何對訪談者在使用這些問卷調查表方面，建立高品質的管控。發展一份高品質的問卷調查表，並不能確保一位調查者能夠獲得高品質的資料；除非是高品質的抽樣及高品質的訪談也同時存在。

就如第一版中所述，我依然假定本書的大部分使用者正打算去規劃與實施某些地方性的電話調查（例如在某市、某郡或某州之中），而並非是針對區域性或全國性的調查。此外，我也假定大部分的使用者並無法由那些大型的學術機構、或是私人部門的調查機構中，獲得各種的資源。

因此，我所探討的有關於蒐集與處理電話調查之抽樣群體的大部分技巧，乃是以地方性的標準為訴求重點；雖然如此，在本版中對於兩階段式的隨機選取撥號（random digit dialing, RDD）抽樣，也賦予極為明顯的關注。除非在地方性的電話調查上已經擁有了極為豐富的經驗，否則任何人都不應該試圖進行一項區域性、或是全國性的電話調查。

本書中對於電腦輔助式電話訪談（computer-assisted telephone interviewing, CATI）的使用，並未提供詳盡的說明；雖然如此，仍有許多的參考資料，乃是依據其與傳統的書面記錄式訪談（paper-and-pencil interviewing, PAPI）

之相似性與差異性而做出的。在過去的十年中，電腦輔助式電話訪談有著極為顯著的成長，而且勢必會繼續成長。雖然如此，它仍舊是屬於一種相當新穎、而且持續在發展的一項科技；我堅信所有的研究人員，應該在他們藉由傳統的書面記錄式訪談方法中已經獲得適切的經驗之後，才適合於使用這種方法。

在此，我要再次感謝 Leonard Bickman 及 Debra Rog 讓我有機會撰述此書，以及他們所提供的各種協助。此外，我也誠摯地感謝在西北大學調查實驗室（Northwestern University Survey Laboratory）中，目前與過去的所有夥伴們所提供的各項心血及調查上的協助：Judith A. Schejbal、Sandra L. Bauman、Susan M. Hartnett、J. Sophie Buchanan 以及 Dan M. Merkle.

我也要藉此機會，表達我對 Bob Groves 的感激之意——雖然我們未曾謀面，但他對於我在高品質調查方法的想法上，卻有著極大影響；以及我對 Seymour Sudman 的謝意，他除了對調查研究的方法做出無以數計的貢獻之外，並且對於好幾代的調查研究人員來說，持續也提供一種格外專業性及個人角色的模式。此外，我也未曾忘懷、並且深深感激下列人士所提供給我的腦力激盪與實際的機會：Len Bickman、Bob Boruch、Marilyn Brewer、Margo Gordon、Peter Miller、Emil Posavac、Dennis Rosenbaum、Frank Slaymaker、Wes Skogan 以及 Mike Traugott.

最後，對於我的妻子——Barbara J. Lavrakas，以及我們的愛子——Nikolas J. Lavrakas 在我將大部分的時間花費

於我在這項專業興趣上時所表現出來的體諒，我在此也要
致上誠摯的感謝。

Paul J. Lavrakas

叢書總序

　　美國加州的 Sage 出版公司，對於社會科學研究者，應該都是耳熟能詳的。而對研究方法有興趣的學者，對它出版的兩套叢書，社會科學量化方法應用叢書（Series: Quantitative Applications in the Social Sciences），以及社會科學方法應用叢書（Applied Social Research Methods Series），都不會陌生。前者比較著重的是各種統計方法的引介，而後者則以不同類別的研究方法為介紹的重點。叢書中的每一單冊，大約都在一百頁上下。導論的課程之後，想再對研究方法或統計分析進一步鑽研的話，這兩套叢書，都是入手的好材料。二者都出版了六十餘和四十餘種，說明了它們存在的價值和受到歡迎的程度。

　　弘智文化事業有限公司與 Sage 出版公司洽商，取得了社會科學方法應用叢書的版權許可，有選擇並有系統的規劃翻譯書中的部分，以饗國內學界，是相當有意義的。而中央研究院調查研究工作室也很榮幸與弘智公司合作，在國立編譯館的贊助支持下，進行這套叢書的翻譯工作。

　　一般人日常最容易接觸到的社會研究方法，可能是問

卷調查。有時候，可能是一位訪員登門拜訪，希望您回答就一份蠻長的問卷；有時候則在路上被人攔下，請您就一份簡單的問卷回答其中的問題；有時則是一份問卷寄到府上，請您填完寄回；而目前更經常的是，一通電話到您府上，希望您撥出一點時間回答幾個問題。問卷調查極可能是運用最廣泛的研究方法，就有上述不同的方式的運用，而由於研究經費與目的的考量上，各方法都各具優劣之處，同時在問卷題目的設計，在訪問工作的執行，以及在抽樣上和分析上，都顯現各自應該注意的重點。這套叢書對問卷的設計和各種問卷訪問方法，都有專書討論。

問卷調查，固然是社會科學研究者快速取得大量資料最有效且最便利的方法，同時可以從這種資料，對社會現象進行整體的推估。但是問卷的問題與答案都是預先設定的，因著成本和時間的考慮，只能放進有限的問題，個別差異大的現象也不容易設計成標準化的問題，於是問卷調查對社會現象的剖析，並非無往不利。而其他各類的方法，都可能提供問卷調查所不能提供的訊息，有的社會學研究者，更偏好採用參與觀察、深度訪談、民族誌研究、焦點團體以及個案研究等。

再者，不同的社會情境，不論是家庭、醫療組織或制度、教育機構或是社區，在社會科學方法的運用上，社會科學研究者可能都有特別的因應方法與態度。另外，對各種社會方法的運用，在分析上、在研究的倫理上以及在與既有理論或文獻的結合上，都有著共同的問題。此一叢書對這些特定的方法，特定的情境，以及共通的課題，都提

供專書討論。在目前全世界，有關研究方法，涵蓋面如此全面而有系統的叢書，可能僅此一家。

　　弘智文化事業公司的李茂興先生與長期關注翻譯事業的余伯泉先生（任職於中央研究院民族學研究所），見於此套叢者對國內社會科學界一定有所助益，也想到可以與成立才四年的中央研究院調查研究工作室合作推動這翻譯計畫，便與工作室的第一任主任瞿海源教授討論，隨而與我們兩人洽商，當時我們分別擔任調查研究工作室的主任與副主任。大家都認爲這是值得進行的工作，尤其台灣目前社會科學研究方法的專業人才十分有限，國內學者合作撰述一系列方法上的專書，尙未到時候，引進這類國外出版有年的叢書，應可因應這方面的需求。

　　中央研究院調查研究工作室立的目標有三，第一是協助中研院同仁進行調查訪問的工作，第二是蒐集、整理國內問卷調查的原始資料，建立完整的電腦檔案，公開釋出讓學術界做用，第三進行研究方法的研究。由於參與這套叢書的翻譯，應有助於調查研究工作室在調查實務上的推動以及方法上的研究，於是向國立編譯館提出與弘智文化事業公司的翻譯合作案，並與李茂興先生共同邀約中央研究內外的學者參與，計畫三年內翻譯十八小書。目前第一期的六冊已經完成，其餘各冊亦已邀約適當學者進行中。

　　推動這工作的過程中，我們十分感謝瞿海源教授與余伯泉教授的發起與協助，國立編譯館的支持以及弘智公司與李茂興先生的密切合作。當然更感謝在百忙中仍願抽空參與此項工作的學界同仁。目前齊力已轉往南華管理學院

教育社會學研究所服務，但我們仍會共同關注此一叢書的
推展。

章英華・齊力

于中央研究院

調查研究工作室

1998 年 8 月

目錄

第二版序　　3

叢書總序　　9

1　導論　　15

整體性的調查誤差　　17

電話調查的展望　　22

在美國的電話現象　　28

在電話調查過程中的基本步驟　　41

電腦輔助式電話訪談　　44

本書中的內容與結構　　47

與調查方法論之知識有關的其他資訊來源　　55

2　產生電話調查的抽樣羣體　　61

選擇一種妥當有效的抽樣設計　　62

隨機選取撥號　　73

以索引名錄及名冊為基礎的抽樣群體　　100

混合模式的抽樣群體　　108

抽樣群體的大小　　110

3　處理電話調查的抽樣羣體　　119

與控制抽樣群體有關的議題　　121

利用訪談表格監控抽樣群體　　125

拒絕作答報告表，改變受訪者拒絕回答的初衷，
　　以及未獲回應之誤差　　154

在處理抽樣群體時的預期　　160

抽樣群體的意向結果，以及調查的回覆率與未獲
回應率 173

在混合模式之調查中的抽樣群體 182

使用電腦輔助式電話訪談處理抽樣群體 186

4 選取受訪者與獲得合作 189

由穩固的立足點開始 190

對該項調查進行說明 194

受訪者選取及過濾的各種方法 203

預先聯絡受訪者 232

5 監督 I：建立訪談人員的工作架構 235

在電話訪談與個人訪談中的品質管制 237

訪談人員的招募與雇用 239

訓練期間的各種活動 246

預先調查的練習與在職訓練 271

整體性調查誤差與訪談人員 274

6 監督 II：建立監督人員的工作架構 277

訪談活動期間的人員配置與時間安排 280

訪談期間的準備（布置） 288

在書面記錄式訪談及電腦輔助式電話訪談的調查
中，對訪談期間的活動進行監督 294

針對已完成的訪談案例進行確認 306

結論 308

參考書目 311

索引 317

關於作者 327

1

導論

人們對於計量（quantification）——也就是以某種可測量（數字式）的形式來代表某些事物的過程——上所展現出來的興趣，已經有很長的一段歷史了。除了它們在總數上的象徵性代表外，數量（quantity）亦有其實際上的價值存在。雖然在人類的早期歷史中，一般人對於數量的廣泛了解並不是那麼地迫切需要；但是時至今日，這種需求已經普遍地存在於我們的生活之中。即使是那些自認為並不屬於計量性訴求的人們，他們也無法否認一項事實：在他們每天所做出的各種決策中，有許多都是以數量之考慮為基礎所做出的。

自從有歷史記錄以來，人們都已了解到：對於有效的決策而言，一項精確無誤的數據或測量值並非是絕對必要的。這種認知就成了抽樣理論（sampling theory）的發展基礎。長久以來，抽樣——或是在一個較大之群集或人口中，

僅考慮由某些人、某些地方、某些事物或是其他某些要因所構成的一個子群體（subset）——就已經隱含於人類的判斷之內（舉例來說，它就是我們所常聽到的一些陳腔濫調或老生常談的基礎）。然而，最近的趨勢則是與系統化抽樣（systematic sampling）有關的各種正規方法之發展；而這項演變，也帶給我們那些被認為是調查方法的各種技巧。

調查方法（survey methods）乃是許多技巧的組合；它最典型的目標，便是要對某些感興趣變數的普及性（亦即：總量），提供精確的估計（亦即：較為穩定、擁有較低之相對變異性的測量值）。舉例來說，在已登記的選民中，他們將把選票投給某位特定候選人的百分比會有多高；在所有的家庭中，擁有錄放影機的百分比為多少；或是在離開生產組裝線上的所有汽車中，會於結構上出現瑕疵的百分比有多高？在這些例子中，我們並不需要對所有可能的選民、家庭或是汽車進行毫無遺漏的檢測，以期獲得相關的資訊，來做為對於誰會在選舉中獲勝、錄影帶在市場中的規模、或是在某一個特定組裝工廠中的產品品質進行精確判斷時的一項基礎。

當各種調查方法被正確地運用之後，所獲得的估計值也能夠相當精確地成為被測度之事物的代表。由於它們是如此的精確，所以能夠將其誤差界限（margin of error）略而不談；至少從有效的決策制定之觀點來看，的確是如此的。雖然各種有效的調查方法（亦即：其結果可能是精確的）構成了一種相當新穎、而且不斷在演進中之學問的主要部分，而這也正足以說明為什麼這些方法經常會被誤用、

或是被錯誤地闡釋。此外，在產生調查誤差的許多可能因素中，抽樣誤差（sampling error）只不過是其中之一罷了。

整體性的調查誤差

在其以調查研究裡可能導致誤差的潛在根源為主、而發表的著名論述中，Groves（1989）明白指出：除了要考慮抽樣誤差之外，身為謹慎的調查研究人員也必須注意到，在所使用的方法中對於控制及（或）測度涵蓋範圍之誤差、未獲回應之誤差、以及測量方法之誤差的潛在影響。因此，通常只將關切重點置於抽樣誤差上的方法，乃是一種「不完整、而且無法讓人滿意的方式」（Groves, 1989, p.13）。同時，造成不精確與偏差的所有潛在根源，會構成整體性調查誤差（total survey error）（cf. Fowler, 1993; Fowler & Mangione, 1990）；因此，當我們在規劃、實施、以及解釋一項調查案的時候，應該要對每一種根源都加以個別考慮。

抽樣誤差

對於在評價某項調查結果的有效性及適用性時，最常見到的狀況便是那些調查人員都將關切的焦點主要（甚至是完全）放在抽樣誤差的大小之上；而這項數值乃是由被測量的事物、樣本的大小、以及母群體的大小等性質各異

之成分所構成的一項函數。在一項調查中，造成不精確的根源乃是與下列事實有關：在一個母群體中的所有構成要素，僅有其中的某個樣本部分被加以研究，而不是對所有的構成要素都進行全面性普查研究。舉例來說，在一項以五百人做為樣本大小，打算測量在某個大型母群體內（假設其人數超過一萬人）、大約呈 50／50 分配的某種現象而進行的隨機調查中，其信賴水準（level of confidence）若為95%時，將會出現大約為正或負四個百分點的抽樣誤差。雖然如此，這並無法確保這項調查在測量該現象時，其精確性是介於四個百分點之內；因為除了抽樣誤差之外，還存在許多偏差與不精確的其他潛在根源。整體而言，這些其他的根源通常都被稱為非抽樣誤差（nonsampling error）。

涵蓋範圍之誤差

除了那些被用來蒐集資料的樣本之外，關於一項調查中所獲得的結果究竟能如何精確地概括整個母體的特性，在我們針對此點獲致某項結論之前，我們必須先考慮在母體中的所有構成要素是否至少已有某些機會（或可能性）被加以抽樣。舉例來說，在針對一般大眾所進行的所有電話調查中，那些沒有電話的家庭、以及那些無家可歸的遊民，便完全沒有被抽樣的可能性。因此，如果某人試圖將調查結果用來概括全體大眾的話，則所有的電話調查就都會受制於涵蓋範圍之誤差所帶來的潛在影響。如果被調查的某種現象會與涵蓋範圍、以及（或是）未涵蓋範圍有著

相互關係時，則調查結果的精確性勢必會因此降低。在電話調查的情況下，由於這些無法藉由電話與其聯繫的所有市民、與那些家中有電話的母體相較之下，可說是屬於較低收入的一個群體；因此在任何電話調查中，由其受訪者內所獲得的資料，與既有全部母體相較之下，都極可能會發現具有較高的收入水準以及與收入有關的各種行為。

未獲回應之誤差

能夠獲得 100%回覆率（response rate）的調查案，在數量上可說是鳳毛麟角；也就是說，在大部分調查中，或許會無法由樣本的構成要素中（亦即個人或家庭）蒐集到資料（這是由許多原因所造成的，例如拒絕回答、外出旅行等原因；我們在本書中將對其加以討論）。一項調查的結果將會受到未獲回應之誤差的影響，因為無法由被抽樣的構成要素中蒐集到任何資料所造成的影響程度，在體系上是不同於那些被抽樣而可以蒐集到資料者。舉例來說，如果年輕的成年男性拒絕參與一項調查的現象呈不均衡地分配，而且（或是）被訪談的可能性較低的時候——因為當訪談者打電話過去時，他們都很少會在家裡；則任何與年齡及性別有關的測量（亦即上酒吧、或是進行身體接觸的運動），將會因為未獲回應之誤差，而使得由整個母體中所獲得的測量值，在精確度會變得較低（亦即已有偏差存在）。雖然如此，如果在某項調查中所蒐集的資料，並不會與某一特定類型的人是否回覆有任何關係時，那麼因

為未獲回應所導致的誤差（亦即偏差）便不會存在。

測量方法之誤差

在一項調查中，並不是所有被記錄於問卷調查表之內、與感興趣之現象有關的資料都是正確無誤的。這種不正確性，可能是由於和下列因素有關的誤差所造成的；例如問卷調查表本身、訪談人員、受訪者以及（或是）蒐集資料時使用之模式所產生的誤差（cf. Biemer, Groves, Lyberg, Mathiowetz & Sudman, 1991）。舉例來說，一項調查中的問題在其遣詞用字上可能相當拙劣，或是這些問題可能是以一種在提供答案時極易造成曲解（偏差）的方式做排列；而訪談人員在其行為上，也可能會以某些能讓受訪者在提供答案時心存偏差的方法為之；受訪者可能會不願意、或者是無法對一項問題做出正確的回覆；以及（或是）被用來做為蒐集資料的模式（亦即親自面談或電話訪談）也可能會產生測量方法之誤差。

調查成本

就如 Groves（1989）所說的，為了要降低以及（或是）測量各種不同種類的調查誤差之潛在影響而做的所有努力，都會與實際的成本有所牽連。讀者應該要了解，在試圖降低各種潛在誤差的方法、以及試圖測量這些誤差之潛在影響的方法之間所存在的基本差別。要將可能足以消除

（或是大量降低）某種潛在誤差之根源的各種程序付諸實行，或許會因爲所費不貲而無法辦到；但是，要實施某種程序以測量其概略的誤差大小、並且在闡釋調查結果時將其列入考慮，在成本上或許是能夠負擔的〔對於那些素養更高的讀者及執業者們，我鼓勵他們閱讀並重新研究 Groves（1989）所著的極具挑戰性、但也是相當傑出的另一本著作《調查誤差與調查成本》（Survey Errors and Survey Costs）〕。

對於剛入門的調查研究人員來說，這些考量似乎就顯得有些讓人難以接近、甚至會造成極度的打擊。當面對那些會影響一項調查之有效性的所有潛在威脅時，某些人或許就會高舉雙手豎起白旗，並對所有調查機構的存在價值提出質疑。但是，當他們這麼做的時候，顯然是忘記了一項事實：具有高精確度的調查案，通常都是由那些經驗豐富、並且會對相關事項投入必要之監管的調查人員執行的。

在本書中所提及之內容，都只是當這些考量被應用於電話調查中時所做的一種介紹而已。此處的討論，並不是爲了要貶低對於那些優秀的調查結果所應抱持的尊重，也不是要勸阻任何人進行一項優秀的調查計畫。相反的，我們只是要提醒所有的讀者注意在進行一項電話調查時，爲了達到「足夠精確」之目標所將面臨的許多挑戰。

我所要提供給諸位初學者的訊息，應該已經相當明確了：規劃、實行以及闡釋一項可能是精確無誤的調查，乃是一種必須運用方法、而且相當耗時的過程；但是，它絕對值得我們全力以赴。

電話調查的展望

　　對於某些人來說，有件事情可能會讓他們感到訝異無比：電話調查的方法僅是在過去的二十五年之間，才經歷了重大發展。在此之前，美國境內擁有電話的家庭比例實在是太低了，以至於將電話用來做為一種有效的抽樣媒介，並不被認為是一種適當的作法。一旦在 1970 年代時，美國家庭中擁有電話的比例超過了 90%時，它在理論上就成了一種可能的抽樣方法；而人們對其了解的層次，幾乎是與個人式（面對面）的訪談並無不同。雖然如此，電話調查方法很明顯地乃是以過去七十年來由面對面調查（face-to-face surveying）所發展出來的各種方法論為其基礎。

　　到了 1980 年代中期時，電話調查已經成了司空見慣的事情；而且在許多情況下，甚至成為人們在進行調查時所青睞的處理方式。不論是在公家或私人部門中，這種方法學都已經獲得備受尊崇的地位，並成為蒐集資訊以輔助有效之決策制定時所使用的一種有確實根據的途徑。事實上，市場研究人員在電話調查上所花費的金錢，遠比那些輿論方面的民意測驗調查人員、及學術界的調查人員所合計耗費的金錢還要更多。

　　為什麼電話調查能夠獲得如此突出的表現，而成為人們感興趣的某些主題中被用來提供精確測量值的一種方式呢？簡單來說，便是在大部分情況下，它的優點遠超過它的缺點〔對這方面有興趣的讀者，可以參考 Frey（1989, p.76）

對於各種不同調查模式之優點與缺點所做的比較性記載，以做爲後述討論中的一種補充資料〕。

雖然有許多人並不確認或承認這一點，但截至目前爲止，電話調查所帶來的最重要優點，便是它在整體資料蒐集過程中、對於品質管控方面所提供的機會。這包括抽樣、受訪者的選取、問卷調查表中詢問的項目；而且在使用電腦輔助式電話訪談（CATI）時，還包括資料記錄。由於這種品質管控上的優勢，使得在沒有其他不可抗拒之因素妨礙其使用的情況下，電話就成爲人們在從事調查時所青睞的一種模式。

在本書中所強調的，便是管控及監督資料蒐集過程的重要性，以確保所蒐集到的都是能夠提供精確估計值的高品質資料。在其他調查模式中，都無法提供這種管控品質的機會。只要能有適切的計畫與準備，則藉由電話進行的訪談，大部分都能與達到不具偏差的標準化水準相去不遠；而這正是所有優秀的調查案所追求的目標（cf. de Leeuw & van der Zouwen, 1988; Fowler & Mangione, 1990）。

在由個人式訪談（personal interviewing）轉變爲電話訪談、並成爲科學化調查的主導模式之初期階段時，有許多人都相當關切以電話所蒐集到的資料和藉由個人式訪談所蒐集的資料相較之下，會具有較低劣的品質〔也就是會存在較高的偏差、以及（或是）較大的變異數〕。然而，由過去十年中所進行的研究告訴我們：在這兩種模式之間的資料品質只存在些微的差異，而且在經過時間的洗禮之後，所存在的這些差異似乎也變得越來越小（de Leeuw & van der Zouwen, 1988; Groves, 1989）。舉例來說，Tucker（1983）發現：由於不同之訪談者所造成的變異數，在電話調查中就要比親自調查方式的為低。Groves（p.510）也引用他的調查結果提出下列看法：當我們使用電話方式提出那些「具有威脅性」的問題時，它對於造成社交希求影響（social desirability effects；亦即受訪者所提供的答案能使他們處於光明正大的處境）方面的可能性，要比透過親自訪談的方式來得更低。從另一方面來看，在電話調查中受訪者對於那些開放式（open-end）問題所提供的答案，會有著一種較為簡短的傾向（Groves, p.512）。

電話調查方式的第二種主要好處，便是它所具有的成本效益性（cost efficiency）。與親自訪談（in-person interview）相較之下，電話調查能以更有效率的方式蒐集資料。舉例來說，在電話調查中除了不需要支出任何差旅費用之外，Groves（1989, p.512）也估計：在問卷調查表中的個別問項，當藉由電話方式進行時，所花費的時間與透過親自訪談方式相較之下，大約可以減少 10%至 20%。基本上來說，電話調查雖然會比郵件調查（mail surveys）的費用為高，但是它在降低整體性調查誤差上的這項潛在優勢，通常都會比這項缺點來得更為重要。

電話調查方式的第三種主要好處，乃是它在蒐集資料、以及後續處理的速度方面。透過電話方式，我們可以在一個星期、甚至是更短的時間內蒐集到所需要的調查資料；但是在使用親自訪談的情況下，可能要花上一個月或是更長的時間，才能夠蒐集到相同的資料。如果我們所使用的

是必須發出追蹤信函、以使典型的低回覆率得以提高的郵件調查方式時，那麼預期所需要的時間就得更長了。舉例來說，對於四百至五百份包含有二十個問項的問卷調查表而言，我們只要雇用十位有經驗的電話訪談人員，每天工作四小時，則在三天之內就可以完成調查（其中還包括至少會有某些受訪者回電詢問的情況）。如果某位市長在星期一提到他必須在周末前獲得某些資訊，以做出某項重要的決策時（例如：他想了解市民們對於目前警政服務的滿意度如何，以決定是否應該撤換現任的警察局長）；以一個優秀的調查組織而言，應該有能力完成一項針對成年市民所進行的高品質電話調查，並且在期限之前將調查結果提供給這位市長。而這點便是郵件調查或親自訪談方式所無法辦到的。

而電話調查的一項主要缺點，乃是它於訪談時在複雜性及時間長度上所受到的限制；既使在執行良好的情況下仍無法避免。與面對面訪談時的動態性有所不同的是：要讓一般人都在電話中和訪談員交談二十或三十分鐘以上，那實在是一件讓人感到相當厭煩的事情；尤其是對許多年長者來說更是如此。相反地，這種受訪者所表現出來的疲乏性，在個人式的訪談中似乎就不會那麼明顯；即使這項訪談持續達三、四十分鐘，或者更長的時間亦復如此。至於郵寄的問卷調查表，由於受訪者在必要的時候，也可以將其分成數次來完成，因此也不會遭遇到受訪者疲乏（respondent fatigue）的這項缺點。同樣地，那些複雜的問題——尤其是需要受訪者了解或閱讀某些資料後才能作答

的問題，到目前為止也不太可能透過電話方式做調查；由於影像電話（videophone）的科技已經出現（在 1992 年時已經問世銷售），上述的這些限制或許可以開始逐漸降低。

　　傳統上對於電話調查的其他一些關切焦點，乃是涵蓋範圍之誤差及未獲回應之誤差。就像我們先前所提到的，並不是每一戶住家都裝有電話；而在那些擁有電話的家庭中，又並非每一種人口統計學上的群體（demographic group），在願意接受電話訪談、以及（或是）被列入調查之考慮範圍的機率上都是均等地（例如老年人的群體）。因此，在各種電話調查的方法中，就存在著無法接觸到一般母體中某種特定群集的缺點；雖然如此，在使用電話蒐集資訊的時候，對於那些沒有電話的人們而言，我們還是有許多其他方式可供使用（cf. Frey, 1989, p.46）；例如以混合模式（mixed mode）的調查就能夠讓我們接觸到這些人（參見下述）。至於在那些擁有電話的家庭中所出現的涵蓋範圍之誤差，經過對照之後，Maklan 及 Waksberg（1988）就提到：以隨機選取撥號（RDD）方式進行的電話調查，只要執行良好的話，在列舉及訪談人口統計學上的所有類型之群體方面，所獲得的效果至少會與政府機構所進行的大規模親自調查（例如由戶口普查處每年所舉辦的現有人口調查）不相上下。在母體中由於那些有聽力問題的子群體（特別是老年人）所造成的未獲回應之誤差，仍舊是電話調查所無法排除的一項困擾；然而，隨著各種新科技出現，已經使得藉由電話與這些聽力減弱的人進行溝通變得越來越容易，因此在電話調查中導致未獲回應的這項根源，

勢必也將逐漸淡化。

由於本書的第一版乃是在 1980 年代中期所完成的，而在這段期間之內，有關於各種複合結構或混合模式的調查方法，不論是在運用上或在學識理論上，都出現極為顯著的成長（Dillman & Tarnai, 1988, 1991; Frey, 1989; Groves, 1989）。在許多調查中，都使用超過一種以上的模式對受訪者進行抽樣、以及（或是）蒐集資料。舉例來說，在伊利諾州的某個鄉下郊區（Morton Grove, Illinois），針對超過兩千戶住家所進行的一項有關於就學登記的調查中，其回覆率就高達 92%；它是先以郵件調查做為開始，然後再使用電話訪談進行追蹤；對於那些在這兩種模式下都未做出回覆的受訪者們，有必要的話，則會再使用親自訪談的方式做調查（Lavrakas, 1990）。

我們對於電話調查與其他的調查模式，不應該以一種相互競爭的眼光來看待它們。舉例來說，我們可以利用打電話的方式激勵郵件調查中未做出回應的受訪者進行回答；或是對於一般母體中的少數子群體（例如眼盲的成年人），以親自訪談的方式進行調查(cf. Frey, 1989, pp.24-25)。對於現代的調查研究人員來說，他們在選擇調查模式時，不應該將其視為一種「二選一」的決策方式；他們應該要尋找各種途徑，將不同的模式做出最具創意性的組合。就如 Dillman 及 Tarnai（1988）所說的：

> 每一種基本的調查方法〔模式〕對於其答案而言，都會產生某些特定的限制……將一種以上的方

法〔模式〕結合運用，即使無法完全克服、至少可以減輕個別方法〔模式〕中所出現的這些特定限制。混合模式的調查設計，可以使每一種方法〔模式〕中的潛在優點都獲得最高極致的運用，同時得以避免它們那些棘手的缺點。

因此，在規劃一項調查案的時候，所面對的主要挑戰就是：在實行該計畫時所能夠取得的既有資源下，思考如何藉著運用不同的抽樣模式與資料蒐集模式，讓各種可能會出現的調查誤差得以降低——如果無法使其完全消除的話。

在美國的電話現象

就電話的現象而言，共有兩種不同的因素可以直接影響電話調查是否能夠成功的（亦即有效的）進行。第一，有許多「硬體上的」因素，將會對藉由電話聯絡受訪者的能力造成實際影響。第二，在透過電話進行聯絡時，有許多與人們在言語及非言語行為上有關的社會因素，也會造成影響。再者，由於電訊科技（telecommunications technology）的日新月益、以及電話行銷與電話調查繼續被延伸到社會大眾之中，使得我們有機會見到一種與電話行為有關的社會標準正在持續發展中；這乃是因為這些新的

科技與人類的意向及癖性產生相互影響之故。

在本節中，我們只將重點針對於實際因素與社會因素中的某些部分而已。讀者如果有興趣了解更多的相關資訊，可以參考 Sola Pool（1977）所著之《電話所造成的社會衝擊》（The Social Impact of the Telephone），Brook（1976）所寫的《電話：前一百年的發展》（Telephone：The First Hundred Years）；以及 Frey（1989）對於電話現象之涵蓋範圍更加詳細、特別針對電話調查所寫的相關著作，還有 Groves（1988）等人針對電話調查之先進研究的著述等。

實際因素

- ### 電話線路的相互聯繫

到了 1940 年代中期時，透過貝爾網路（Bell network），在美國境內所有住家用及商業用的電話，事實上都已經可以相互聯繫——至少是間接地（Pierce, 1977）。在此之前，對於一群聚集在某處的電話訪談人員來說，要想聯絡上美國境內所有已裝設電話的住家，乃是一件不可能的事情；這是因為在各個獨立的電話公司之間，彼此並沒有完全的連線。因此，這也使得美國境內某些地區的住家，仍然無法被列入抽樣（也就是說，這可能會造成涵蓋範圍之誤差）。當這項障礙獲得解除之後，於美國所進行的電話調查中，不論訪談者是由國內的那個角落撥出電話、或是想要打電話到那個地方，要想聯絡上任何一戶擁有電話的家庭，在理論上來說已經成為可行之事。

- 在所有住戶中電話線路的普及性

　　雖然上述的這項障礙在美國境內已被消除，但是直到 1950 年代時，電話在美國家庭的普及率仍舊太低，因此對於這種使用電話做為選取美國人口中的一個有效（具有代表性）樣本的作法，並無法為其適當性提供完整的立論基礎。在過去的三十五年內，這種現象在美國雖然已經出現改變，可是對於全世界的其他大多數國家而言，這項障礙仍然妨礙電話調查的有效運用（cf. Trewin & Lee, 1988）。

　　到了西元 1960 年時，全美國的住家中擁有電話的比率大約已達到 80%。到了 1965 年時，電話的普及率已增加到 85%，而到了 1970 年時，這項比率更高達 90%（美國戶口普查局，1984）。在 1980 年代初期時，就人口與電話比率（person-to-telephone ratio）而言，全世界僅有瑞典比美國來得高（美國電話與電報公司，1982）。根據美國電話與電報公司（AT&T）在 1980 年代時所做的統計顯示，全美國的所有電話用戶中，大約有 75%是屬於住家；而根據西北大學調查研究室（Northwestern University Survey Laboratory, NUSL）於 1990 年代初期所進行的數項隨機選取撥號（RDD）調查顯示，住家用與非住家用的電話比率，已經轉變為接近於二比一的比例。

　　而根據最近的一項估計顯示，在美國住家人口中，至少擁有一條電話線路（亦即一個單獨的電話號碼）的比例，已經達到了大約 95%；雖然如此，但由於還存在著無家可歸之遊民的問題，因此在整個美國人口中，能夠經由電話加以聯絡的比例，應該要比這個數值稍微低一些。按照美

國電話與電報公司的估計，在 1982 年時擁有電話的家庭比例，約為 97%；而依據美國聯邦通訊委員會（U.S. Federal Communications Commission）所公布的數字，在 1981 年時的這項比例為 96%（美國戶口普查局，1984）；而 Frey（1989）對於這項比例的估計值則是 97%。此外，Thornberry 及 Massey（1988）則以國家健康統計中心（National Center for Health Statistics）藉由一個相當大型的樣本（四萬戶住家）為基礎、每年進行一次的親自訪談之結果為依據，提出相關報告。這項調查估計在 1980 年代中期時，全美國的人口中大約有 93%的人是居住於擁有電話的家庭裡。

　　就如我們所預期的，那些沒有電話的家庭，並未反映出剩餘的美國人口中在人口統計學上所具有的特徵。沒有裝設電話可能會與下列各因素有關：收入相當低、教育程度較低、居住於偏遠的郊區、較年輕的人以及具有少數種族的身分等。舉例來說，在 1980 年代中期，大約有六分之一的黑人（16%）是住在沒有電話的家庭裡；但是在年齡等於或超過 55 歲、家庭年收入低於一萬五千美元的所有人口中（亦即貧窮的老年人），擁有電話的比例卻高達 97%（Thornberry & Massey, 1988, p.27-41）。有個現象值得我們注意：根據許多行為上及態度上的測量值（和那些與收入有關的因素並無牽連）顯示，在那些沒有電話的群體與其他的人之間，就這方面而言並無顯著的差別（Groves & Kahn, 1979; Thornberry & Massey, 1988）；雖然如此，在這些調查中並未將那些無家可歸人口的資料涵蓋在內。

　　任何人在規劃一項電話調查時，都必須要把上述這些

結果列入考慮，並且對於這種未涵蓋範圍可能會為這項調查結果所帶來的潛在誤差，做出明確的判斷。對於那些在地方性的區域內進行電話調查的人而言，認清下列的這種狀況乃是相當重要的：在某一個既定的區域內，至少擁有一條電話線路的家庭佔該區域中所有家庭總數的比率，並不是在全美國都是相同的。截至 1990 年為止，根據聯邦政府的統計數據顯示，在全美國共有十個州、其擁有電話的家庭比率會介於 85%至 90%之間；它們分別是：阿拉巴馬州、阿拉斯加州、阿肯薩斯州、肯塔基州、路易斯安那州、密西西比州、新墨西哥州、奧克拉荷馬州、德克薩斯州、以及西維吉尼亞州（國會資訊服務處，1990）。此外，在低收入的內陸城市地區中，典型的情況是：電話的擁有率相對地會較低。任何人在規劃一項以全面的人口為對象的地方性或區域性的電話調查時，事先就應該要對抽樣範圍（sampling boundary）之內的電話普及率有所了解才對。然後再針對調查主題的特質進行審慎的考量，如此才能對於使用何種模式將可獲致最高的有效性，做出有所依據的決定；例如，應該是以電話調查取代個人式訪談，或是判定某種混合模式之調查（例如電話與親自訪談）的可行性。

有關於美國家庭在電話線路（access lines）的未來普及性方面，仍存在著某些不確定性。在 1984 年美國電話與電報公司的分裂發生之前，人們就已經開始擔心地方性電話服務的費用將巨幅增加，並因此而導致使用電話服務的家庭比率會比以前低；但是，這種顧慮在直到 1990 年代初期時卻並未發生。雖然如此，電話調查人員對於住家方面

的電話市場之未來發展，仍然必須密切注意。此外，對於那些已經屬於高等的研究人員來說，他們應該要考慮到運用統計上之調整（亦即加權，weighting）的可能性，來抵銷未涵蓋範圍之誤差對於調查估計值所可能產生的影響（cf. Massey & Botman, 1988）。

- **擁有多條電話線路的家庭**

　　能夠對電話調查造成影響、並且與實際因素有關的另一項爭論議題，便是擁有多條電話線路的家庭。這項因素對於電話抽樣所造成的影響，或許與沒有電話之家庭所造成的影響恰好相反。每當我們使用隨機選取撥號（RDD）方式抽選樣本時，那些擁有一個以上電話號碼的家庭，與那些只有一條電話線路的典型家庭相較之下，前者被抽取到的機率就會高於後者（請注意：這項議題並不是指那些在同一個電話號碼之下、擁有多具分機的情況。它所針對的問題乃是那些擁有兩個、或更多不同電話號碼的家庭，例如有家庭工作室專用的線路、家中孩子們專用的線路等）。

　　Groves 與 Kahn（1979）發現，在他們由全國擁有電話的家庭裡所選取的樣本中，就有大約 5%提到他們家裡擁有一個以上的電話號碼；而這些擁有多條電話線路的家庭，絕大部分都提到他們家中擁有兩個不同的電話號碼。由西北大學調查研究室在 1992 年所進行的一項大規模的全國性調查中，有 14%的美國家庭提到他們擁有一條以上的電話線路；而這項數據也會因區域性的基礎而呈現差異。舉例

來說，由西北大學調查研究室在芝加哥都會區域中所進行的一項年度調查顯示，大約有五分之一的家庭（18%）提到他們家中擁有一個以上的電話號碼。因此，我們在此時就可以（也應該）利用統計上的調整，來抵銷這種由於多條電話線路所造成的選取機率的不均等（unequal probability of selection）。

- ### 其他的地方性與區域性之差異

在遍布全國之電話公司所提供的服務及政策上，也存在足以對電話調查之規劃與執行造成影響的其他各種類型之差異。在 1980 年代初期時，有為數超過六十家以上的電話公司都可以提供地方性的服務，這並不足以讓人感到大驚小怪（美國戶口普查局，1984）。舉例來說，在開放尾數（亦即電話號碼中的最後四個數字）的運作資料庫方面，各個電話公司都有其不同的程序。而在提供給電話調查研究人員的配合度方面，各個地方性的電話公司在政策上也都有著極大的差異。另外一項問題則是：對於那些已經無人使用的電話號碼，不同的電話公司在處理的態度上也會有著很大的差異；對於那些使用隨機選取撥號方式所進行的電話調查來說，這是一個相當嚴重的問題。在此提出這些問題的主要用意，乃是要讓各位了解：你在某個區域中執行一項電話調查所獲得的經驗，在你到了另一個區域進行抽樣時，並不見得一定能夠適用。

- 新的電訊科技

　　由於電話產業不斷發展出各種新的軟硬體產品及服務
（Andrews, 1992），因此電話調查人員就必須隨時提高警
覺、對所使用的方法進行必要的修正，以配合這些科技上
的進步；如此才能確保高品質的抽樣及訪談。

　　電話答錄機（telephone answering machine）以及其他
相關服務的問世，使得目前的電話調查和這種科技出現之
前的狀況相較之下，必須再重新打電話的機會大為增加。
舉例來說，於 1980 年代初期時，在針對一般大眾所進行的
所有電話訪談中，第一次撥出電話後就能夠完成訪談的機
率大約有一半，這種結果可說是相當尋常（Lavrakas, 1987）；
時至今日，由於答錄機的普及與更為忙錄的生活型態（參
見第 3 章），使得這項機率已經降到了大約只有三分之一
而已。雖然如此，我們如果將某些人的想法暫且拋在一旁
的話，在這些裝設有電話答錄機的人們之中，大部分的人
乃是為了避免漏失任何的電話（至少在 1990 年代初期時是
如此），而不是因為他們想要過濾、並藉此避免接聽那些
不想接到的電話。

　　來話者身分識別（caller ID）功能——它可讓受話人由
電話機的顯示幕上看到來話者的電話號碼（cf. Frey, 1989,
p.247），乃是某些電話公司在 1990 年代初期時，積極在市
場上大力推廣的另一項科技。這項科技如果被社會大眾廣
泛接受的話，對於電話調查而言，將形成一種相當難以克
服的障礙；因為它可能會讓數量極為龐大的潛在受訪者們，
拒絕接聽任何對他們來說並不清楚的來話號碼（例如電話

調查群體）所撥出的電話。至於這項科技的適法性，目前仍存有相當高的不確定性——因為有些人認為這種作法侵害了來話者的隱私權；也因為如此，使得這項科技的前景也存在著不確定性。

來話轉接（call forwarding）、汽車電話、以及其他攜帶式電話〔例如一種名為「迪克崔西」（Dick Tracy）的新式腕上型電話，在本書正在編寫的時候，也正處於初期的開發階段〕，也對於由社會大眾中選取樣本的機率造成各種困擾。對於所有的電話調查人員來說，這些狀況都是在他們進行一項調查之前，就必須事先規劃的項目。我們如果以前瞻性的眼光來看這些問題的話，將可以預期到每個人都有他（她）自己的個人電話號碼之時代終究會來臨的（就像是美國電話與電報公司的「700」個人用電話號碼）；因此，未來的調查人員或許必須習慣於針對個人進行抽樣，而不是以家庭來做為抽樣基礎（cf. Ramirez, 1992）。

對於所有的電話調查人員來說，他們在未來十年內所將面臨到的最大挑戰，很可能就是影像電話的引進；這種設備於 1992 年時，已經由美國電話與電報公司以一千五百美元的價位，率先於市場上銷售。一年之後，美國電話與電報公司的某家分支機構，已經以大約一半的價格在市場上廣泛促銷該產品。至於這項科技究竟可以延伸到何種範圍，端視私人及企業部門對它的接受程度而定；但在未來數年期間之內，很可能會演變成一種狀況：在所有的受訪者中，某些人可能會擁有這項設備，而另一部分的人則無。當電話調查人員遭遇到那些拒絕透過電話接受訪談、除非

他們能看見訪談人員的受訪者時，又應該如何因應呢？這些訪談人員應該要穿著什麼樣的服裝，而在他們周圍的背景又該布置成什麼樣子呢？影像電話訪談模式（videophone interviewing mode）與非影像電話訪談模式對於測量誤差而言，所造成的影響又有什麼不同呢？影像電話的科技，又能為電話調查帶來何種好處呢？當（或是「如果」）這項科技開始廣受人們歡迎的時候，上述這些事項便是電話調查人員必須仔細研究及審慎因應的諸多問題之一部分了。

社會因素

就理論上來說，要藉由電話與幾乎是所有的美國家庭進行聯絡，乃是有其可行性存在；但是當我們進行電話調查時，仍然必須考量到社會心理學方面的大環境。就如 Frey（1989）所提到的，有某些與電話有關的行為準則，傳統上來說是能夠對電話訪談人員帶來好處的。姑且不論所有居住在美國的人們是否自小就生長於擁有電話的家庭中，但自從二次世界大戰之後，在家裡接觸到電話的機會已經大為增加，以至於幾乎在整個的文化中都已經認同了這些準則。

- **電話響起時將會被接聽**

一般來說，雖然這些準則都已被認為是理所當然的，但是其中最重要的一項就是：當電話響起時，只要是家裡有人在的話，幾乎都會被接聽。當然，以多快的速度接聽

電話，則在每個家庭及每個人之間，存在著相當大的差異性。雖然如此，根據經驗顯示，當電話鈴響起之後，平均來說大約是三聲或四聲之後就會被接聽；而當電話鈴聲響了七至八次時，被接聽的機率大約為 90%。因此，在電話調查中，還不至於出現潛在的受訪者們於聽到電話鈴響起之後並不接聽的這種問題。

然而，隨著各種新科技的問世，已經有某些跡象顯示：在一般大眾之中，有極少數部分——但這個比率正在日漸增加——會利用他們的電話答錄機過濾不想接聽的電話。此外，就像我們先前所提到的，來話者身分識別這項科技，就是針對這種目的而推廣到市場上的。當一般大眾在例行性地拒絕接聽某些打進來之電話的比率上，如果擴展到某種較大的程度時，則未獲回應、以及隨之出現的未獲回應之誤差，很可能就會成為電話調查中讓人關切的一項日益嚴重的問題。對此有興趣的讀者也可以參考 Groves 之著作中涵蓋範圍廣泛的章節（pp.185-238），以了解調查之所以未獲回應的各種原因。

- 結束電話交談時的禮節

對於電話調查來說，這是能為其帶來好處的第二種、但並非那麼明顯的傳統準則。就如 Frey（1989）所觀察到的，在一項電話交談中，隱約地可以看出來交談時間的長短大部分都是取決於來話者；也就是說，來話者在打出這通電話的時候就已經設定了某些目的，並且會禮貌地陳述到希望在結束這通電話之前、能夠完成他所預期的這項目

標。很明顯地，並不是所有的人在接聽電話時，都會表現出相對的禮節；否則的話，電話訪談人員就不會被拒絕了——尤其是那種「不表示任何意見、就將電話掛斷」的狀況。但是，後述的這種情況畢竟還是並不多見。

然而，在電話調查中所經歷到的未獲回應之機會雖然仍屬少數、但卻呈穩定增加的趨勢，這也意味著這項行之以久的準則正在日漸式微中。就這方面而言，我們可能要「感謝」那些電話行銷（telemarketing）產業所做的貢獻；因為他們的緣故，才唆使社會大眾開始學習如何對打進來的電話「一口回絕」。很不幸地，對於正統的電話調查與電話行銷的宣傳廣告兩者之間，有很多人都並未將其做一區別；這可能是因為某些無恥的電話行銷人員，會利用一種假冒的調查方式，以試圖吸引受話者上鉤。這種不肖的作法，我們有時候將其稱為「拐彎抹角」（sugging）——也就是說，假調查之名、行推銷之實。

• 判斷真實性

與訪談者及受訪者間之互動作用有關，並構成電話調查之有效性基礎的另一項假設，便是其真實性。就電話調查來說，有一種自然而生的評論，乃是假設當受訪者們透過電話在接受訪談時，通常都不會說實話，也因而導致所獲得的資料並不正確。而根據我本身（Lavrakas & Maier, 1979; Maier & Lavrakas, 1976）、以及其他人（e.g., Ekman & Friesen, 1974; Ekman & Friesen, 1976; Maier, 1966; Maier & Thurber, 1968）所做的研究發現：受話者（例如訪談者）能擁有一

種普遍性的能力，當在聆聽對方的語調及交談內容的時候，就能夠正確地感覺到對方所說的真實性。事實上，這些研究也發現：親自訪談更容易會受到對方的欺騙，因為各種視覺上的暗示更有可能會讓一個未受過良好訓練的人，在判斷對方所說內容的真實性時造成混淆。

再者，雖然有某些遭受誤導及非專業性的記者人員，會辯稱社會大眾對於政治性的民意測驗會做出不實的回答；但以邏輯觀點而言，很少有受調者會浪費他們的時間、而只是為了達到故意欺騙一位電話訪談員之目的。如果人們的確決定這麼做的時候，他們更可能會採取直接拒絕接受訪談的方式。於考量諸多因素之後，在大部分情況中，以下的這項假設通常都是不至於太離譜的：在電話調查中，大部分的受訪者在接受詢問時，都願意於合理的範圍內提供正確的資訊。

• 其他的社會因素

就如以上所述，當人口統計學上與行為上的改變出現於某個社會中時，這些變化很可能就會對電話調查的實施造成衝擊。舉例來說，因為美國的人口中由年長公民所組成的部分佔了較大的比例，因此對於電話調查來說，與年紀有關的各種問題（例如聽力的損耗與社會的脫節等）將會日益增加。如果其他的社會問題——例如對於犯罪的恐懼、以及對於侵犯隱私權的關切——也逐漸增強的話，那我們便可以預期到電話調查在未來所將面臨的困難。對於未來的電話調查研究人員來說，這些都是不可避免的趨勢；

因此他們必須將其列入考慮，並且謀求解決之道。

摘要

在各種未獲回應的問題上雖然已呈現某些的增加，但是直到 1990 年代初期為止，由一般性的母體中、或是由特殊的母體中（例如企業家），對於以蒐集具有代表性之資料為目的所進行的各種電話訪問來說，不論是就實際上或社會方面的因素而言，在美國境內尚未出現任何無法克服的障礙。當然，這並不代表電話調查方法乃是我們可以經常使用的選擇模式；它只是在澄清電話調查與親自訪談相較之下，不論是從抽樣的觀點、或是由提出問題的角度來看，都不見得會比後者來得拙劣。

在電話調查過程中的基本步驟

對於正在規劃一項電話調查的任何人，我強烈建議他們應該要發展出一份周詳的的管理計畫；其中不但要把必須完成的所有任務都列舉出來，而且也要把與每項任務有所牽連的執行人員界定清楚（cf. Frey, 1989; Lyber, 1988）。以下所述，乃是在處理一項高品質的書面記錄式訪談（paper-and-pencil-interviewing, PAPI）之電話調查時，典型的執行步驟；也就是說，在透過電腦輔助式電話訪談

（Computer-Assisted Telephone Interviewing, CATI）時，是不會用到這些步驟的。

1. 決定一份抽樣計畫（sampling design）；這包括對抽樣結構（sampling frame）的確認——亦即被抽樣的單位將由何處加以選取，以及在一個抽樣單位（sampling unit）中選取受訪者時所使用的方法。
2. 選擇一種在抽樣中將被使用的方法，以便由抽樣結構中產生電話號碼的群集。
3. 針對將被使用於抽樣中的每一個電話號碼，製作一份訪談表格（call-sheet）。
4. 發展一份草擬的問卷調查表，並將其格式化。
5. 發展一份草擬的簡介／選項表單、以及打退堂鼓時所用的聲明表單，以供訪談人員使用。
6. 雇用訪談人員及監督人員，並制定與訪談有關的時程表。
7. 先進行指引性的測試（pilot-testing），並藉此修正調查的程序及方法。
8. 印製最後定稿的問卷調查表及其他的各種表格。
9. 對訪談人員及監督人員進行訓練。
10. 進行完全受到監督的訪談。
11. 對於已完成的問卷調查表進行校訂與編碼的工作，並將所有的資料轉換成電腦可判讀的格式。以及
12. 對資料進行分析，編製各種調查報告等。

一旦調查的主題決定之後，在電話調查過程中的下一個步驟便是：選擇一種抽樣計畫。在這項選擇中，必須決定有那些人將被抽樣、以及應該如何實行這項抽樣計畫。這包括與下列各方面有關的決策：在該項調查中打算代表的母體（地區或人群）為何，在代表這個母體時將使用何種的抽樣結構，以及將使用何種的特定方法產生一個抽樣群體（亦即聯繫所有的受訪者時所將使用到的那些電話號碼）。在書面記錄式訪談的電話調查中，每一個此類的電話號碼最後都必須被列印於一份單獨的訪談表格內，以便讓那些負責監督的人員能夠掌控整個抽樣過程。

　　繕寫一份草擬的問卷調查表也是不可輕忽的工作，然後再以盡可能方便使用的原則將其格式化（排列），以便讓訪談者的工作能夠更易進行。對於問卷調查表中各個問項的本質與用詞來說，抽樣計畫也會對其造成部分的影響。除了在由各個抽樣單位中抽選受訪者時所必須被使用到的一份草擬的簡介「開場白」（introductory spiel）、以及任何與受訪者有關的選項順序之外，我們也應該對這份草擬的問卷調查表進行事前的指引性測試，以確認存在於這些程序及資料中的各種潛在問題；同時也要預估訪談者的產能（亦即每小時所能完成的訪談數量）、以及完成一項訪談所平均花費的時間。對於任何高品質的電話調查來說，這都是相當重要的一個部分；至於在測試時，通常來說只要利用大約二十至三十通的實際訪談，就算是大功告成了。

　　至於在事前的指引性測試階段中，舉行一項簡報式的討論會（debriefing session）乃是不可或缺的；唯有如此，

才能在對抽樣計畫做出最後的定案之前、以及在將最後定稿的問卷調查表與其他的調查表格付印之前，確定是否必須進行任何的改變或修正。此外，也必須雇用職司監督的人員及訪談者，而與訪談期間中之時程表有關的各項決策也必須加以訂定。至於針對監督人員與訪談者所舉辦的事前訓練，也是不可或缺的。

然後，就是要在受到高度管控的情況下，進行電話訪談。舉例來說，監督人員應該對已經完成的訪談立刻加以確認，並且對正在進行中的訪談仔細聆聽；然後再依據實際狀況，對那些有需要的訪談人員提供在職訓練（on-the-job training）或建議。至於那些已經被完成的問卷調查表，都應該進行編碼（例如將那些開放式的答案轉換成計量性的項目），以便讓所有的資料都能以一種電腦可判讀的格式進行輸入，各種的分析也能夠加以進行，以及調查的結果也能以任何可能被要求的形式提供。就這整個過程而言，它或許只要花上數天的時間就能大功告成，但也可能要耗費一年、甚至是更長的時間，才得以竟其功。

電腦輔助式電話訪談

在這本修訂的第二版中與本書之第一版所相同的，便是以配合那些打算利用書面記錄式訪談（PAPI）程序實施電話調查的人為主要目標。雖然有些人可能會感到驚訝不

已，但是我在書面記錄式訪談的電話調查中所討論到的各種程序，事實上，有絕大部分也都適用於那種電腦輔助式電話訪談的環境中（請注意：我們在電話調查中所提到的這種電腦輔助式電話訪談，乃是指有某位訪談人員坐在一部電腦工作站之前，負責控制整個問卷調查表的管理、同時也可能在控制整個的抽樣程序）。

　　電腦輔助式電話訪談可以被用來控制抽樣群體的分配，甚至還可以做到代替那些好整以暇的訪談人員撥出適當之電話號碼的程度。電腦輔助式電話訪談對於訪談人員的產能方面，具有提供許多不同種類之統計數據的潛力，以輔助監督人員做出各種人事上的決策。我們也可以只將電腦輔助式電話訪談用來管理問卷調查表，而不讓它對抽樣群體進行控制。在將問卷調查表提供給訪談人員時，電腦輔助式電話訪談也可以做出複雜的跳答型態，它能夠以隨機方式對所有問項的先後順序進行排列，而且也能將先前的答案與後續問項的措詞加以結合。此外，電腦輔助式電話訪談也能在同一時間內，以電腦可判讀的格式將資料做同時間的輸入。

　　由於電腦輔助式電話訪談所帶給人們的那種「高科技」印象，使得某些調查人員——其中包括許多從事於市場調查者——對它似乎表現地相當歡迎，而並未對它的優點／好處與缺點／成本進行審慎地考量（cf. Baker & Lefes, 1988; Catlin & Ingram, 1988; House & Nicholls, 1988; Nicholls, 1988; Weeks, 1988）。電腦輔助式電話訪談並不是一種萬能丹，它只不過是一種工具罷了；當它能被正確地應用於某些適

當的調查研究中時，應該可以改善最後資料的品質（亦即有效性）。電腦輔助式電話訪談的正確應用，絕不只是購買電腦、還有其他的一些軟硬體而已；它還需要在實際的與社會的環境之中，重新建立起調查設備的實質管道。

我深盼這種應用電腦輔助式電話訪談的趨勢，能夠以調查機構想要降低其整體性調查誤差的這項希望為基礎（Lavrakas, 1991）。嚴格來說，如果電腦輔助式電話訪談能夠被正確地加以應用時，它應該可以：（a）降低和管理及處理某個抽樣體有所關聯的潛在的未涵蓋範圍之誤差、以及未獲回應之誤差；（b）降低和問卷調查表中的問項用詞及排序有所關聯的潛在的測量方法之誤差；（c）降低和訪談人員的言詞行為有所關聯的潛在的測量方法之誤差；以及（d）降低和資料處理有所關聯的潛在的測量方法之誤差。

在本書中，我將會告訴各位電腦輔助式電話訪談程序與書面記錄式訪談程序的不同之處；尤其是電腦輔助式電話訪談如何能使一項調查的有效性獲得增強。對那些關心於降低整體性調查誤差的人們來說，電腦輔助式電話訪談的確能夠提供他們極高的保證效果；但是我們絕不可以將它視為一種「科技上的定心丸」，因而忽略在人為品質控制程序上的必要性。我們必須謹記下列這項事實：在電話調查的過程中，我們可利用電腦輔助式電話訪談，使人類在品質控制上所能做到的程度獲得更佳地提升。

本書中的內容與結構

　　本書之目的，乃是要幫助那些自認為在規劃與執行電話調查方面並非相當精通的所有人，以及對於那些已屬於專家之列的人們，激勵他們再去對某些事項進行可能的重新思考。明確地來說，本書中對於電話調查的下列各方面，都做了相當詳細的敘述：

1.　產生及處理電話調查的抽樣群體；
2.　選取受訪者，並贏得他們的合作；以及
3.　設定訪談人員與監督人員的工作架構。

　　本書在編排設計上，乃是以配合深謀遠慮系列叢書中的應用社會研究方法為主；該叢書中包括了 Fowler（1993）針對一般調查研究所著的《調查研究方法》（Survey Research Methods）；Fowler 與 Mangione（1990）針對訪談所著的《標準化的調查訪問》（Standardized Survey Interviewing）；以及 Henry（1990）針對抽樣所著的《實用的抽樣方法》（Practical Sampling）。它們在探討電話調查中的抽樣、受訪者的選取以及監督等方面時，所採用的乃是一種「指引式的」方法。

在本書中並未提及的各項議題

　　以下的各項議題，乃是本書中所完全未提到的：

1. 如何讓一項調查得以配合某個較大型的研究計畫；
2. 問卷調查表中所有問項的用詞；
3. 與統計方面有關的各種調查誤差、以及它們的估計值；
4. 在調查研究中有關於道德方面的檢視；或是
5. 調查資料的分析。

- **較大型的研究計畫**

任何人在開始著手進行一項調查之前，不論它是面對面的訪談、郵件式的問卷調查表或是電話訪談，都應該事先對一般的社會科學方法之課程或教科書(e.g., Babbie, 1989; Cook & Campbell, 1979; Hedrick, Bickman & Rog, 1993)有所涉獵才對。只有在對社會科學有了正確的認識之後，才能對調查中的各種效果及限制有所了解。本書之內容乃是基於以下的假設：某人已經完成了這項基礎性的認識，並且已決定（或是正在試圖做出這種決定）電話調查乃是資料蒐集時優先採用的模式，而且想要學習更多與進行電話調查有關的事項。

- **發展問卷調查表中的問項**

由於本書的篇幅有限，因此要將如何產生問卷調查表中的所有問項、以及如何修飾其用詞列入討論的範圍，乃是一件不可能做到的事情；有關於這些議題的廣泛討論，各位可以參考其他的相關著作（e.g., Belson, 1981; Robinson, Shaver & Wrightsman, 1991; Schuman & Presser, 1981; Sudman & Bradburn, 1982）。當我們在使用其他的著述以獲

得與問項架構方面有關的協助時，我也建議各位應該要考慮藉由利用因子分析（factor analysis）、以及核對內部一致性的可靠性，發展複合式問項（multi-item）的尺度與指數（e.g., Dawes, 1972）。

- 估計各種調查誤差

有關於精確度估計值的計算——亦即某項調查的誤差界限（margin of error），在本書中並未提及。這項誤差界限的估計值，會與不精確性的大小有關；而當調查的結果是以某個整體母體中的某個樣本或子群體爲基礎時，縱然在抽樣的時候已使用隨機原則進行，仍舊會發生這種不精確性。雖然如此，就如 Fowler（1993）所探討過的，抽樣誤差只不過是造成整體性調查誤差的根源之一罷了；因此我們也鼓勵讀者閱讀 Fowler 在這方面的相關著作。至於那些更高階的讀者，不妨參考 Groves（1989）針對各種調查誤差所著的範圍更專精、內容更廣泛、而且更具挑戰性的著作。此外，我也強力推薦各位閱讀 Biemer（1991）等人所著、與測量方法之誤差有關的著作。

- 調查道德

Fowler（1993）及 Frey（1989）對於在調查研究中各種道德方面的問題，也都有所涉及；例如與調查結果之揭露、以及自願性的告知同意等有關的各種標準。在本書中，我們並未針對訪談時的道德準則進行太多的討論；雖然在許多情況下，這些準則或多或少都會以調查人員本身的專業

判斷做爲基礎。舉例來說，某個人對於他自己在身爲一位訪談人員的情況下，會將某些作法視爲一種「不屈不撓的遊說」；但是在另一個人看起來，或許就會將這種作法視爲一種有些魯莽、或是過度侵犯的訪談行爲。

- 資料分析

　　如果我們要把調查資料的分析也涵蓋在本書之中的話，那它本身的內容可能就要以另一本著作專門敘述才足夠。調查資料的本身，可以被應用於所有種類的統計分析中；包括那些適合於實驗性設計的分析，而這些設計的本身原本就能和各種的調查加以結合。正好和某些人所相信的情況相反，就本質上而言，各種的調查並無法蒐集到某種需要具備特殊統計程序的「特定種類」之資料。相反地，各種的調查只不過是用來蒐集資料的方法學上之技巧而已；而所蒐集到的資料，則可以藉由包羅萬象的統計學上的適當技巧對其進行分析。

　　雖然如此，在調查資料的分析方面，有時候在其初期階段中會被加以利用的一種特殊的統計程序，便是所謂的「加權」——也就是說，針對資料做一事後的調整，以使其更能夠精確地反映出該樣本所源自的母體之特性；舉例來說，試圖消弭在選取時所出現的不均等之機率，未涵蓋範圍之誤差、以及未獲回應之誤差（cf. Groves, 1989; Massey & Botman, 1988）。但是在本書內容中，則並未提及此項議題。

利用本書幫助規劃某項電話調查

有關於構成書面記錄式訪談之電話調查過程的諸多步驟中，本書提供鉅細靡遺的陳述，協助各位決定下列事項：

1. 應該由那些電話號碼組成抽樣群體？
2. 應該如何處理及控制這些電話號碼？
3. 應該如何選取合於資格的受訪者，並贏得他們的合作？
4. 應該如何選用訪談人員、並對他們施以訓練？
5. 應該使用那些品質控制的方法，構成訪談及調查過程中其他各方面的架構，並對其進行監督？

• **產生電話調查的抽樣羣體**

在第 2 章中，我們將說明如何產生一組可供抽樣時使用的電話號碼。我們所面臨到的第一項決定乃是：是否應該由一份名單中（例如一本電話號碼簿）抽選電話號碼，或是應該利用某種技巧以隨機方式產生這些電話號碼。當我們在做這項決定時，絕不能只是基於方便性的考慮；在這項決策中的主要考量點，應該是如何對未涵蓋範圍之誤差的這項潛在問題，做出最佳的有力說服。

在許多情況下，使用一份名單進行抽樣（list sampling），乃是相當合適的作法；舉例來說，當我們感到興趣的母體乃是由某些「特殊的」人群——例如某個社會服務機構的客戶、或是護士、或是律師等——所組成的時候，那這種方法便極為適切。在這種情況下，除非是這個群體在一般

母體中所佔的比例相當高，並且足以讓訪談人員的產能維持在某種可接受的程度內；否則的話，我們並不需要採用隨機的方式產生電話號碼，因為那反而會成了一種不必要、浪費、以及不適當的作法。我們將在第 2 章中對這些考量因素進行探討。

在許多情況下，當一位研究人員所感到興趣的主題，並不是對母體進行廣泛的歸納、而是企圖尋找在人們之中（within-person）所存在的某種相互關係時，則利用名簿對一般母體進行抽樣的這種作法，對他來說則是可以接受的。舉例來說，如果一位研究人員想要判斷的是性別與所喜愛的電視節目之間的相互關係時，則利用電話號碼簿進行抽樣，或許就能產生無偏差的調查結果。

相反地，假如我們的意圖是要利用樣本所產生的結果對一般母體進行歸納時，則這種使用名簿做抽樣的作法，通常就不是很適當；因為在這些電話號碼的名簿中，很少能夠提供一個對母體來說是具有代表性的抽樣結構。唯一的例外或許是在某些偏遠的郊區中，因為那裡的所有居民的電話號碼，可能都已經被涵蓋在當地的電話簿中；而且外來人口的移入也相當稀少，使得我們不必過度擔心在最近的電話簿中，是否有太多的新號碼未被涵蓋在內。然而，在針對一般母群體所進行的電話調查中，大部分都需要使用到某些隨機選取撥號（RDD）的作法；至於在隨機選取撥號中可被使用的各種不同選擇，我們將在第 2 章中再做敘述。

- **抽樣群體的控制**

當一位研究人員一旦決定要使用何種方法產生電話號碼的抽樣群體（亦即訪談人員將會實際撥出的電話號碼之群體）之後，則下一步要加以注意的事情，便是要對撥出這些電話號碼的過程加以組織及進行控制。就那些對於高品質的電話調查懷抱天真想法的某些人來說，他們很可能會假設：訪談人員只要根據已經選定好的抽樣群體，逐一撥出電話，直到所需要數目的電話號碼都已被聯絡過就可以了。事實上，要想獲得高品質（亦即具有代表性）的調查結果，就必須對這個抽樣群體的處理過程進行嚴密的控制；我們將在第 3 章中對此進行探討。在第 3 章中所要提到的，乃是利用一種架構精密、以人工進行整理的方法，以便對一項書面記錄式訪談的電話調查抽樣群體進行控制；尤其是要讓讀者了解到如何藉此使未獲回應之誤差的可能性得以減低。

- **選擇合格的受訪者，並贏得他們的合作**

在第 4 章中所將提到的，乃是訪談過程的第二階段：確認適當的受訪者，然後再贏得他們的配合。就那些對於高品質的電話調查方法懷抱天真想法的人們來說，此時同樣的情形又會出現，他們通常都會假設：訪談人員只需要將問卷調查表中的問項提供給第一位接聽電話的人就可以了，而不必確認對方的性別、年齡、以及當這種方法被採用的時候經常會產生的其他各種偏差。

在某些情況下，受訪者的選擇可說是一種既成事實；

例如當某人是由某份名單中，直接以姓名選擇受訪者時，就是這種狀況。但是在其他情況下，電話號碼只不過是提供一種聯繫的管道而已；在撥出電話之前，受訪者的姓名通常都是無法獲知的。對於調查人員來說，當這種情況發生時，為了要避免因為訪談人員擁有完全的自由裁量權而在受訪者的選擇上所產生的偏差，他必須使用到一種系統化選擇程序的可能性也就最大。系統化的受訪者選擇程序（systematic respondent selection procedures），可以藉著降低在抽樣單位中所可能出現的未涵蓋範圍之誤差，提升最終樣本的代表性（亦即外在效度，external validity）。

- **訪談人員與監督**

在第 5 章及第 6 章中，我們將討論有關於訪談人員的訓練及監督。對於那些優秀的電話訪談人員來說，他們本身就會表現出一種對此項工作的才能；因此，在一項調查計畫中所使用的各種召募（recruitment）、訓練以及監督的程序，都應該要能達到篩選及增強這項才能的目標。雖然在實際的調查開始進行之前，事先的訓練乃是必須而且相當重要的；但就如我們在第 5 章中所說的，為了降低歸因於訪談人員之行為而導致的測量方法之誤差所造成的可能影響，例行性在職訓練的重要性更是不容忽視。

當電話調查適用於某項調查目標時，人們之所以會選擇使用這種方式的主要原因，乃是可以藉由集中性的電話訪談對整個訪談的過程加以控制；就這方面來說，應該是不容置疑的。在開始的時候，就施加於整個訪談過程的監

督上之一定程序，對於產生高品質的電話調查而言，可能是最為重要的一項因素。在第 6 章中，我們將探討於調查過程的不同階段裡所會存在的各種監督方面的任務。

• 摘要

有鑑於市場研究人員、學術單位、大眾媒體、以及政府機構等，傳統上都會與調查的進行有著關聯性存在；因此，不論是對於公家單位或私人部門的決策者而言，我們可說是已經邁入了一個需要藉由蒐集調查資料輔助各種決策制定的嶄新紀元。本書很明顯地是以這種「應用上的」意向為基礎而編寫的；本書的主要用意，便是幫助那些尚未臻於專家境界的人處理、闡釋以及評斷各種高品質的電話調查。

與調查方法論之知識有關的其他資訊來源

在其他的著作裡，有許多也都涵蓋與電話調查中的抽樣、受訪者之選擇、以及監督等有關的主題；但是在這些作品中，卻沒有任何一部與本書相同，是以一種引導式的觀點對這些主題進行詳細的敘述。基本上來說，在談及電話調查的這種方法時，本書的大部分內容和其他的著作（e.g., Dillman, 1978; Frey, 1989）並無太大的不同；但主要的差別在於：其他的作者並未像本書一樣，對於在整個電話調查

過程中持續而密集監督（constant and intense supervision）的重要性，做出明顯的特別強調。

此外，在與調查方法有關的各種教科書中，也有為數不少的作者乃是以使用於面對面訪談的家庭機率之抽樣經驗為基礎，來發展他們本身的專門知識。我相信這種由個人式訪談中所獲得的經驗，對於電話調查來說有時候或許多少都會產生一些負面的影響；我們由某些其他的教科書中所顯現出來的風格，就可對此現象窺其端倪。

就像我們先前所提到的，本書由於篇幅的限制，不可能將電話調查過程中的各方面都涵蓋在內；尤其是在發展問卷調查表這方面，更是如此。有鑑於此，在本章結束之前，我將提供給各位一些簡短的其他相關資訊來源，以供那些有興趣擴展其基礎知識的讀者參考。

一般的調查方法

理想上來說，一個人應該要對各種的調查方法廣泛了解，而不僅只侷限於那些與某種特定的資料蒐集模式（例如透過電話）有所相關的知識。Babbie（1989）的著作《社會研究之實務》（The Practice of Social Research）以及 Hedrick（1993）等人所著的《應用研究設計》（Applied Research Design），在將傳統的調查方法論與其他的資料蒐集方法（例如內容分析、觀察性的方法等）加以均衡地陳述上，可說是表現地相當出色。而 Fowler（1993）所著的《調查研究方法》（Survey Research Methods），則幾乎是將調查研究

人員所可能面臨到的所有問題，都提供了範圍相當廣泛的概述；同時也將其他著作中涉及甚少的某些重要主題，都做了廣泛的陳述。而 Dillman（1978）的大作《郵件與電話調查：整體性設計方法》（Mail and Telephone Surveys: The Total Design Method），則是根據作者本身在調查研究方面所整理出來的方法、而完成的一本內容相當詳盡的代表作；其中還包括混合模式的技巧。此外，Frey（1989）的作品《使用電話的調查研究》（Survey Research by Telephone）也值得各位一讀，因為它對於電話調查方面有著相當廣泛而專精的描述。

對於那些進階級的學生和這方面的從業人員來說，他們也應該要熟悉那些最近所發行、其內容在整體性調查誤差各方面都有詳盡敘述的系列叢書；例如 Groves（1988）等人所著的《電話調查方法論》（Telephone Survey Methodology），Groves（1989）所著的《調查誤差與調查成本》（Survey Errors and Survey Costs），以及 Biemer（1991）等人所著的《在調查中的測量方法之誤差》（Measurement Errors in Surveys）。

抽樣

由統計上的觀點來看，Cochran（1977）在其所著的《抽樣技巧》（Sampling Techniques）中，對於調查研究的抽樣理論，可說是提出鉅細靡遺的論述。而從較偏向於應用、但涵蓋範圍較狹窄的角度來看，Sudman（1976）所寫的《應

用抽樣》（Applied Sampling）及 Henry（1990）所著的《實用抽樣》（Practical Sampling），都是值得參考的著作；對於剛入門的研究人員來說，它們都提出能夠加以應用的指引。最後，有一本可能有些過時、但涵蓋範圍卻相當廣泛、依舊極有助益的巨作，那便是 Kish（1965）所著的《抽樣調查》（Survey Sampling）；我們之所以將其稱爲「有些過時」，乃是由於該書是在隨機選取撥號（RDD）成爲一種被接受的抽樣技巧之前就已經完成了。

問項的公式化

在構建問卷調查表中的有效問項時，雖然無可避免地會運用到各種科學方法，但就整個過程來說，仍不脫一種技巧與藝術的成分在內。就像我們於下文中將要提到的，在某些著作中雖然告訴我們當發展調查計畫中的各種新問項時，所應該遵循的系統化步驟；但是，如何決定正確的用詞，通常還是要倚賴於每一個調查人員的專業性判斷。不可諱言的，在累積多年的經驗之後，有許多標準化的問項與尺度都已經被發展出來；而且只要是在任何適當的情況下，都應該被加以引用（也就是說，一種文獻調查通常都可以避免「重新發明新的方式」）。但是，我並不認爲已經沒有空間對傳統的測量方法進行改善。事實上，當一位調查人員考慮是否應該繼續使用前次調查中已經被用過的問項時，通常都會面臨相當棘手的抉擇；因爲他如果不重覆使用的話，將能獲得具有比較性的資料，但卻必須將

原始問項中的用詞重新擬過。很不幸地，如果我們「改善」
（亦即改變）了問項中的用詞時，與前次資料之間的比較
性通常也會因而蕩然無存。

　　Sudman 與 Bradburn 兩人就針對在問卷調查表之設計
中的各種狀況，合力編撰了下列三本著作：《在調查中的
回覆效果》（Response Effects in Surveys, 1974），《改善訪
談方法與問卷調查表之設計》（Improving Interview Method
and Questionnaire Design, 1979），以及《提出問題》（Asking
Questions, 1982）。而 Schuman 與 Presser（1981）所著的《在
態度調查中的問題與答案》（Questions and Answers in
Attitude Surveys），也是一本值得推薦的著作，因為它對於
調查問項的公式化，做了相當徹底的論述。最後，各位如
果要尋找一些至少在某種情況下可以適用的問項彙總時，
不妨參考由 Robinson、Shaver 及 Wrightsman（1991）所著
的《個性與社會心理上之態度的測量方法》（Measures of
Personality and Social Psychological Attitudes），該書對此方
面提供了某些概要敘述。

　　至於那些進階級的學生和這方面的從業人員，我也建
議他們應該要熟悉由 Bradburn 與 Sudman（1991）所著的評
論方面之文章，以及由 Biemer（1991）等人所編輯之著作
中的其他章節；其內容都是有關於問卷調查表在測量方法
之誤差中所扮演的角色。

與方法論有關的期刊

就那些對於電話調查方法感到興趣的人而言,他們應該要定期核對的最後一項資訊來源,乃是在各種學術性期刊中所發表的文章。例如:《輿論季刊》(Public Opinion Quarterly),《調查方法論》(Survey Methodology),《官方統計雜誌》(Journal of Official Statistics),以及《市場研究雜誌》(Journal of Marketing Research)等,都是經常會出現許多與電話調查及一般調查方法有關、而且內容甚佳的方法論文章的各種來源。以上所說的各種刊物,在任何大學的圖書館中都很容易取得。

2

產生電話調查的抽樣群體

　　在各種調查方法的著述中，通常都並未提及抽樣群體
（sampling pool）這項概念。舉例來說，一個想法天真單純
的觀察人員可能就會做出下列的這種假設：在一項將有一
千人要被訪談的調查中，會被聯絡的就只有這些人而已，
而不會再對其他人進行訪談。由於許多原因——其中包括
未獲回應的問題在內，而使得事實上的狀況並非如此。因
此，調查人員所面對的實際狀況是：訪談人員通常所必須
撥出的電話號碼，必定會比該項調查所必須完成的訪談總
數量高出許多。

　　本章的目的，乃是要讓讀者能夠熟悉產生電話調查之
抽樣群體的各種不同技巧。所謂的抽樣群體乃是指為了獲
得希望中的完成數量（亦即最後的樣本，final sample）時，
將會被訪談人員所使用的整組電話號碼。在產生抽樣群體
之前，有許多和抽樣設計（sampling design）有關的重要決

策，都必須事先加以確定。當調查人員並未擁有一種全面性的電腦輔助式電話訪談系統，以產生及控制在該項調查中所使用的電話號碼群組時，則在訪談開始之前，就應該先產生整個抽樣群體。

在本章一開始，我們將先針對在電話調查中選擇一個有效的抽樣設計時所必須加以考慮的事項進行討論。在我們決定要以何種方法產生抽樣群體之前，這項決策就必須先被確定；因為這項抽樣設計將引導調查人員如何產生這個抽樣群體。當這項抽樣設計一旦確定之後，則對於是否應該透過名簿抽樣、藉由隨機選取撥號、或是利用組合模式或混合模式的方法產生這個抽樣群體，以及是否應該以人工方式或使用電腦執行這項動作的相關決策，便可以被確定。與這些各異其趣之技巧有關的各種方法，都將列入我們的討論範圍之內；而我們將以回答應該產生一個多大的抽樣群體，來做為本章的結束（第 2 章的重點乃是置於產生抽樣群體方面；而第 3 章則是以如何處理已被選定的電話號碼為討論重點）。

選擇一種妥當有效的抽樣設計

有關制定抽樣設計的決策方面，Henry（1990）提供了一種範圍相當廣泛、簡潔明瞭、而且非常實用的導引。在界定調查之前，研究人員應該要對抽樣前、抽樣時以及抽

樣後的各階段，都制定出各種周密而明確的決策（Henry, pp.47-58）。這些決策應該包括對下列各方面的明確定義：（a）推論的母體（population of inference）——亦即在我們所希望歸納之結果中的群體、環境以及時間；（b）目標母體（target population）——亦即將被調查的限定母體；（c）結構母體（frame population）或抽樣結構（sampling frame）——亦即目標母體的操作，通常都是存在於名簿的形式中；（d）將以何種方法產生抽樣群體；（e）最後樣本的大小（Groves, 1989, pp.81-132; Henry, 1990; Kish, 1965）。

研究人員也必須在一個機率樣本（probability sample）或是非機率樣本（nonprobability sample）之間做一選擇，這也是屬於這項決策過程中的一部分。就如 Henry（1990）所提到的，機率樣本的最大好處，便在於「對於（使用這種樣本）所產生的偏差與可能的誤差，都可以被嚴密地檢視及估計；但是在使用非機率樣本時則無法達到這項目標」（p.32）。也就是說，只有在使用機率樣本的情況下，於整體性調查誤差中因為抽樣誤差而導致的部分，才能夠被計量化。與非機率抽樣所不同的是，機率樣本可以提供抽樣結構中的每一項要素都有被選擇的機會（亦即一種已知的非零機率，nonzero probability）。當這種選擇前的機率並不相等的時候，調查人員可以利用精確的調查後調整方式（亦即加權）彌補。

機率樣本有許多種類，例如：簡單隨機樣本（simple random sample）、系統化樣本（systematic sample）、層級

化樣本（stratified sample）、群集樣本（cluster sample）、以及多階段式樣本（multistage sample）（Henry, 1990, pp.95-116）。雖然我們在此並未對這些樣本之間的差別提出明確及詳細的說明，但是在本章及第 3 章中，我們將藉由所列舉的例子，對各種機率樣本在應用方面的狀況進行探討。對調查人員來說，雖然他並不是非要使用到某種機率樣本；但是，能夠辨認在非機率抽樣中所具有的各種限制，仍是不容忽視的。讀者可以參考 Henry（1990, pp.17-25）的著作，其中對於各種類型的非機率樣本——例如便利樣本（convenience sample）、最相似樣本（most similar sample）、最相異樣本（most dissimilar sample）、典型狀況樣本（typical case sample）、危險狀況樣本（critical case sample）、雪球樣本（snowball sample）、以及配額樣本（quota sample）等——所具有的限制提供說明及討論。非機率抽樣最常見、而且最典型的適當使用時機，乃是在一項長期的研究計畫案之初期階段、以及在指引性測試期間中。

在調查人員針對電話調查中以何種的抽樣設計最為妥當、以及在處理該計畫時所將使用的方法做出決定之前，他必須考量下列各點：

1. 該項調查的目的何在？
2. 有那些人將會被抽樣？
3. 「被遺漏的」電話號碼之普及狀況有多高？
4. 可用來支援該項調查的來源有那些？

調查的目的

在判定某種抽樣設計的適當性時，該項調查的目的是最主要的一項考量因素。許多受贊助的調查之所以不適切，乃是因為它們未切合原先所設定之目的。當研究人員及調查案的贊助者對於他們將如何運用「既有的金錢」獲得「最佳的成果」這方面，並未（例如因為疏忽或時間上的限制）、或是無法（例如缺乏知識及訓練）做出嚴密的思考時，這種現象就會發生。因此，對於任何一位調查案的決策者而言，他必須秉持的底線是：如果此項調查案已經不可能提供有效的資訊時，那就不應該進行這項調查。

對於大多數在考量使用某項電話調查（或是任何的調查）的人而言，都會將下列三種目的之一謹記在心：

* 測量母體參數

調查人員可能會想要對某個母體中所存在的某些變數的程度加以判定。舉例來說，在所有的女性及男性中，曾於工作上受到性騷擾的比例分別有多少？或者是，在所有的住家中已裝設有線電視的百分比為多少？或者是，在大多數的納稅人中，對於提高教育補助稅金的方案是採贊成或反對的態度？在上述這些例子中，最重要的便是選擇一種機率抽樣設計；唯有如此，才能夠對所蒐集資料的代表性、以及後續的有效性產生幫助，並讓抽樣誤差的計算能夠進行。各位讀者必須切記：如果只是選擇使用機率抽樣的方法，並無法對一項精確的調查提供保證；也就是說，

調查人員也必須要考量到未涵蓋之範圍（例如在所使用的抽樣結構中，忽略了目標母體的某個部分）、未獲得之回應（例如遭遇到太高的拒答率）、以及其他會造成整體性調查誤差的潛在根源。

當測量母體的參數乃是調查之目的時，則首要的考量便是樣本的概括性（generalizability），或者是社會科學方法論中所稱的調查的「外在效度」（external validity）（cf. Campbell & Stanley, 1966; Cook & Campbell, 1979）。在大部分情況下，如果一個樣本是為了要對某個母體中所存在的某些變數的程度加以估計、而且這個抽樣設計又缺乏高度的外在有效性時，則使用這個樣本的正當性就會不足。當受訪者們是以一種未受到控制、缺乏系統性的方式進行抽樣時——對許多非機率抽樣設計而言，便是屬於這種狀況——那將使得該項調查的抽樣誤差無從估計。由於缺乏這項統計精確度方面的估計值，將使得這項調查便不被認為是合於科學性的；至少是未能切合下列目的：對於我們所感興趣的某些變數之普及性，求出其估計值。

舉例來說，在針對投票意向或某些社會問題的看法進行測度的時候，如果被使用的是規劃上不夠妥善的郵件調查及 call-in 電話群體時，便會造成典型地缺乏外在的有效性。當我在 1984 年編寫本書的第一版時，便發生過一個令人矚目的此類案例。位於芝加哥的一家著名廣播電台贊助了一項 call-in 的電話調查，以判定究竟是支持芝加哥市長的人比較多、還是支持他在市議會中之對手的人數較多。有將近三萬通的電話利用兩支「900」的電話號碼表示個人

的意見；在這些電話中，有 75%是支持市長的對手。幾個星期之後，在一項由西北大學調查研究室（NUSL）所進行的隨機選取撥號（RDD）電話調查中（亦即一種機率抽樣技巧），以科學性的方法所得到的結果則是：有大約 40%的芝加哥居民支持這位市長，而僅有 20%是支持他的對手，而剩下的人則是對這兩個黨派均不表支持。這些科學性的調查結果，與該廣播電台原先所使用的那種未受到控制、缺乏可靠性（亦即不夠正確）、以及非機率的「抽樣方法」所得到的結果，可說是大相逕庭（順便一提的是，這位市長在下一屆的選舉中，又以幾乎 60%的絕對多數支持率，再度獲得連任）。

- **估計多變量間的彼此關係**

　　在調查中，如果其意圖並不是要估計某個母體中所存在的某項變數之程度，而是想要對各個變數之間的彼此關係進行研究時，則是否採用機率抽樣方法就不是那麼重要了。舉例來說，如果某人所感興趣的，乃是要測量在有關於犯罪的恐懼、年齡、種族以及性別之間的相互關係時，則被使用的抽樣設計只要能夠確保產生一個由不同成分所組成的樣本、而不必非得是一個隨機的樣本，或許就已經足夠了。此時，這項調查的目的並不是要估計在母體中會感到害怕的比例有多少，而是要了解那些類型的人會感到最恐懼、而那些人則是對此毫不擔心。就這些要求來說，非機率的抽樣設計可能還會更適當一些。

• 評估研究案

需要進行調查的第三種目的，或許是想要對研究案加以評估（Weiss, 1972）。舉例來說，如果評估人員採取某種區間式調查（panel study；也就是針對相同的受訪者，在兩個或更多的時段中對其進行訪談的一種調查），根據受雇者對於性騷擾的經驗，判定某個地方性的反侵擾公共服務活動的影響效果時，在第一波的行動中或許就不見得非由相關的母體中抽選一個機率的樣本群體；這是因為在被調查者被騷擾的普及性上，會有所變化（cf. Lavrakas & Tyler, 1983）。這項論點乃是基於下列的假設：相關的變數與被抽樣者的類型之間，並不會出現相互混淆（亦即有相互關係）的現象——在許多情況下，這乃是一種看起來頗為合理的假設。

• 摘要

綜上所述，我們可以了解某項調查之目的，能夠決定是否需要使用到一種機率樣本，或者是否使用一種非機率樣本反而會更為適當。因為如此，我們也可以做出下列假設：當我們決定進行電話調查時，便可以做出是否要運用某種隨機選取撥號的形式、或是利用既有的名簿抽選樣本的相關決策。如果我們的目的是要估計一般母體中的母體參數，那麼隨機選取撥號（RDD）將會是最適切的抽樣方法。反之，如果電話調查是為了估計在一般母體中的某些小型子群體內的母體參數時（例如：美國醫療協會內的所有會員），那麼隨機式／系統化的名簿抽樣自然就成了最

佳的選擇。

有那些人將會被抽樣

　　有那些人將會被訪談的這項實際問題，或許也會對抽樣設計的選擇造成影響；尤其是從成本觀點來做考量時更是如此。在調查中，如果必須由一般母體裡的某些小型子群體做抽樣時，那麼一份既存的名簿將能提供一個適當的抽樣結構。舉例來說，如果我們所感興趣的母體是由男性護理人員所構成時，則必須蒐集所有護理人員的代表性名簿，以便產生抽樣群體；然後在進行聯繫時，再藉由調查的說明對性別加以過濾。相反地，如果一般母體中的職業婦女是我們所界定的合格的受訪者時，那麼採用一項能夠對受聘女性做到後續篩選功能的隨機選取撥號式調查，將會是最爲實用、而且最符合成本效益的選擇；因爲在所有的家庭總數中，可能會有高達一半的比例會包含一位合格的受訪者。

　　當電話抽樣必須侷限於相當小型的地理範圍時，將會產生極爲嚴重的問題；例如只是在某些特定的社區中進行抽樣時。在這種情況下，以成本方面的接受度來說，隨機選取撥號的抽樣方式就不見得是最佳的選擇了；因爲在電話的前三個號碼中，很少能夠依據社區範圍的準則做編排，所以在訪談人員所聯絡的家庭中，很可能有絕大多數都是不合格的。此外，對於一般的市民而言，要他們正確地確認自己是否居住在該項調查所界定的地理範圍之內，通常

也是一件頗爲滯礙難行的事情。在這種情況下，如果該項調查的目的是要對社區性的參數進行估計時，則電話調查或許就無法達到目的了。相反地，如果我們以另一種方向做思考，亦即：不需要擔心那些擁有未登錄的電話號碼（unlisted telephone number）之住戶是否會被遺漏時，那麼藉由使用一種反向編排的電話號碼索引簿（reverse telephone directory；亦即一種以地址爲基準，對姓名及電話號碼進行排序的索引簿），或許就可以解決這項問題。很不幸地，當我們想要蒐集具有高度之外在效度的資料時，這並不是一種被青睞的方式。

被遺漏的電話號碼之普及性

假設我們要由大部分的民衆中進行抽樣、而且該項調查的目的是要估計母體的參數時，則在抽樣地區中擁有未登錄電話號碼的家庭比例、以及居民的流動性等，都會影響是否應該採用某種隨機選取撥號的形式、或者是由某種電話簿或其他的名單中抽選一個機率樣本的相關決策。根據經驗顯示，當調查是以蒐集大型城市中的母體參數之有效估計值爲其設計重點時，通常來說都必須使用到隨機選取撥號；即使在所有住戶的電話號碼中，有高達一半的比例並未被刊載於目前的電話簿中（調查抽樣公司，1990）。至於在較小型的城市及郊區中，這種電話號碼並未被刊載於當地電話簿中的比例則會降低；甚至在某些較爲偏遠的地區中，由於這種遺漏的機會太低、以至於根本就不必使

用到隨機選取撥號。

為了要在電話簿抽樣或隨機選取撥號之間做出一個有所依據的決定，我們就必須了解電話號碼未被刊載的住戶比例大約有多高。有時候，地方性的電話公司會提供此類資訊，但通常來說他們都不願意這麼做。因此，當電話公司不願提供這種資訊時，身為一位調查人員就責無旁貸地要估計這個比例。求得這項估計值的方法之一，便是先判定在地方性電話簿中、屬於住家用電話號碼的數量大約有多少，將其與多條線路的家庭電話簿做一調整，然後再將這項數據與該抽樣區域中經過戶口普查的家庭戶數之統計數字做一比較。雖然在此處並未提出任何可接受的標準，但我建議各位：如果被遺漏的電話號碼在預估的比例上已經高過於 10%至 15%時，就應該避免使用電話簿的抽樣方式。我要再次提醒各位：除非該項調查的目的是要對一般母體中所存在的某個變數之水準進行估計，否則的話，這種問題通常來說都是不必加以考慮的。

各種來源的可取得性

最後的一項考慮，但並不表示它的重要性是最低的，便是在產生抽樣群體及訪談時可取得的各種來源之數量（包括必須付費及不須付費的人員工時）。不論是名簿抽樣或隨機選取撥號抽樣的群體，都可以藉由人工或電腦產生。所需要產生的抽樣群體大小、以及將被訪談的最後樣本大小，都必須加以考慮。舉例來說，如果有兩千名受訪者將

被訪談，而且該項調查的目的是以研究所有變數之間的相互關係為主、而不是要對單獨的母體參數進行估計時，則和一個由人工抽選的電話簿樣本相較之下，一個由電腦所產生的隨機選取撥號抽樣群體可能仍是較受青睞的；這是因為由所需花費的人員工時之觀點做考量時，利用電腦產生抽樣群體所花費的時間、要比人工處理方式降低許多。從另一方面來看，如果在一份最近的電話號碼簿中目標母體的遺漏率僅為 15%，而且粗略估計的母體數值也能被接受的話；那麼，對於無法承受在使用隨機選取撥號方式時可能要花費的額外訪談時間的調查人員來說，電話簿的抽樣或許就是他最佳的選擇了。

在選擇應該使用何種方式產生抽樣群體時，會對其造成直接影響的一項實際考量因素是：如何在產生抽樣群體的成本以及進行訪談的成本之間，取得一個協調（trade-off）。舉例來說，如果我們可以利用成本相對較低的工讀生蒐集詳細的電話資訊，以幫助研究人員產生極為有效的抽樣群體時；那麼，由於那些高工時訪談人員在撥出不具效益的電話號碼之機率可以降至最低，則或許就能降低極為可觀的整體調查成本。相反地，如果進行訪談時所需花費的成本相對較低，而在產生極為有效的抽樣群體時卻所費不貲的話，那我們或許就可以選擇使用一個比較容易產生的抽樣群體，然後再讓訪談人員藉由撥出電話進行「過濾」。

對一項調查而言，與應該使用何種抽樣方式進行的每一項有關決策都是相當重要的。它絕不是一種恣意獨斷的

決策，通常來說乃是需要相互妥協的；亦即 Henry（1990）所探討的在調查規劃中的「創造性的牽引力」（creative tension）。把會對精確度造成不利影響的某項決策加以延伸，而仍然能夠蒐集到有用的（亦即基本上是妥當有效的）資料，這種論點當然具有相當大的爭議性。不論做出何種的決定，調查人員都必須要能夠對抽樣決策有所辯護才行。

隨機選取撥號

首先由 Cooper（1964）所倡導的，隨機選取撥號（random digit dialing, RDD）乃是一組機率抽樣的技巧；對於在某個抽樣範圍之中、擁有一條電話線路的任何家庭（亦即在該家庭中，只有一個單獨的電話號碼會響起震鈴）來說，不論這個電話號碼是否有被刊載或列明，它都可以提供一種非零機率的聯繫。對於聯繫上在某個抽樣範圍中每一戶擁有電話的家庭來說，隨機選取撥號並無法提供一種均等的機率；這是因為在某些家庭中擁有一條以上的電話線路。對於這些擁有兩條或更多電話線路的家庭來說，通常在對此類資料進行分析之前都必須經過抽樣後調整（亦即加權）的處理，以便修正這種選取方面的不均等之機率。至於這種調整是否有絕對必要，完全取決於該項調查之目的。

在美國的民眾之中，已經有相當可觀的比例——雖然還未達到大多數的程度——是擁有未刊載（亦即未被列印

於地方性的電話號碼簿中，但仍可透過名簿資訊取得）、或是未登錄（亦即完全無法取得）的電話號碼。根據最近一項估計顯示，大約在每三戶住家中、就會有一戶的電話號碼是屬於未登錄的（調查抽樣公司，1990）。這項比例每年還在慢慢地成長中，而且就心理學上的因素來看，這個比例仍會持續增加；尤其是在都會區域中，正是那些使用此類未登錄電話號碼的人們最有可能存在的典型地區。姑且不論我們所慣見的假設——亦即這些不願意將電話號碼登錄的人們，大部分都是居住在所得較高、屬於白領階層的家庭中——是否正確；但事實上的狀況則是：在那些所得較低、屬於少數族群的美國人中，才是最有可能擁有未登錄之電話號碼的群體。

我們可以歸納出的一般性原則是：當我們用來抽樣的群體離中心城市越遠的時候，則擁有未登錄電話號碼的家庭比例就會越低。因此，那些中心城市與其內環的郊區範圍相較之下，後者在未登錄之電話號碼的比例上，基本來說都會較低；而這個比例在其外環的郊區範圍中則會更低，至於到了更為偏遠的區域中時，這種「未登錄的現象」通常來說已經是不多見了。舉例來說，在居住於芝加哥市的所有家庭中，大約有 50%的住戶擁有未登錄的電話號碼；而在芝加哥的內環郊區中——例如 Evanston，這項比例則降到大約只有 25%至 30%。如果我們再深入距離芝加哥市區範圍更遠的地區中，亦即在其外環的郊區內時，這種未登錄的比例則又降低到大約為 20%到 25%之間。在那些位於郊區之外、基本上已經屬於鄉下的地區中，這項比例通

常都會滑落到只剩下 10%左右。

　　當一項調查是以估計存在於一般母體中的某些特定變數之程度為其目的時，這種未登錄的電話號碼對於具有代表性的抽樣而言，乃是一種潛在的障礙。這種未登錄的問題，很可能會提高在調查中的未涵蓋範圍之誤差；因為在我們進行抽樣所使用的母體中，已經不包括這些未登錄的電話號碼，所以所獲得的也就不是一般母體的一個隨機子群體。就如我們先前所提到的，通常來說所得水準會與未登錄的程度呈反比。此外，在婦女、單身的成年人以及那些教育程度相對較低的群體中，不將其電話號碼加以登錄的可能性也會更高。至於那些對犯罪有著較高恐懼感的人們，會與他們使用未登錄電話號碼的狀況有著直接的關聯，這點就更不足為奇了（Lavrakas et al., 1980）。除此之外，我們也發現到在那些擁有未登錄電話號碼的家庭中，所出現的未獲回應率也會稍微高一些（Drew, Choudhry & Hunter, 1988）。

　　對於因為未登錄電話號碼所導致的未涵蓋範圍之誤差來說，隨機選取撥號可以減低這項潛在的問題。調查人員只要能知道在抽樣範圍中的電話之前幾碼（亦即在地方性電話號碼中的前三位數字），就可以使用各種不同的技巧將隨機的後幾碼數字加入，而產生可能有效或可能無效的七位數地方性電話號碼；如果這個電話號碼是有效的話，不論它是否有被登錄，則被這些家庭所接聽或未接聽的狀況都有可能會發生（如果是屬於跨越區域代碼的電話調查，就必須使用到十位數的電話號碼）。

當我們已經決定要採用某種隨機選取撥號的形式時，則可以使用人工或電腦的方式，產生訪談人員所要處理的電話號碼之群體。通常而言，在這項過程中電腦乃是較受青睞的方式，但並不是非得利用電腦不可。理論上來說，藉由電腦以產生隨機選取撥號之抽樣群體的任何一種方法，都是可以使用人工完成。雖然如此，就實務上而言，為了要對人工處理方式進行調整而花費的時間，通常都是相當可觀的。

準備產生大部分的隨機選取撥號抽樣群體

隨機選取撥號最為實際的一項優點，便是它在選取抽樣群體的時候，並不見得非要有一個描述完整的抽樣結構不可；也就是說，調查人員並不需要擁有一份在某個抽樣區域之內、所有可能電話號碼的名簿。如果某位調查人員想要擁有一個所有可能電話號碼的完整抽樣結構時，隨機選取撥號方式就可以在不需耗費太多心力的情況下，很方便地將他所需要的資訊精確地複製出來。由於在抽樣範圍之內，任何一個能夠撥接的電話號碼都有被選到的機會，因此當某位調查人員想要產生一個描述完整的抽樣結構時，使用隨機選取撥號方式所產生的抽樣群體便能夠複製他所希望獲得的結果。

- 蒐集電話的前三碼

  就大部分的隨機選取撥號技巧而言，在產生抽樣群體

時的第一個步驟，便是要在抽樣區域的地理範圍之內、蒐集一個無所遺漏的電話號碼之前三碼名單。通常來說，這並不是一項輕鬆直接或是容易達成的任務。有時候，抽樣區域的範圍以及在抽樣區域中能夠接通的前三碼之範圍，兩者間會完全一致。在某些時候，電話前三碼的範圍或許會與我們想調查的抽樣區域之地理界線密切符合；但是在其他情況下，前三碼的範圍並不見得會與抽樣區域的範圍有著密切的關聯。如果是屬於後者的情況時，隨機選取撥號的抽樣方式可能就要被排除在外；這是因為它的成本過高，並且很可能會因而導致該項調查的價值不復存在。如果電話前三碼的範圍與我們所想要的抽樣區域之範圍相當接近時，或許就能夠利用地理上的篩選性問項，把那些居住在抽樣區域之外的人們加以排除；或者也可以選擇將抽樣區域加以縮小或擴大，使其與電話前三碼所界定的範圍相互配合。通常來說，這些決定並不是恣意而為的；在判定調查的目的與此類的折衝之間，究竟應該相互妥協到何種程度，這乃是所有調查人員責無旁貸的責任。

對於那些正在規劃一項全國性、某州或是地區性（亦即在某個區域代碼、或是數個區域代碼之內）隨機選取撥號電話調查的人們來說，我建議他們利用一份由美國電話與電報公司所製作的現有磁片（或磁帶），其內涵蓋在全美國及鄰近的國家中，目前正在使用的所有區域代碼及前三碼之資料庫。在 1992 年時，這份資料庫就已經可在位於紐澤西州模里斯鎮（Morristown）的貝爾科公司（Bellcore）處購得；其售價約為四百美元，其中涵蓋大約有五萬個區

域代碼及前三碼的組合資料；當然，這些資料並不完全都是被使用於住家性的電話線路中。

對於那些正在規劃並未涵蓋整個區域代碼（例如僅包含十個鄰接郊區、或是僅有三個郡等的調查案）之隨機選取撥號調查的人而言，通常都必須以人工的方式蒐集前三碼的資訊。至於是否可以期望由地方性的電話公司提供這種電話之前三碼的資訊、以做為調查時的輔助，則因地而異。最簡單的方式，莫過於有熟識的人在電話公司中任職，並由他提供你所需要的此類前三碼資訊。如果沒有這種可能性時，那麼當你不屈不撓地向電話公司央求時，通常都可以獲得那些不願意這麼堅持的研究人員所無法取得的前三碼資訊。

如果電話公司選擇不提供任何協助的決定時，並不意味著一切都因此而絕望。你依舊可以利用一種反向編排的索引名錄、或甚至是一份正常的電話號碼簿，來蒐集那些原本應該是來自於電話公司、而且是具有相當可信度的此類資訊。與正常的電話號碼簿相較之下，利用一份反向編排（reverse directory）的索引名錄會在資訊的蒐集上更為容易一些；這是因為後者在列出電話號碼時，乃是以地理上的順序做為編排依據。此外，在某些反向編排的索引名錄中，也會提供相當有用的整合性統計數據；例如與每一個電話之前三碼有關的已被登錄之住家用客戶的數量。

當我們無法取得一份反向編排的索引名錄時，則整個工作將會變得相當費時，有時候甚且還會使其變為不可行。藉由蒐集與抽樣區域有關聯的所有地方性之電話號碼簿，

將能讓調查人員有組織地判定出在電話前三碼與抽樣區域的範圍之間所存在的匹配性。它的作法乃是：以在所有的電話號碼簿中能找到的地址為依據，再利用一份地圖、以有系統的方式將每個電話前三碼的所在位置標示出來。根據每個人所選定之抽樣區域的不同大小，而使得這整個過程可能會相當耗時。事實上，除非這項調查是在某個相當小的地方性區域內進行，否則的話，這種方式通常都是不切實際的。

• 判定在每個前三碼中的電話線路數量

就如我們在稍後將以更詳盡之篇幅討論的，如果可以知道在抽樣區域內、每個電話前三碼中可以正常運作的住家用電話線路的數量時，那將是很有助益的。在每個前三碼都具有同樣精確性的前提下，我們就可以利用這項資訊對於在抽樣區域中所存在的每一個前三碼，根據其所佔的適切比例產生隨機的電話號碼；在這種方式下，最後的抽樣群體將會是以前三碼為依據，而呈現層級化的狀態。就理想上來說，這項資訊應該是可以由在抽樣區域內提供服務的電話公司中獲取。雖然如此，即使是在我們必須倚賴於電話號碼簿取得這些資料的情況下，我們也可以利用由所有的電話簿中所取得的一份具有代表性的數頁樣本，以有系統的方式進行抽樣，以估計出在我們所將使用到的各個電話前三碼之間。與其有關的住家用電話線路之相關比例（後述的這項方法係假設在不同的電話前三碼中，它們所擁有的未登錄電話號碼的數量，在比例上是相當固定的。

如果這項假設無法被肯定時，就不應該使用這種方法）。

舉例來說，在伊利諾州的 Evanston 市內，共有八個屬於住家用的電話前三碼。當利用該市的電話簿做電話號碼抽樣時，我們了解到在這些前三碼中的某三個，就幾乎佔了所有住家用電話線路的三分之二。因此，當我們在針對該市產生一個隨機選取撥號的抽樣群體時，最有效率的方式（以訪談人員的處理時間為考量觀點）便是以一種能夠反映出這些電話前三碼在分配上的特性進行。當抽樣只是侷限於相當小的地理區域中時，這種方法是非常實用的。

- 確認在後四碼中的無效範圍

與後四碼中無效範圍（亦即那些並未被使用、或是並未包含住家用線路的電話號碼之數字範圍）有關的資訊，也可以被用來改善一個隨機選取撥號抽樣群體中的有效性。假如此類的資訊無法由電話公司中取得的話，那我們就可以利用一份反向編排的索引名錄。只要我們能夠對每個電話前三碼的數字排列順序加以審慎檢視的話，通常都能夠發現這些存在於後四碼中的無效範圍。這種方法的有效性，必須視下列的事實而定：電話公司並不會將特殊的後四碼範圍分派給那些未登錄的電話號碼使用。相反地，它的作法應該是：先把一個可取得的電話號碼分派給某個新的客戶之後，再由那家電話公司徵詢客戶的意見，以了解他（她）是否想要讓這個電話號碼刊載或登錄。基於這種假設，當我們以「目視」的方法檢視在一份反向編排的索引名錄中所有電話號碼的數字排列順序時，我們就能夠

有規律地判定那些後四碼的範圍是屬於正常運作的。我建議各位以一百的範圍做為在這種搜尋過程中所使用的測量尺度；也就是說身為一位調查人員，應該要對每個電話的前三碼中是否存在 0000-0099、0100-0199、0200-0299 等的後四碼範圍，做出正確判定。

當抽樣區域中所涵蓋的前三碼數量高達數以百計時，這將會是一件相當棘手而繁重的工作；雖然如此，運用此類的資訊卻能夠讓存在於隨機選取撥號抽樣方式中的無效號碼比例，明顯降低；進而讓訪談的時間及成本得以減低。如果無法取得一份反向編排的索引名錄時，我們還是可以由一般的電話號碼簿中估計出此類的相關資訊；但是在這種情況下，那就是一件極為耗時的工作了。至於是否要針對每個電話的前三碼蒐集此類資訊，最後的決定權還是掌握在每個調查人員手中。舉例來說，如果某位研究人員可以取得成本極低、甚至是「免費的」（亦即沒有直接成本）學生時間蒐集這類資訊，而且他還必須依據訪談人員的工時支付費用時；那麼，我們藉由蒐集此類的資訊以期改善抽樣群體的有效性，或許就是一項值得努力的目標。

如果某人想要在同樣的地理區域中進行隨機選取撥號的抽樣，以供後續的許多研究之用時（例如每年都要進行的研究），那麼在盡可能蒐集於該區域中與這些電話前三碼有關的大量資訊時，即使需要花費一些原始成本，通常來說也是值得的。另外，依據在抽樣區域中的住戶流動性，對於和每個電話前三碼中所分配到的住戶比例、以及和未被使用的後四碼之範圍有所關聯的資訊進行周期性更新（例

如每年更新一次），也是不容忽視的一件工作。

- **簡單隨機選取撥號抽樣法與多階段隨機選取撥號抽樣法**

　　就如我們在稍後將做更詳細探討的內容般，對於研究人員來說，他可能會出現各種不同的狀況；例如他手邊只有在抽樣區域中可以撥接的電話前三碼之資訊，或者是他選擇不去蒐集其他的任何資訊。在這種情況下，他便可以使用下列兩種方法中的任何一種。第一種就是「簡單隨機選取撥號抽樣法」（simple RDD sampling）；這種方法是將隨機數字加在電話的前三碼之後，而在每個電話前三碼中所使用到的電話號碼數量、基本上都是相同的；然後再利用訪談人員所花的時間，對抽樣群體中不具任何效用的電話號碼（亦即在某項針對一般大眾的調查中，那些無法聯絡上住家的電話）加以過濾。在第二種狀況下，通常來說抽樣群體大部分都是以一種兩階段的形式（two-stage fashion）產生的。在第一個階段中，我們會利用簡單隨機選取撥號的方法，產生一個在數量上相對較小的電話號碼之群體；我們會撥接這些電話號碼，然後再利用那些能夠聯絡上住戶的號碼，產生出將被使用於第二個階段中的完整抽樣群體。

　　至於這種兩階段的方法應該要如何完成，我們在稍後將有明確說明；我們之所以要將這種方法在此處先提出來，乃是基於下列的原因：研究人員所面臨到有關於在產生抽樣群體時應該要蒐集多少資訊以供其運用的這項決策，會深深受到蒐集此類資訊的成本以及訪談的成本之間的牽制

影響。與產生抽樣群體所需的成本相較之下，如果訪談人員的工時成本相對較高時，那麼這位研究人員就有必要盡其所能地產生一個最有效益的抽樣群體。如果情況剛好相反，那麼這位研究人員就應該要選擇一個較容易產生、但不見得非要很有效益的抽樣群體；然後再讓那些「低成本」的訪談人員（例如不需支付任何費用的學生）藉由撥出比例極高的不具效益之電話進行過濾（另外一個需要深入考量的問題，便是這種兩階段的方法和簡單隨機選取撥號的方法相較之下，前者會有較大的抽樣誤差）。

由人工所產生的隨機選取撥號抽樣群體

雖然很少會被使用到，但是我們如果能以檢視利用人工方法產生一個隨機選取撥號的電話號碼之群體做為開始的話，對各位而言仍是相當具有教育性的。我們之所以會選擇這種前後關係做為編排上的順序，乃是因為人工的處理方法即是一種有規律、而且簡化的版本，它可以藉由電腦做更為快速與更具效率的處理；對於那些剛接觸到電話調查方法論的讀者來說，應該能夠更容易了解才是。

在利用人工方式產生隨機選取撥號的抽樣群體時，有兩種基本的技巧可以使用。首先，我們可以利用亂數表（random numbers table；在大部分的統計學著作中，均會附有此表）選取一連串連續的數字，並將其添加在抽樣區域中可以撥通的各個電話號碼的前三碼之後。第二，我們可以將添加數字（added-digit（s））的技巧使用於從電話

號碼簿中直接抽樣而得的電話號碼之上。嚴格說起來，對於一個抽樣區域中所有可能的電話號碼而言，如果要提供它們一個非零的被選取機會時，上述的第二種方法可能會無法切合這項要求。

• 使用亂數表

　　在我們所使用的第一個例子中，調查人員所知道的資訊僅是在抽樣區域中能夠撥接的電話前三碼而已；我們將用它做為產生隨機選取撥號抽樣群體的最簡單之例證。當這份電話前三碼的表單被蒐集之後，我們就可以利用亂數表（random numbers table）中一連串的四碼數字，逐次將其附加於每個電話的前三碼之後。假設我們找到的是下列這一連串的隨機數字：547196353826。為了要達到舉出這個例子的目標，我們也進一步假設在該抽樣區域中只有三組不同的電話前三碼，亦即：864、866 以及 869。在這種作法之下，首先將形成的三個電話號碼將會是：864-5471、866-9635、869-3826。負責產生抽樣群體的人員，將繼續這項相同的處理過程，直到產生出足夠數量的電話號碼為止（有關於如何估計在何種的數量下、才算是一個足夠大的抽樣群體，我們在本章稍後將對此進行探討）。

　　如果這位調查人員也能夠擁有一份有關於在該抽樣區域之內、每個電話前三碼所能接通的電話線路數量之相關比例的完整而精確的資訊時，那麼這項資訊便可以被用來減低訪談人員後續所花費的處理時間。我們再以前面所提到的三組電話前三碼為例，假設在該抽樣區域中 864 字頭

的電話共有 20%可以聯繫上住家，而 866 及 869 字頭的電話則分別有 40%可以聯絡到住家。那麼，負責使用亂數表產生抽樣群體的人，就應該以下列的順序將一連串的四位數字添加於所選擇的電話前三碼之後：864、866、866、869、869、864、866、866、869、869，依此類推；以便反映出在該抽樣區域中，各組電話前三碼的比例分配（亦即 2：4：4）。

　　如果與無法運作（亦即空置未用）的後四碼範圍有關的精確而完整之資訊也能夠取得的話，那麼它也可以被用來改善在某個隨機選取撥號的電話號碼抽樣群體中、能夠聯絡上運作中之電話的有效性。在此，我們還是以上例中所使用的三組電話前三碼為例；假設在 864 字頭的電話中能夠運作的後四碼範圍是在 2000 到 3999 之間，而在 866 字頭的電話中有效的後四碼範圍則是由 5000 至 7999，至於 869 字頭的電話其有效後四碼範圍則是由 0000 至 0999 及 4000 至 4999。這時，負責產生抽樣群體的人員由隨機數字表中所選用的一連串數字，就應該是以三位數為基準。也就是說，三位數的隨機數字應該被添加於下列的電話前三碼、和已知可運作的後四碼之首位數字之後，亦即：864-2、864-3、866-5、866-6、866-7、869-0 與 869-4。Sudman（1973）將這種處理過程稱之為「倒轉抽樣法」（inverse sampling method）。

　　我們應該特別注意：不論我們是用何種方法產生一個隨機選取撥號的抽樣群體，只有在該抽樣群體中與所有電話前三碼有關的資訊都可以被取得、而且其精確度在所有

的前三碼中都是一致的前提之下，這類與電話前三碼有關的資訊才能夠被正確使用。原因是：如果不能取得具有同等精確度的所有電話前三碼之相關資訊時，則該調查人員勢必無法正確計算在每一組前三碼所必須產生的電話號碼數量上、應該要維持的相關比例。在正確利用這項額外資訊時，也必須基於下列的假設：在每組前三碼中未被登錄的電話號碼之數量，其相對地比例也應該是相同的；對許多的抽樣區域來說，這是一項合理的假設。不論在任何情況下，如果無法切合上述所提到的這些準則時——即使只是其中之一，那最好還是使用簡單隨機選取撥號的方法（或者是稍後將提到的兩階段式方法），並且讓訪談人員對於這些電話號碼所進行的處理，完成前三碼的正確抽樣。

由於在隨機選取撥號的調查中所具有的自我加權（self-weighting）之特性，所以能夠產生適切的抽樣。也就是說，以每組前三碼進行的所有訪談在理論上而言，都能夠依據該抽樣區域中所有電話前三碼在相關頻數（relative frequency）方面的直接比例，而被完成。當我們取得在該抽樣區域中與所有電話前三碼有關的比較性資訊時，則這種自我加權過程的有效性就能更為增強。假如這種比較性的資訊並不存在時，那我們所應該遵循的原則便是：「只要足夠精確就可以了！」這項忠告也可以適用於和後四碼之無效範圍有關的資訊。除非你能夠擁有在該抽樣區域中與所有電話前三碼有關的後四碼之完整資訊，而且在這些前三碼中的未登錄電話號碼之相對比例是一致的；否則的話，最好還是使用那種直接了當的方法——也就是以相等

的比例使用這些電話前三碼，並且在每組前三碼之後添加隨機數字。

　　另外還有一項額外的建議，也適用於所有的隨機選取撥號抽樣：在知道與每組前三碼有關的有效電話號碼之比例、以及知道與每組前三碼有關的後四碼之無效範圍的資訊之後，我們便可以把由這兩種資訊中所獲得的有效性加以結合。這種作法如果是以人工處理的話，雖然會相當複雜、但仍是可以辦到的；只要這些電話前三碼的數量不至於太多，而使得它所需要花費的時間及心力不會成為被排斥的一項藉口。

・　添加數字的技巧

　　Landon 與 Banks（1977）針對這種產生電話抽樣群體的處理方法之有效性，提供了項以經驗為依據的實驗。這項慣用的技巧，乃是由電話號碼簿中抽選出許多的「種仔」（seed）號碼，然後再將某個（也有可能是兩個或三個）定數或隨機數字，添加於每個種仔號碼的後四碼上；並且利用這些新產生的電話號碼組成抽樣群體。藉由這種方法所產生的這些新電話號碼，也可能是被登錄的、或者是未被登錄的電話號碼。根據 Lepkowski（1988）的觀察所得，「為了要讓那些未登錄的電話號碼能有一種非零的被選取機會，我們必須假設這些未登錄的號碼乃是平均地混雜於已登錄的電話號碼之間」（p.93）；Lepkowski 也相信這是一種「未必靠得住的假設」。就他的這項觀點而言，雖然我個人並不十分贊同，但是我對於他所提出的警告卻深表贊

成：不論這些技巧在應用上是如何簡單易行，與每個被產生的電話號碼之選取機率有所關聯的各方面，仍舊存在許多的不確定性。儘管這項顧慮是一種不可否認的事實，但是對調查人員來說，下列的這種狀況卻是必然會發生的：他會被迫在可行性與時效性之間做一選擇，而且或多或少也會提高整體性調查誤差的可能性。就像我們在本書裡不斷提醒各位的，這些都是所有的研究人員在許多實際的決策（亦即一種妥協或交換）中，將會不斷面臨到的問題。

至於加入數字的方法，則各有不同。舉例來說，「往上加 1」的方法就是其中的一種。在這種情況下，我們把來自於涵蓋了整個抽樣區域的一份電話號碼簿中、以隨機方式或系統化方式所選取的某個電話號碼——例如 869-5025——上，在其後四碼的最後一位數字中再往上加 1，而產生 869-5026 這個新的號碼，並將其納入抽樣群體中。另外還有往上加 11（這時將會產生 869-5036），或是將某個一位或兩位的隨機數字、添加在來自於電話簿中所抽樣而得的種仔號碼之上的不同作法。

尤其是在我們必須以人工方式很快產生一個相對較小的抽樣群體時，上述這些與產生樣本有關的各種方法，將會特別有幫助；舉例來說，當某人可能需要馬上獲得一千個電話號碼時。這種方法也因為能夠縮短訪談的期間，而有助於調查的處理；因為與簡單隨機選取撥號的抽樣方式相較之下，利用這種方法可以讓所撥接出去的有效電話號碼之比例獲得提高。在 Landon 及 Banks（1977）所進行的兩項調查中，便提到這種添加一位數字的處理方式，對於

抽樣效率的改善大約可以提升 30%左右。這種方式的影響，和我們先前所提到的利用與後四碼之無效範圍有關的資訊，以便鎖定有效的後四碼範圍、並產生電話號碼的這項技巧大同小異。

在利用這種添加數字的處理方式之前，我們首先必須蒐集一組涵蓋範圍相當廣泛的電話號碼簿，然後再決定由每本電話簿中所要抽選的種仔號碼。當只有一份電話簿的時候，那是最簡單的一種情況。在估計過爲了達到我們想要完成訪談的樣本大小時，所必須使用到的抽樣群體大小後，調查人員便應該將這個抽樣群體的數量與被登錄於電話簿中的電話號碼總數做一比較；並且以隨機或系統化的方式，由這些電話簿中的所有張頁裡選取出種仔號碼。

此外，Landon 及 Banks（1977）也提出下列警告：如果電話公司在分配未登錄的電話號碼時所採用的原則，是集中於某個特定的後四碼之範圍的話，可能就會導致這種添加一位數字的抽樣方法產生偏見（Lepkowski, 1988）。假如這種情況發生的話，則以登錄於電話簿中的種仔號碼爲依據所產生的電話號碼樣本，很可能就會出現相當可觀的涵蓋範圍之誤差。換句話說，從那些未登錄的電話號碼之角度來看的話，在這些將被撥接的電話號碼群體中，或許就會產生偏差。將這項顧慮撇開不談的話，關於電話公司在分配未登錄的電話號碼時，事實上是否遵循上述這種特定範圍的原則辦理，或者是先將某個號碼分配給客戶，然後再由客戶提出要讓這個號碼被登錄、不被刊載或是不被登錄，我個人對此並不清楚。雖然如此，爲了保險起見，

對於任何一位正在規劃利用添加數字的方法進行調查的人員來說，他首先就應該要謹慎地判定所有地方性的電話公司在分配這種未登錄的電話號碼時，究竟是採用何種原則。

如果調查人員打算只以一次的原則利用某項電話調查的結果（例如準備一份碩士論文），而且他也不確定自己在蒐集資料時所用的方法是否在可預見的未來仍會被採用時，那麼以人工方式蒐集一個隨機選取撥號之電話號碼的抽樣群體，或許是最值得考慮的選擇；當然，它的前提必須是這個抽樣群體的大小不至於過分龐大（例如高達數千個之多）。然而，如果必須被處理的電話號碼之抽樣群體相當龐大，或者是某位調查人員打算定期性地利用電話調查蒐集在相同抽樣區域內的資料時，那我將建議應該藉由電腦產生隨機選取撥號的抽樣群體。

由電腦所產生的隨機選取撥號抽樣群體

當我們利用電腦產生抽樣群體時，以上所討論到的各種有關於產生隨機選取撥號抽樣群體的技巧，都有其相對應的符合方式。與那些沒有電腦輔助式電話訪談（CATI）可運用的調查人員相較之下，當某人有此途徑可利用時，他在產生隨機選取撥號之樣本時所採行的步驟將會截然不同。當擁有某種電腦輔助式電話訪談的系統時，我們便可以一次只產生一個電話號碼，以供訪談人員在需要的時候使用；因此，在這種配備有電腦輔助式電話訪談的情況下，我們就不見得非在事前產生抽樣群體。相反地，對於那些

沒有電腦輔助式電話訪談系統可利用的人們來說，在訪談階段開始進行之前，就必須先產生一個足夠龐大的隨機選取撥號之電話號碼抽樣群體；因為在訪談的階段中，要求某人每次只產生一個隨機選取撥號的電話號碼以供訪談人員使用，這根本就是不切實際的作法。

就像所有以隨機選取撥號方式所產生的抽樣群體一樣，當使用電腦的時候，也必須以蒐集一份在抽樣區域之內無所遺漏、能夠接通的所有電話前三碼之名冊做為開始。就如我們先前所討論過的，在蒐集與每個電話前三碼有關的額外資訊時，它可能會具有相當的成本效益性；明確地來說，就是（a）與每個電話前三碼有關的使用住戶之數量；（b）針對每個電話前三碼而言，其後四碼的無效範圍。再次提醒各位一項重要的原則：對於被使用於抽樣中的所有電話前三碼來說，除非這些額外的資訊都有著一致的精確度、而且都可以被取得，否則就不應該利用這些資訊！

因此，在這三種可能被取得的電話前三碼之資訊下，一位調查人員將會面臨到的共有四種不同的狀況：

1. 只擁有電話前三碼的名冊；
2. 擁有電話前三碼的名冊，以及與每個前三碼的使用住戶之數量有關的資訊；
3. 擁有電話前三碼的名冊，以及與每個前三碼之後四碼的無效範圍有關的資訊；
4. 擁有上述這三種的所有資訊。

- 只有電話的前三碼

    最單純的一種狀況，便是調查人員只擁有在抽樣區域內能夠被撥接的所有電話前三碼之名冊。在這種情況下，我們可以將電腦的程式設計為：針對每個前三碼，分配相等數量的隨機後四碼，直到產生足夠龐大的電話號碼抽樣群體為止。舉例來說，如果我們估計必須有一個數量為一千的隨機選取撥號電話號碼的抽樣群體，而且在該抽樣區域中共有十組不同的電話前三碼時，那麼，簡單的分配便是：每個電話前三碼都應該要有一百個與其匹配、而且互不相同的四位數隨機電話號碼。舉例來說，在一部以 Dos 為作業系統的個人電腦中，下列所述的 BASIC 程式，將能夠產生出一千個電話號碼（在被列明於 DATA 陳述的十組電話前三碼中，每組都會產生一百個電話號碼）；而且依據所使用之印表機速度，可以在數分鐘內完成列印：

```
5    RANDOMIZE TIMER
10   FOR I=1 TO 10
20     READ PREFIX（I）
30     FOR X=1 TO 100
40       SUFF1=INT（RND*9）
50       SUFF2=INT（RND*9）
60       SUFF3=INT（RND*9）
70       SUFF4=INT（RND*9）
80       LPRINT PREFIX（I）；"-"；SUFF1；SUFF2；SUFF3；SUFF4
90     NEXT X
100  NEXT I
110  DATA 251,256,328,475,491,492,570,864,866,869
```

或者是，我們也可以將這個程式加以修改，使其產生一個 ASCII 檔案，以供稍後列印之用。

　　在利用電腦（或者是一份亂數表）產生隨機數字串時，也有很低的可能性會在同一組的前三碼中，產生重覆的數字串。換句話說，如果產生 4567 這個後四碼的數字串，而且是被匹配於兩組不同的前三碼時（例如：251-4567 及 869-4567），那也不至於造成任何困擾。雖然完全相同的電話號碼會重覆出現的機率微乎其微，卻還是有其可能性存在。在使用人工方式產生樣本的情況下，要核對這種重覆性，事實上有其困難存在；但是電腦卻可以輕而易舉地查對出這種重覆性，因此在程式中將這項核對功能添加於內，通常都是助益無窮的（舉例來說，在一套可被廣泛取得、名為 SPSS 的統計用套裝軟體中，便可以利用其「lag」的指令確認出重覆的狀況；LeBailly & Lavrakas, 1981）。

　　除了過濾抽樣群體中的重覆狀況之外，我們也可以選擇能用來執行其他過濾功能的電腦程式；例如把所有尾數是 00 與／或 000 及／或 0000 的電話號碼都加以刪除。基本上來說，此類的電話號碼都不屬於住家使用；因此刪除掉這些電話號碼之後，可以在不至於損害抽樣群體之有效性（亦即不會提高未涵蓋範圍之誤差）的前提下，節省訪談人員所花費的時間。除了必須特別小心之外，也應該在核對過一份反向編排的索引名錄、確定這項假設的妥當性之後，才可以這麼做。由於企業在登錄其電話號碼時所具有的特性，我們只要很快地對一份反向編排的索引名錄加以核對，就可以判斷出這些以數個 0 做為尾數的電話號碼，

是否大部分都屬於公司行號所使用的電話。如果不是的話，那就不可使用這種過濾的程式；因為這將使得未涵蓋範圍之誤差造成不必要的增加。

- **無效的後四碼範圍**

　　當無效的後四碼範圍獲得確認之後，這項資訊也可以被整合到電腦的程式中；我們有兩種不同的方式執行這項動作。首先，就像先前所提到的，如果可以確認在一千個號碼之界限內（例如 1000-1999 或 3000-3999）的後四碼是屬於無效範圍時，那麼在設計電腦程式時便可以利用此項資訊。第二種方法則是將四位數的號碼（亦即三位數的電話前三碼、再加上後四碼中的首位數）以資料的形式讀入，並將電腦程式設計為產生一連串長度為三位數的隨機數字。我們再以先前所舉的例子做說明，假設在抽樣區域中有三組不同的電話前三碼，而每一組的有效後四碼在範圍上都相當的狹窄：由 864-2000 至 864-3999；866-5000 至 866-7999；869-0000 至 869-0999 以及 869-4000 至 869-4999。在這種情況下，應該要將下列各組四位數的字串以資料的形式讀入：8642、8643、8665、8666、8667、8690 以及 8694。而在電腦程式的設計上，就應該以加入一連串三位數的隨機數字為基準。此時，將會產生一個只針對那些已知道為有效、而且是涵蓋了住家用電話後四碼範圍的（層級化）隨機選取撥號電話號碼的群體。

- **電話線路的數量**

　　最後要提到的是，如果調查人員已經知道與每組電話前三碼有關的電話線路數量時，就可以依據這些前三碼的資訊，將隨機選取撥號電話號碼的抽樣群體加以層級化。為了使其單純化，我們再次假設並不知道任何與無效後四碼有關的資訊。如果我們能夠判定在 864 這組的前三碼中共有四千個有效的電話號碼，在 866 的前三碼中有三千個有效的電話號碼，在 869 這組的前三碼中有一千個有效的電話號碼時；那麼我們就能夠以計算出在抽樣區域內，每組電話前三碼的相關頻數（亦即比例）做為開始。由於電話線路的總數量為八千條，因此透過 864 可聯絡上的比例便為 50%，透過 866 可聯絡上的比例為 37.5%，透過 869 可聯絡上的比例則為 12.5%。在這種情況下，如果研究人員估計訪談者所必須處理的隨機選取撥號之電話號碼數量為一千的時候，則在抽樣群體中就應該要包含有五百個 864 起頭、三百七十五個 866 起頭、以及一百二十五個 869 起頭的電話號碼。

　　舉例來說，要在一台以 Dos 為作業系統的個人電腦之下完成這項功能時，我們可以把先前所提出的 BASIC 程式修改成下列所述。

　　如果也能夠知道與每組前三碼有關的無效後四碼範圍之資訊的話，那我們也可以將其整合到程式中；這時，就像先前所提到的，在所設計的程式內必須將調整因素加入，以反映出在最後的抽樣群體中與每組電話前三碼有關的正確比例。

```
5     RANDOMIZE TIMER
10    FOR I=1 TO 3
20       READ PREFIX（I）
25       READ NUMB（I）
30       FOR X=1 TO NUMB（I）
40          SUFF1=INT（RND*9）
50          SUFF2=INT（RND*9）
60          SUFF3=INT（RND*9）
70          SUFF4=INT（RND*9）
80          LPRINT PREFIX（I）；"-"；SUFF1；SUFF2；SUFF3；SUFF4
90       NEXT X
100   NEXT I
110   DATA 864,500,866,375,869,125
```

- **多階段隨機選取撥號抽樣羣體**

　　Mitofsky（1970）及 Wsksberg（1978）兩人率先開啓了某種稍微有些複雜、但卻經常被大型調查機構所採用的隨機選取撥號之抽樣方法；其原因在於這種方法具有產生極爲有效的大型抽樣群體之實際價值，以及在略爲提高抽樣誤差的情況下、具有大量降低訪談成本的潛在可能性。這種方法在其典型的形式上，可分爲兩個階段：第一個階段乃是利用簡單隨機選取撥號的原則，於抽樣區域內確認出一個數量上相對較少的住家用電話號碼群體（一般來說都介於五十至一百之間），並將其用來做爲第二階段中的種仔號碼（或稱群集）。尤其是當抽樣區域過於龐大、以至於調查人員在蒐集任何與所有電話前三碼有關的資訊時，因爲無法由某份完整的名單中達到其目的而感到手足無措的情況下（例如那些全國性、地區性、或是全州性的

調查），這種處理方法更能發揮其吸引力。

當然，在這種方法所帶來的便利性與有效性之背後，其代價便是會略爲提高該項調查的抽樣誤差（參見下列各作者在其著述中對於設計效果所做的討論：Kish, 1965; Groves, 1989; Lepkowski, 1988; Henry, 1990）。在評估這項優劣交換的時候，Groves 便提出以下陳述：「將所有群集樣本對於調查統計數字的精確度所造成之損害撇開不談的話，在每一項由美國聯邦政府所做的主要家庭調查中、以及幾乎是所有學術性與商業性的家庭調查中，都使用這種群集的設計」（p. 260）。

我們利用一項全國性的調查做爲例子，將有助於各位對這種隨機選取撥號方法在產生一個抽樣群體方面，獲得更明確的了解。對調查人員來說，他首先要取得一份涵蓋全國的所有住家用電話前三碼之名簿；藉由購買貝爾科公司（Bellcore）所製作、涵蓋所有區域代碼及電話前三碼的電腦化資料庫（在 1992 年時，其售價大約爲四百美元），便可以輕易達到這項目的。於西元 1990 年代初期時，在美國境內所產生的所有可能的隨機選取撥號電話號碼中，大約有四分之一的機率可以聯絡上住家。根據來自於某位在抽樣統計方面學有專精的人士建議，我們對於將有多少的群集（亦即在第一個階段中所要確認的住家電話號碼數量）會被使用於抽樣設計中的這項抽樣前之決策，必須先確定；一般來說，這個數量都是介於五十至一百之間。然後，在第一個階段中便需要產生一個預備的抽樣群體，其大小大約是將被使用到的群集數量之四倍。對於一位使用貝爾科

公司所販售之資料庫，並且計畫一項利用一百個第一階段的群集、而以一千一百個為最後樣本大小的調查案研究人員來說，在第一階段的過程中，就必須由貝爾科資料庫裡為數大約為五萬種的組合中，以隨機方式選取四百個（100×4）區域代碼／電話前三碼的組合。然後，在每一個組合中必須再添加四位數的隨機後四碼，以產生四百個十位數的電話號碼。

　接著，所有的訪談人員必須撥出這四百個電話號碼，以判定有那些可以聯繫上住家；這麼做，預計約有一百個號碼可以成功。一般來說，這並不是一項輕而易舉的過程，因此調查人員在要求訪談者開始撥出電話之前，應該要先對相關的著述有所熟悉才對（Alexander, 1988; Burkheimer & Levinsohn, 1988; Mason & Immerman, 1988）。在某些情況下，訪談人員或許只需完成一項簡短的「過濾性」問題，以確認在所有作答者中屬於住家狀況的數量；而在其他情況下，研究人員可能就必須對每一戶聯絡上的家庭，提出真正無所遺漏的訪談。不論如何，在第一階段中被使用到的所有電話號碼，都必須依據是否為住家用途（包括拒絕作答及住家用的答錄機）而加以分類。如果只是藉由電話訪談，並不見得能夠達成這項目標；研究人員通常都必須花時間與金錢與當地的電話公司聯繫，以判定那些從未被接聽的電話號碼究竟是否屬於住家用途。舉例來說，在 1992 年由西北大學調查研究室所進行的一項兩階段全國性隨機選取撥號調查中，在第一階段的所有電話號碼裡，就有大約 3%的比例必須與當地的電話公司聯繫後，才得以澄清這

項疑慮;而這些號碼都是在訪談人員撥接超過二十次以上,卻都無人接聽者。在這項調查的第一階段,為了澄清抽樣群體中每一個電話號碼的狀況,所花費的時間總共超過了兩個星期。

對一項全國性的調查而言,於第一階段中所確認的所有住家用電話號碼,代表在全國境內所有住家用電話的一個簡單隨機樣本。以先前所提出的這個所規劃之一千一百的最後樣本大小為例來說,對於第一階段所產生的一百個群集而言,每個群集在第二階段中都必須完成十一次的訪談。其作法乃是選取每個第一階段的住家用電話號碼,並以隨機方式將其後四碼中的最後兩位數加以替換(至少進行十一次),才能夠竟其功。這項作法必須針對每個群集執行之,直到獲得我們所想要的完成數量為止。對於每個群集而言,因為至少要有十一個第二階段的號碼產生,所以在第二階段的抽樣群體中,將會產生一千一百個各不相同的電話號碼。根據以往的經驗顯示,在這些第二階段的電話號碼裡,大約會有 60%的比例可以聯繫到住家(Lepkowski, 1988)。由降低訪談人員之處理時間的觀點來看,與第一階段中僅有 25%的住戶「命中率」(hit-rate)相較之下,這種方法充分展現出其吸引人之處;也就是說,在聯絡到住家的比例上,第二階段的有效性要比第一階段高出兩倍有餘。對於第二階段中無法被完成的每個電話號碼來說,我們可以在該群集中再產生一個新的號碼取代它。

就實務上而言,要產生第二階段的抽樣群體是相當複雜的,而且最好是利用經常被更新的電腦資料庫加以管理。

此外，並非所有的群集都能夠產生我們所想要的完成數量；雖然如此，我們還是可以透過抽樣後的加權方式，將每個群集中不相等的完成數量加以調整（Lepkowski, 1988）。對於那些打算利用多階段隨機選取撥號抽樣的讀者，我鼓勵他們藉由閱讀其他的相關著作（e.g., Groves et al., 1988; Potthoff, 1987）、來熟悉與其有關的許多實務上及統計上的細微差異，並且與在這方面有著廣泛實務經驗的其他人、互相交換心得及討論實際上的應用。

以索引名錄及名冊爲基礎的抽樣群體

根據每項調查在目的上之不同，而使得隨機選取撥號方式在許多情況下可能對於切合該項調查之需求毫無助益。各位讀者必須謹記：爲了避免在由一般的母體中選取一個具有代表性的（擁有電話）家庭樣本時所產生的未涵蓋範圍之誤差，隨機選取撥號乃是甚受青睞的方法。但是，當我們能夠取得一份某個相關母體的正確名冊時，通常來說，就應該要使用這份以名冊爲基礎的抽樣結構進行抽樣。

雖然如此，整個問題的癥結在於：調查人員通常都無法取得他所需要的這份正確名冊。Frey（1989）便討論到許多與電話調查名冊抽樣有關的問題；它們包括取得管道的限制、不合格的名冊、內容重覆的名冊、以及內容不正確與被省略的名冊。舉例來說，由於每年大約都會有五分之

一的美國家庭遷換住處，而使得許多名冊中的住家用電話號碼都已不合時宜。

　　由一份名冊中產生某個抽樣群體的例子之一，應該算是針對某種職業組織（例如退伍軍人）的所有會員所進行的電話調查，而且這個組織必須擁有一份與它每一個成員的住家與（或）辦公電話號碼有關的完整名冊；對該項調查來說，這份名冊就是它的抽樣結構。另一種使用名冊來做抽樣的例子，乃是在某所大學中對於目前已註冊的所有學生所進行的一項電話調查；在這種情況下，由註冊處所取得的這份名冊（亦即抽樣結構）便可以確認出相關的整個母體。就如我們先前所提到的，在美國的某些偏遠地區中，很少有人會使用未登錄的電話號碼，因此他們所產生的母體瑕疵在比例上也會相當低。在這一類的區域中，我們就可以使用地方性的電話號碼簿選取抽樣群體所需的電話號碼；雖然如此，研究人員對於未涵蓋範圍之誤差的關切程度，往往會左右他所做的選擇。

　　藉由名冊抽樣的方式構成抽樣群體，並不至於太過複雜，而且可以用隨機或系統化的方法加以完成。但是就隨機的方法而言，它很少會要求我們以一種系統化的方式於整份名冊中進行抽樣；雖然如此，某些人卻仍然會青睞於選用這種隨機方法，因此我們也將在下文中對其做一簡短的敘述。

隨機的方法

假設我們要在某個總共聘用了一千八百位老師的文教區域中，針對二百位學校教師進行一項與其工作狀況滿意度有關的電話調查。最簡單的方法，就是將該區域中的電腦程式設計為隨機選取二百位（或是更多）老師的姓名，以構成抽樣群體（此處要再次提醒各位，幾乎是在所有的電話調查中，抽樣群體的大小都必須要大於我們所想要的最後樣本之大小；其中的部分原因，乃是基於未獲回應之考量。但是就這個例子而言，我們假設被選為抽樣群體的所有老師都能夠被聯絡上，而且也都願意參與這項調查）。如果沒有電腦可用來產生這個樣本時，我們也可以利用一份隨機數字表，而藉由人工以各種不同的途徑完成。其中的一種途徑，便是利用一連串的兩位數隨機數字，在一份以字母順序排列、涵蓋了所有一千八百位老師的完整名冊中，以「向前計數」的方式選取後續的姓名。舉例來說，如果由亂數表中所選到的連串數字為 0417565439，那麼在這份以字母編排的名冊中，排名第四位的老師便是第一個被選入抽樣群體中的人。然後，由這位老師的姓名處向前數 17，所得到的便是進入樣本中的第二位老師；接著再由第二位往前數 56，便是第三位進入樣本的老師；依此類推。對於負責產生抽樣群體的人來說，利用這種方法來由這份涵蓋了一千八百位老師的名冊中抽選二百個姓名時，大概需要對這份名冊重頭到尾處理五次或六次。這是因為下列的事實所造成：就機率而言，我們每次由該份名冊中從頭

到尾處理一次時，平均可以獲得三十六位老師的姓名；因此我們大概需要對這份名冊重頭到尾處理五點五次，才能抽選出二百個姓名。

系統化的方法

從降低抽樣誤差的觀點來看時，最簡單而且最具代表性的方法，便是由一份名冊中以系統化的方式做抽樣（cf. Henry, 1990）。我們再以前面所提過的在某個有一千八百位老師的文教區域中，想要訪談二百位學校教師的電話調查為例；也就是說，有九分之一的老師將被抽選。首先，由 1 到 9 的數字中選擇一個隨機數字，然後再由這份以字母順序排列的名冊中，由第一位起算、根據這個數字抽選出第一個老師的姓名；接著再由整份的名冊中，以相同的原則由每九個姓名裡選出一位。假如起始的隨機數字為 2 時，就表示名冊中排於第二位的姓名，將是第一個被納入抽樣群體的老師；然後會被選入抽樣群體的便是排名為第十一、二十、二十九、三十八以及依此類推的老師姓名。

當我們要由一份相當冗長的名冊中（例如一份地方性的電話號碼簿）進行抽樣時，除了上述這種依序計算、每次只能選取一個姓名的方式之外，還有一種更為簡便的方法；對於這種能夠更快速完成相同的系統化抽樣的技巧，我們將以下列的例子做為實證。假設我們要由一本電話號碼簿中抽選出三百個住家用的電話號碼，以構成一個抽樣群體；同時也假設這本電話簿共有五十頁，而在每一頁中

都有四欄的電話號碼。因此，我們由每頁裡所抽樣的電話號碼，應該都是六個（300÷50=6）。由於每頁中都有四欄，我們便可以利用某種隨意的（亦即不帶有偏差的）計畫，在這些欄位中進行抽樣；在這種基礎之下，其可能的選擇方式有無限多種。舉例來說，我們可以由這四欄的最上方開始起算、在每一欄中抽選排名第十的住戶名稱，然後再由前兩欄的底部起算，抽選排名第五的住戶名稱；如此一來，每頁就可以產生總數為六個的住戶名稱。為了減低這種重覆過程的沉悶程度，我們可以依據這項原則做出一塊紙模板，並將它放置於每頁之上以選取所需的樣本；或者是選取一個群集樣本——雖然這種方式會使得抽樣誤差提高（Lepkowski, 1988, pp.76-78）。

在使用名冊進行抽樣時，必須切記一件很重要的原則：在選擇姓名時所應用的技巧，必須要能夠涵蓋整份的名冊。由於所有的名冊基本上都是以字母順序排列，因此在掌握上述的原則後，才能夠產生一個具有代表性、而且是涵蓋所有起頭字母的抽樣群體。同樣地，如果某份名冊是以資歷做為排列標準時（亦即那些會員資歷最久的人，會被排列於名冊中的最起頭），以這種涵蓋整份名冊的原則來做抽樣，才能夠產生一個具有代表性、而且與會員資歷並無關聯的抽樣群體。就像 Henry（1990）所提到的，研究人員應該要小心翼翼地避免選用到一個在某份名冊中、會存在有任何潛在的循環型態的抽樣區間。當所使用的名冊是以某種相關的特性做為排列依據時，因此所造成的事實上之層級化，將會使得系統化抽樣中某種附帶的優點自動產生；

而這也會導致抽樣誤差的降低（Henry, 1990, p.101）。

對於那些已被證實爲使用隨機選取撥號抽樣時，在成本上會過於昂貴的較小型、地方化的地理區域（例如鄰近的住宅區）而言，如果未涵蓋範圍之誤差（由於遺漏了那些使用未登錄電話號碼的家庭所造成）並不會使得調查目的變爲無效時，我們也可以利用反向編排的索引名錄進行抽樣。在判定每個街段中應該抽樣的住戶數量時，最好能夠擁有一份詳細的街道地圖。在該地圖中如果有顯示出實際的住家單位時，那麼就可以進行比例性的抽樣，而使最後的樣本能夠代表每個街段的大約母體。假如這類的資訊並非唾手可得時，則調查人員可以藉由計算在這個地理抽樣區域中的建築物總數量，然後再用所希望獲得的抽樣群體之大小，除以這個數量；由此所產生的商數（quotient），便可以被用來做爲每個街段中所應該抽樣的電話號碼之數量。舉例來說，假設某位評估研究人員擁有一個控制住宅區（control neighborhood）及一個處理住宅區（treatment neighborhood），並且在每個住宅區中都需要有一個共計五百個電話號碼的抽樣群體，以完成爲數達三百份的訪談。假如在每個住宅區中大約都有一百個街段的建築物數量時，那麼就應該以隨機或系統化的方式，由每個街段中抽選出五個電話號碼（這種處理方式係假設每個街段中的母體及住家數量，大致上是相同的）。爲了要能夠正確地使用一份反向編排的索引名錄，與每個街段中地址門牌的起始及結束號碼有關的正確資訊，也是不可或缺的；而這也是一份詳細的街道地圖所能夠提供的優點（這類的地圖通

常都可以由地方性的政府規劃部門中取得）。

　　截至目前為止，有許多機構都擁有他們的雇員或會員的電腦化名冊。在這種情況下，他們本身的電腦軟體或許就能夠由整份的名冊中抽選出一個隨機樣本或系統化樣本；或者是可以被用來產生一個資料庫，供其他電腦套裝軟體加以處理。此外，也有某些反向編排的索引名錄資料庫，能夠以電腦可判讀的形式（例如被儲存於磁碟片中）被取得。

商業性的名冊供應商

　　在 1980 年代時，提供各種名冊讓人購買的業務出現了成長的現象。對於電話調查的研究人員來說，在這些名冊中最令他們感到興趣的有：城市的電話號碼簿、主要的地址名冊、訂戶的名冊以及客戶的名冊等。而且也有許多的公司能夠針對付費客戶的要求，為其產生各式各樣的電話調查抽樣群體，包括專供隨機選取撥號調查之用的各種群體。此外，在這些被產生的名冊中，也有許多係以調查人員所感到興趣的某些特性來做層級化的排列（例如區域號碼）。

　　就像這類名冊所可能表現出來的引人之處一般，當調查人員在運用這種由其他人所準備的名冊時，也必須特別謹慎；尤其是要特別注意這些名冊中所可能出現的涵蓋範圍之誤差。如果你的選擇是購買一份名冊，並將其做為你的抽樣群體、或是利用它產生抽樣群體的時候，只要是小

心翼翼的調查人員、必定也會是小心謹慎的顧客；也就是說，他會對於和這份主要名冊之精確性及抽樣群體是如何產生的所有相關問題，先確定能夠獲得滿意的答案之後才會購買。舉例來說，這個公司是由何處取得他們資料庫中的所有資訊，這份名冊被加以更新的期間為多久，以及該公司對存在於他們所提供之名冊中的涵蓋範圍之誤差、了解多少？切記：如果涵蓋範圍之誤差會與該份主要名冊被蒐集時的方式有所關聯時，則由一份「主要名冊」中所進行的隨機抽樣，可能並無法提供目標母體的一個機率樣本。簡言之，我對於 Lepkowski（1988）所提出的下列忠告深表同意：「就調查作業（亦即產生一個抽樣群體）所必須具備的精密要求而言，當它超出了（調查人員的）直接控制時，通常都是無法被接受的」（p.79）。

　　雖然如此，由於商業化名冊所能提供的便利性，對於那些已經決定使用此類名冊的調查人員來說，應該要採取一種謹慎的中庸立場便是：試著修正這份購買來的名冊，以減低肇因於未做任何修正便加以使用時所產生的整體性抽樣誤差之可能性。舉例來說，我們可以由某個商業性供應者的手中，購得一份在某個特定抽樣區域中一般母體的指定電話號碼之名簿；然後再以隨機的方式、或者是運用前面所提到的任何一種添加數字的技巧，將每個號碼的最後兩位數字加以替換。和從一無所有的情況下開始蒐集前三碼及後四碼資訊的作法相較之下，這種方法不但可以節省大筆費用，而且也有助於抵銷隱含在這份購買來的名冊中、因為未登錄之電話號碼所產生的未涵蓋範圍的問題。

另外的一種例子是，調查人員可能會選擇購買一份包含姓名及電話號碼的名冊，然後再藉著研究人員對新號碼的積極追蹤，致力於減低因為那些並未聯絡上被抽樣之個人的電話號碼所造成的無法聯繫之狀況。與那種只是利用所購得的名冊、但並未採取任何系統化追蹤的作法相較下，這種作法可以降低未獲回應之誤差所帶來的威脅。

混合模式的抽樣群體

就像我們在第 1 章中所提到的，在過去十年中已經可以發現：人們對於結合了一種以上之抽樣及資料蒐集模式的調查，所表現出來的興趣有日益增高的現象。將不同的調查模式（親自訪談、電話調查、郵寄問卷）加以結合的引人之處，乃是在於：如果某種模式的限制、能夠被另一種模式的長處所抵銷時，則整體性調查誤差就有可能因而降低(Dillman, Sangster & Rockwood, 1992; Dillman & Tarnai, 1988)。對於那些正在規劃應該要以何種方法產生抽樣群體的調查人員來說，利用混合模式來組合其抽樣結構時，或許會需要額外的時間及資源。舉例來說，在某個電話前三碼並未與地理上之界線有著良好契合的特定住宅區所進行的調查當中，很可能就得應用到一種結合了郵件與電話模式的雙重結構（dual-frame）之方法。對於將以電話來處理的這部分而言，我們可以使用一份反向編排的索引名錄

來產生其抽樣群體；在這個抽樣群體中所涵蓋的，只是那些在該份名錄被印行時、擁有被登錄之電話號碼的家庭。至於將透過郵件來處理的那部分，則可以藉由取自於該市之住宅社區部門的街段／住址地圖，來產生其抽樣群體。這時，我們必須要將可能在兩種方法中都會被抽樣到的重覆住戶加以刪除。此外，由於在電話抽樣群體中的每一戶住家都會有被登錄的住址，因此我們便可以事先對他們寄出信函，通知這些住戶他們已被選取參與這項電話調查。至於郵寄問卷的部分，則需要藉由寄發數次的後續追蹤信函來降低未獲回覆的比例；而且在郵寄問卷中也應該包括一道問項，詢問這些住戶家中是否裝設有電話，以及如果裝有電話時、它是屬於被登錄或未被登錄的號碼。這項資訊將可以讓調查人員探查出和每種模式有關的資料中，所可能存在的任何差異。

對於那些正考慮使用混合模式處理方法的電話調查人員來說，應該要多閱覽並遵循各種以混合模式調查為重點的研究著述，以了解在何種情況下，才能夠「在將各種與成本及其他誤差有關的考量因素都列入考慮之後」（Lepkowski, 1988, p.98），而名正言順地獲得這種方法的潛在利益。

各位讀者千萬不要將這種混合模式抽樣群體的方法，與那種訪談人員於聯繫可能的潛在受訪者之前、也會對他們使用到寄發預先通知信函的電話調查方式（我們將在第 4 章中對此另做探討）混為一談。舉例來說，如果某個電話調查的抽樣群體是由一份涵蓋了某專業組織的所有成員之

名冊所產生，而且該份名冊中也包含每個成員的郵寄地址時；則明智的調查人員應該會事先以信函通知在抽樣群體中的所有受訪者，讓他們知道已被選中參與某項即將到來的電話調查。在這個例子中，將郵件聯繫與電話訪談的作法加以結合，乃是一種明智的處理方式；但是，這並不意味著會構成一種混合模式（或雙重結構）的抽樣群體。

抽樣群體的大小

以一個理想的電話調查案而言，不但所有被撥出的電話都應該是有效的，而且在訪談人員第一次打出電話時，不僅可以聯繫到每一個被選取的受訪者、同時也不會有任何受訪者將拒絕作答。當然，對所有的調查案來說，這種盡如人意的理想化狀況通常都不太可能會發生。就每一個電話調查的抽樣群體而言，即使它是取自於最新的名冊，也會出現「錯誤的」電話號碼。在被選定的受訪者中，很可能會有極小部分的人在這項調查的進行期間之內，根本就無法聯絡上。此外，就大部分的電話調查來說，要想讓被拒絕的比率維持在接近於零（甚至是低於 10%）的程度，通常也是不太可能的事情。

為了使這種被拒絕的比率得以降低，我們所需要的這個抽樣群體，在數量上通常都必須遠大於我們所希望完成的訪談數目。選取一個在數量上足夠龐大、而且能夠符合

該項調查目標的最後樣本（亦即在抽樣誤差上相當低的樣本），乃是調查人員責無旁貸的責任；但是，提供各位讀者關於如何做出此種決策的詳盡建議，則非本書編寫的目的。假如各位讀者對於這項決策過程並不熟稔的話，可以參閱與抽樣誤差及統計檢力（statistical power）有關的其他著作。舉例來說，在 Sudman（1976）的著作中，就有一整個章節——「使用的樣本應該要有多大？」（How Big Should the Sample Be？）——可供那些正在規劃某些調查案、並打算估計出某種單一母體參數的調查人員做為參考（在 Sudman 的著作中，他所提及的「樣本」乃是指被完成訪談的數量，而不是指將被加以處理、以達到所希望的完成數量時而使用的抽樣群體之大小）。至於那些在規劃上乃是以測量出雙變數（bivariate）及／或多變數（multivariate）間之彼此關係的調查人員，則可以參考由 Hays（1973）及 Lipsey（1989）針對統計檢力與樣本大小所提出的相關見解。

在此要再次提醒各位：當一項調查的設計目標，是為了要估計出存在於某個既定母體中的某種變數之程度，所使用的方法是屬於機率抽樣，而且會造成非抽樣誤差的所有其他潛在根源都是固定的時候，則該項調查在測量值方面的精確程度，會隨著樣本大小的增加而獲得提高。假設在一個數量為一百的樣本大小中，當它的二項式變數（binomial variable；例如在針對墮胎立法的調查問項中可以有贊成或反對這兩種答覆）為 50／50 分配、並且使用簡單式隨機抽樣法時，在 95% 的信賴區間（confidence interval）內，將會出現大約正或負 10% 的邊際誤差。當樣本大小為

一千時，則抽樣誤差會降低到大約正或負 3%；如果樣本大小達到一萬時，則該項誤差將會減低到只有大約正或負1%。上述所有的這些數據，乃是以抽樣是在一個相當龐大的母體中進行爲假設基礎。如果被抽樣的母體在數量上相當小的時候（例如只有一萬或者更少），當母體本身的大小出現降低時，則存在於某個特定樣本大小中的抽樣誤差，也會開始呈現下降的趨勢。

　　就如我們先前所提到的，對那些擁有某種完整的電腦輔助式電話訪談系統（亦即擁有各種適當的軟體）的調查人員來說，他們在開始進行調查之前，或許就不必非得事先產生整個抽樣群體。然而，對於那些使用書面記錄式訪談以及許多擁有電腦輔助式電話訪談的調查人員來說，他們在開始進行訪談之前，就必須事先產生一個在數量上足以符合整個調查需求的抽樣群體；並且在一種嚴密控制的方式下，以每天爲基礎，由這個樣本群體中釋放出電話號碼（我們將在第 3 章及第 6 章中對此另做討論）。

　　假如能遵循這種處理方式的話，我們必定能夠估計出一個適當大小的抽樣群體。我們的實際目標乃是要事先產生出足敷使用的樣本數量，好讓我們不必一而再、再而三地重覆此項抽樣過程。從另一方面來看，縱然是在使用電腦的情況下，如果所產生的是一個在數量上遠超出實際需求的抽樣群體時，那又背離了成本效益的原則。因此，在估計究竟應該使用多少的電話數量，才能產生一個切合某項特定調查之實際需求的樣本群體時，我們必須先回答下列的各項問題：

1. 我們所想要的最後樣本大小為何？
2. 在抽樣群體中，有效的電話號碼的可能命中率為何？
3. 在有效的電話號碼中，由於事先設定的各種受訪者除外準則而被排除在外的比例為何？
4. 在合格的受訪者中，由於未做出回應而無法被歸屬於最後樣本內的比例為何？

　　然後，我們便可以將上述這些資訊套用於下列的公式中，而估計出抽樣群體的大小：

估計的抽樣群體大小=最後的樣本大小／（命中率）（1-各種受訪者除外準則）（1-合格者的流失數）

最後的樣本大小

　　最後的樣本大小（final sample size, FSS），乃是指要達成該項調查之目標時，調查人員所判定必須加以完成的訪談數量。就像我們先前所提到的，這是一項非常重要的決策，其中有一部分會決定於能夠對資料蒐集提供支援的各種來源之可取得性。

命中率

　　命中率乃是指在抽樣群體的所有電話號碼中，可能將

會有效、而且能夠聯絡到適當地點（例如住家、而非辦公場所）的電話號碼之比例。命中率會隨著抽樣區域之不同，而出現差異。如果因為缺乏來自於先前針對某個特定母體進行調查的經驗、而使我們無法獲得相關的了解時，則蒐集取自於地方性電話公司或地方性電話號碼簿的廣泛資訊，亦不失為用來預估命中率的一種可行方式。舉例來說，藉由一份反向編排的索引名錄，我們就可以估計在該抽樣區域內每個電話前三碼中有效號碼的密集程度。就此點而言，若能對未登錄電話號碼的可能比例有所了解時，也是很有幫助的。

　　此外，參考其他人的經驗也可以讓我們在估計命中率的數值時，不致於過於離譜。Groves 及 Kahn（1979）在他們所進行的一項全國性單一階段隨機選取撥號抽樣調查中，就發現到在其抽樣群體內，大約有 20%的電話號碼能夠聯絡上住家。而在 1992 年時，由西北大學調查研究室完成的另一項大型的全國性隨機選取撥號調查中，則發現第一階段的電話號碼裡，有 23%是屬於住家用，因此其命中率是.23。而根據我個人在遍布全國各地所進行過的地方性抽樣之經驗顯示，命中率的數值通常都介於 30%到 50%之間。舉例來說，在芝加哥地區的大都會範圍之內（亦即區域代碼為 312 及 708 之部分），大部分的前三碼中都有著相當密集的住戶用電話號碼；因此，對任何一組的前三碼而言，當我們選出一萬個可能的電話號碼之後，其中有四千至六千個號碼是屬於住家用的這種現象，並不足以為奇。在這種情況下，命中率便介於 0.40 至 0.60 之間。但在我們

離某個中心城市越遠的時候，則命中率的數值便有可能會降低；因此，對於每一個新的抽樣區域來說，最好是能蒐集足夠的資訊，才能做出正確的估計。

在估計命中率數值的時候，必須切記的另一點則是可能不屬於住家用電話號碼的比例。我們在前一段裡所提到、由西北大學調查研究室於 1992 年進行的那項隨機選取撥號調查中，就發現全美國境內的電話線路數量，住家用與非住家用的比例大約是二比一。

受訪者除外準則

任何一種將某些人或某些家庭視為不合格的受訪者除外準則（respondent exclusion criteria, REC），都無可避免地會造成抽樣群體大小的增加（有一項很重要的觀念是我們必須了解的：由於有某些人或某些家庭已經不屬於調查人員的目標母體中的一部分，所以它並不會提高該項調查的未獲回應之誤差）。受訪者除外準則的數值——乃是指由於事先設定的某種選取準則，而將被排除在外的家庭比例——相當容易就可以被計算出來，但通常都必須要有該抽樣區域中最近的戶口普查資訊才行。舉例來說，如果只有那些年齡超過 17 歲的男性才需要被訪談的話，那麼在所有的家庭中將有大約三分之一會被排除在外；這是因為在那些家庭中，並沒有住著符合這項人口統計學要求的人。在這種情況下，受訪者除外準則的數值便是 0.33。在許多大都會區域內所進行的一項必須過濾出年長市民（乃是指

年齡超過 59 歲的成年人）的調查中，我們發現到在透過隨機選取撥號所聯絡上的家庭裡，大約有五分之四都並未住有符合此項標準的年長者。以這個情況而言，受訪者除外準則的數值便是 0.80。

至於在那些以特定社區範圍內抽選受訪者爲設計目標的隨機選取撥號調查中，通常都必須應用到與地理有關的過濾問項。在這種情況下，調查人員必須要能夠估計出那些將會藉由隨機選取撥號而被聯絡上、但卻因爲居住在抽樣區域之外而必須被排除的受訪者除外準則之數值。

在許多調查中，除了針對那些年齡在 17 歲以上的人們（亦及所有的成年人）之外，並不會將目標鎖定於一般母體中的某些特定子群體。因爲如此，對許多調查而言，其有效的受訪者除外準則之數值便會等於或接近於 0（0.00）。但是當合格的標準變得較爲嚴苛時，這項數值就會開始提高；而且到了最後，還可能會受到用來自一般母體中選取電話號碼時所使用的某種抽樣設計的支配。基於許多不斷變化的實際因素之考量，我會使用 0.10 到 0.20 這個範圍內的受訪者除外準則之數值；當該數值低於此範圍時，我就會開始提醒那些正在規劃各種電話調查的調查人員，盡可能考慮使用其他方法進行抽樣。當然，最後的決定仍然深受該項調查之目的、以及能夠取得的各種來源所影響。舉例來說，西北大學調查研究室在最近就規劃了一項受訪者除外準則之數值爲 0.98 的隨機選取撥號調查；也就是說，因爲缺乏某種合格的受訪者，而使得在爲數五十戶的家庭中，預估就會有四十九戶將被排除在外。

合格者的流失數

　　由於未做出回應而產生的合格者流失數（loss of eligible, LE），乃是我們在對抽樣群體的大小進行估計時，必須考量的最後因素。即使是擁有受到良好監督與經驗豐富的最佳電話訪談人員之組合，這項合格者流失數的值也可能會介於 0.15 至 0.25 之間；這主要都是由於一般大眾的拒絕回答所造成的。根據經驗顯示，當抽樣越來越集中於各個中心城市，尤其是當訪談的品質又不屬於第一流的水準時，這項合格者的流失數將會達到、甚至超過 0.50。在這種情況下，由於可能會出現的未獲回應之誤差的大小，而使得我們第一個反應必定是對於進行這項調查的妥當性提出質疑（Groves, 1989）。

　　相反地，當訪談的對象是屬於某些特別的母體時，則這項合格者的流失數可能會相當低。舉例來說，在一項於 1992 年時由西北大學調查研究室針對犯罪推事從業人員所進行的全國性調查中，原先所規劃的合格者流失數值為 0.05，但最後所獲得的數值卻是 0（0.00）；也就是說，在抽樣群體中的每一個人都接受了訪談（有關如何使調查的未獲回應率達到最低，進而讓這項合格者的流失數值最小化的相關議題，將在第 5 章及第 6 章中再做探討）！

估計抽樣群體的大小

　　在一項當本書第一版正在編寫時所規劃的調查中，西

北大學調查研究室的某個客戶想要藉由隨機選取撥號的方式，在芝加哥針對年齡為 25 歲或更年長、不屬於猶太裔及不屬於阿拉伯裔的白人或黑人男性，完成總數為三百份的訪談。就這項調查而言，它的最後樣本大小（FSS）為三百；而芝加哥的命中率（HR）數值大約為 0.50。根據當某位居民被聯絡上之後，所必須進行的受訪者篩選原則，其受訪者除外準則（REC）之數值大約為 0.50。最後，在芝加哥市內這種完全針對男性的樣本，其有效的合格者流失數值（LE）估計約為 0.40。然後，運用先前所提到的公式：

估計的抽樣群體大小=（300）/（0.50）（1-0.50）（1-0.40）
=2,000

對這項調查而言，為了要完成三百份訪談，所估計在訪談期間之內必須由訪談人員加以處理的電話號碼數量，就大約是二千個。雖然如此，因為仍有許多不可預期的變數存在，我個人的偏好作法乃是將這項估計值再膨脹約10%；因此，在這個例子中，我建議各位使用的抽樣群體乃是二千二百個電話號碼。

3

處理電話調查的抽樣群體

　　在第 2 章中所說明的乃是如何產生專供電話調查所使用的抽樣群體；而本章將探討的則是在該抽樣群體中電話號碼的控制使用。在對電話調查抽樣群體的處理加以控制時，其主要目標乃是：藉由降低未獲回應之誤差的潛在威脅，來完成資料的蒐集，並使其盡可能地成為抽樣結構中的一個具有代表性的樣本。我們應該注意的是，不應該因為某個抽樣群體是以何種方式被處理，而使得未涵蓋範圍之誤差受到影響；會對未涵蓋範圍之誤差造成影響的，應該是在選擇一個能夠代表某目標母體的抽樣結構時所使用的方法，以及（或）由這個抽樣結構中產生抽樣群體時所使用的方法。

　　本書中所陳述的見解，乃是在與其他各種的調查模式相較之下，電話調查所顯現出來的主要優勢；亦即電話在整個資料蒐集的努力過程中，所能夠提供的集中化管理。

而訪談人員與監督人員在處理抽樣群體時所投注的心力，則是這項品質控制中的一個備受矚目的階段。

在本章一開始，即針對為何要控制抽樣群體以及如何控制它，提出概述。然後我們會以使用一份訪談表格——在電腦輔助式電話訪談中即是其螢幕上的表格——做進一步的說明。所謂的訪談表格，即是我們分派給每一個由抽樣群體中所釋放出來的電話號碼的一份表格；在這個部分中所涵蓋的內容，包括當訪談人員在撥出電話號碼時，與可能發生的各種結果（亦即意向，dispositions）有關的詳細討論，以及與訪談人員應該如何處理這些不同意向有關的說明。而監督人員便是利用這些意向（或是將其設計到電腦輔助式電話訪談的程式中），判定是否（以及何時）應該讓訪談人員再次撥接這個電話號碼。其次的段落所要談到的，乃是藉由使用一份拒絕作答報告表（refusal report form），控制所有被拒答的訪談表格之處理，這是一種相當新穎、而且正在不斷改良的方式。緊接著的下一個段落，將提供各位在處理抽樣群體時所可能碰到的各種意向之型態，以及抽樣群體的處理如何會與電話調查中各種不同回覆率之間產生關聯，做一討論。最後，則是針對在混合模式調查中的抽樣群體之處理，以及針對電腦輔助式電話訪談系統在降低未獲回應之誤差上所能提供的潛在好處做一彙總，來做為本章的結束。

與控制抽樣群體有關的議題

我們對於由抽樣群體中所釋放出來的電話號碼之使用，所以要有一種正式的制度加以監控，最主要的原因乃是避免當訪談人員可以由抽樣群體中依其個人興之所至而隨意選取電話號碼時，所可能造成的大量未獲回應之狀況。舉例來說，如果只是使用一種高度公式化的制度時，將會使得訪談人員對於那些不易被聯絡上的受訪者，必須再做某種適當次數的重覆聯繫。如果這種作法並未被採行的話，則最後的樣本在組成結構上，就會出現容易聯絡上的受訪者有著不適當的比例分配。這是因為在針對一般母體所進行的一項調查中，不易被聯絡上的那些受訪者較有可能是年紀較輕及男性的群體，而容易聯絡上的則是以年紀較大者及女性群體的可能性較高；因此，由於無法聯絡上而導致的未獲回應之誤差的潛在威脅便會隨之增加，而最後樣本的外在效度——亦即概括性——也可能因此而被抵銷。這種結果乃是由下列的事實所造成：與無法聯絡上之受訪者有關的人口統計學上之因素（例如年齡與性別），通常都會和該項調查的主題焦點有著相互關係。和拒絕作答有關的潛在未獲回應之誤差，也同樣存在類似的問題。在試圖減輕這些問題的同時，調查人員必須應用某種正式的監控制度，來控制訪談人員所撥接出去的所有電話號碼。

此類制度也可以藉由除去訪談人員在安排再回電時間表上所承擔的包袱，而使改善訪談人員的效率獲得改善。

這種制度可以讓訪談人員集中全力進行他們所能做到的最佳訪談，同時也能判定那些電話號碼應該要被加以處理。此外，如果要嘗試改變原先拒答者的心意時（也就是說，再次說服那些原先拒絕完成該項訪談的人們），則控制該抽樣群體的監督人員便可以利用這些訪談表格，依據他們的認定重新安排最佳的個別再訪次數。簡言之，在將選自於抽樣群體中的電話號碼提供給訪談人員時，如果能藉著讓監督人員掌握全部責任的話，則由於訪談人員自行選取電話號碼來聯絡時，極有可能避免產生任何偏差。

當我們在進行一項書面記錄式訪談（PAPI）的電話調查時，選自於抽樣群體中的將要被處理之電話號碼，其控制及整理方面都是以人工方式進行。在本章中，我們將對這種處理方式做一詳細說明。當使用這種人工的處理方式時，在監控抽樣群體上共有三個基本步驟：

1. 提供給所有訪談人員的應該是一個相對上屬於小規模的電話號碼之群體，以讓他們據此開始進行訪談。
2. 在訪談期間中，監督人員必須將額外的電話號碼提供給所有的訪談人員。
3. 在開始下一階段的訪談之前，於前一階段中已被處理過的電話號碼之群體，必須先被加以整理。根據以往的經驗，我強烈建議在這個最後的階段中，應該要有一個人專門負責。

就組成這個層次的監控而言，較受青睞的方法乃是：

對於由抽樣群體中所釋放出來的每一個電話號碼，都分別使用一份單獨的訪談表格（如圖 3.1 所示）。藉由讓訪談人員所撥出的每一個電話號碼都能擁有一份單獨的訪談表格，就可以建立一套歷史記錄（或稱訪談記錄，call record），以說明某個特定的電話號碼每一次被撥接後所發生的狀況。即使是在電腦輔助式電話訪談中，也會有一種顯現於螢幕上和這種訪談表格有著異曲同工之妙的相同格式，以控制及幫助訪談人員處理這些存在於抽樣群體中的電話號碼。就如我們在本章稍後所將提到的，以調查過程的這方面而言，存在於電腦輔助式電話訪談及書面式記錄訪談之間的差別，乃是：電腦輔助式電話訪談能夠將自動化的決策規則設計到系統程式中，以取代在書面式記錄訪談中必須由人腦來做出的某些決策。

　　各位讀者必須注意：在本章中所提到的各種抽樣群體的控制方法，就某方面而言，乃是屬於個人的選擇。就我個人來說，在長達將近十五年的時間裡，我便成功地運用了這些書面記錄式訪談、由人工整理的各種制度。而對於其他一些進行書面記錄式訪談之電話調查的調查機構而言，它們雖然也使用相同的制度，但通常來說，它們對於每一個電話號碼並未擁有如此詳盡的意向代碼之組合，而且也缺乏嚴格要求的後續追蹤（亦即再次處理）。

電話號碼： ###－####　　　　　問卷調查表號碼：＿＿＿＿＿＿

聯絡次數	日期	時間	意向代碼	訪談人員編號
1	＿／＿	＿：＿	＿ ＿	＿ ＿
2	＿／＿	＿：＿	＿ ＿	＿ ＿
3	＿／＿	＿：＿	＿ ＿	＿ ＿
4	＿／＿	＿：＿	＿ ＿	＿ ＿
5	＿／＿	＿：＿	＿ ＿	＿ ＿
6	＿／＿	＿：＿	＿ ＿	＿ ＿
7	＿／＿	＿：＿	＿ ＿	＿ ＿
8	＿／＿	＿：＿	＿ ＿	＿ ＿
9	＿／＿	＿：＿	＿ ＿	＿ ＿
10	＿／＿	＿：＿	＿ ＿	＿ ＿

注意事項

1. _____
2. _____
3. _____
4. _____
5. _____
6. _____
7. _____
8. _____
9. _____
10. _____

圖 3.1　訪談表格的範例

　　在本文中所提到的各種處理方法，並不意味著那是各位所能應用的僅有的有效制度。在讀完本章之後，各位可以選擇一種能夠最切合自己所需、並且經過修正而新發明

的制度。最重要的一點仍是：雖然在沒有電腦輔助式電話訪談的情況下，監督人員所花費的時間會較多；但即使是在擁有電腦輔助式電話訪談的協助下，在處理由抽樣群體中所釋放出來的所有電話號碼時，投入固定而專注的人力監督，依舊是高品質的電話調查所不可或缺的。

利用訪談表格監控抽樣群體

由抽樣群體中所釋放出來的每一個電話號碼，都應該被印製於一張單獨的紙張上——亦即訪談表格；所有的訪談人員必須把相關資訊記錄於這張表格中，好讓監督人員能夠對每一個已被處理過的電話號碼，決定應該如何做。某些機構將這份表格稱之爲訪談記錄（call record），而有些機構則將其命名爲訪談人員報告表（interviewer report form, IRF）。

爲了要確定「由抽樣群體中所釋放出來」這段句子的真正涵義，在此提醒各位讀者，並不見得必須將存在於抽樣群體中的所有電話號碼都進行處理不可。就如第 2 章中所討論過的，我們建議在開始進行訪談之前，就應該先將該項調查所要使用的一個完整的抽樣群體產生出來；除非是在那種使用到電腦輔助式電話訪談系統、並且在進行訪談的同時也能達到相同目標的情況下（請注意，並非所有電腦輔助式電話訪談的軟體都具有這種功能）。然後，只

有在訪談人員需要的時候，才將來自於抽樣群體中的電話號碼釋放給他們。為了要降低未獲回應之誤差的可能性，進而讓最後樣本的外在效度達到最大，由抽樣群體中所釋放出來的所有電話號碼，都必須經過完全處理（亦即要有一個適當的重覆撥接次數）。假設被釋放出來的電話號碼乃是屬於那些被產生的所有電話號碼中的一個隨機子群體時，則在我們並未將最初被產生的所有電話號碼都釋放出來、以達到所希望的完成數量之情況下，不論是未獲回應之誤差或是整體性調查誤差，都不至於產生膨漲的現象。

圖 3.1 所示，乃是西北大學調查研究室所使用的一種基本訪談表格。它是將伊利諾大學調查研究室所使用的表格加以模式化之後所產生的，同時也和許多其他的調查機構所使用的表格相當類似。此份表格的目的，乃是要提供所有訪談人員一種正式的架構，好讓他們針對每一個由抽樣群體中所釋放出來的電話號碼，將每次聯絡以後的重要資訊記錄下來。

在圖 3.1 中所示的訪談表格裡，將被記錄下來的資訊包括了日期、時間以及每次聯繫的意向。此處所謂的意向（disposition），係指每次聯絡後的結果，並以代碼表示（例如：無人接聽、忙線中、電話故障、拒絕回答、已完成訪談、再做聯繫等等）。此外，我們也希望訪談人員在每次撥出電話之後，能夠將他（她）的編號記錄下來。最後，這份表格中也提供了寫下註解的欄位；不論是對整理訪談表格的人員、或是對稍後將再次撥接這個電話號碼的任何訪談人員來說，這項資訊都能提供相當大的幫助。

我們在第 4 章中將提到，這些訪談表格可能會與另一張包含了該項調查之介紹詞、以及受訪者選取程序的資料合訂在一起。只有在某項訪談已經被完成以後，這些訪談表格才會被附加於一份問卷調查表之後。如圖 3.1 中所示，我們可以將電話號碼記錄於表格的左上方，而在右上方則留有空間，以便稍後能將某份獨立的問卷調查表之編號（或是案例號碼）記錄於內。當一群訪談人員在同一時間內，進行兩項或是更多項的調查時，針對不同調查所使用的訪談表格，應該要印製上不同的名稱、並且使用不同顏色的紙張以利於辯識。

在真正開始撥出某個電話號碼之前，訪談人員應該要先將日期與時間記錄於下方聯絡次數列中的適當欄位內。在日期欄中僅需記錄月份與日期即可。最理想的方式應該是要在所有訪談人員都能輕易看見的牆上位置，裝設一個掛鐘。最後，在撥出電話之前，每位訪談人員也應該先將他（她）的編號記錄於表格上；在大部分情況下，都只是使用兩位數的代碼；但是當訪談人員的數量不多的時候，也可以使用每個人姓名的縮寫（在使用電腦輔助式電話訪談時，上述的這些所有資訊都可以在每次撥出電話號碼時被自動記錄）。

訪談人員將訪談的日期與時間記錄下來，乃是非常重要的；因為這項資訊對於和這份訪談表格有關的後續決策之制定，可以提供相當大的幫助。舉例來說，由於聯絡次數應該在該項調查的進行期間之內被加以分配，因此在記錄有日期與時間的情況下，可以讓監督人員判定何時才是

再次處理某個電話號碼的最佳時機。在某些情況下，尤其是那些可以撥通、但每次都無人接聽的電話號碼，則負責控制抽樣群體的人就必須在某段特定的時間內，將該份訪談表格暫時擱置一旁。

要求訪談人員將他們自己的編號記錄下來，主要的原因乃是責任問題；監督人員可以藉此判定某次特定的聯繫是由那位訪談人員所進行的。對於那些無可避免、而且勢必會產生的問題來說，了解此類資訊乃是成功將其解決所不可或缺的。在使用書面記錄式訪談的情況下，此類資訊也可以讓我們在估計某個訪談人員的生產力時，能有所依據（至於電腦輔助式電話訪談在產生與訪談人員生產力有關的統計數據時，所能提供的可能性又更為廣泛了）。除了這點之外，在此類制度之下所隱涵的心理因素，可以增強每個訪談人員期望能完成高品質工作的想法，以及他們的表現乃是會受到固定監督的想法。

在被記錄於訪談表格的這些所有資訊中，最重要的乃是意向代碼（disposition codes），它顯示了每次聯絡之後的結果。在每一次的訪談期間結束之後，我們只要檢視這些意向代碼，就可以很快、而且極有效率地將所有的訪談表格加以分類。我們在下一頁中所列舉的意向範疇之群組、以及它們的相關數字代碼，可說是已經相當完備；而且還能夠輕易地再將其細分為更廣泛的範疇——如果某位調查人員選擇這麼做的話。對大部分的電話調查來說，很重要的一點就是：某些數字代碼的體系應該要由訪談人員來使用，以達到強化監督人員在控制抽樣群體上的能力。在使

用此類正式制度的同時，也能夠增強訪談人員所應該具備的專業性。

　　表 3.1 所提出的，便是此類代碼體系中的一種。讀者應該了解，在這個表中分配給不同意向所使用的數字代碼，乃是自行決定的；也就是說，有關於這些特定數字的使用，並不具有任何特殊的意義。

　　對於針對一般母體來進行，並且在每戶被聯繫的住家中都應用某種正式的受訪者選取程序的調查來說，在表 3.1 中所列舉的意向群組，乃是相當典型化的。不論抽樣群體是由一份名單中、或是以隨機選取撥號方式產生，都應該使用類似的這種代碼群組。而根據每項調查的特定目的，調查人員或許也需要使用到額外的意向代碼。舉例來說，當我們在進行一項區間式調查（亦即在經過某段時間之後，例如一年以後，會再次訪談相同受訪者的一種調查）時，無法再藉由前一波調查時所使用的相同電話號碼聯絡上某人的這種狀況，就需要有適用於不同原因的各種意向代碼來做說明。

　　在下列針對表 3.1 中意向的解釋及其他地方所出現的各種意向所做的說明中，我將把負責控制整個電話號碼之處理的監督人員，稱之為「抽樣群體的控制者」（sampling pool controller）。就像先前所提過的，我建議將這項責任完全交付給一個人負責即可；這些責任包括：決定何時應將特定的訪談表格發放給訪談人員、何時應該對某份訪談表格再排定處理的時間，以及何時應將某份訪談表格暫時擱置一旁等。有關於最後所述的這項決定，有一部分乃是依據

在預算中對於無人接聽、一開始就拒絕作答、以及不易聯絡上的受訪者們，究竟設定訪談人員應該要嘗試過多少次的聯繫才可放棄。

表 3.1　與控制一個抽樣群體有關的各種意向代碼之舉例

意向代碼	說明
10	響鈴七次後仍無人接聽。
11	在立即重撥一次之後，仍爲忙線中。
12	答錄機（住家用）。
13	有語言障礙的住家。
14	由不住在該戶家庭中的人所接聽。
15	該住戶拒絕作答；如果是接聽之後未發表任何意見即掛斷電話時，則使用 15H 來做爲代碼。
20	斷話或其他的無效狀況。
21	暫時斷話。
22	辦公室，其他的非住家用途。
23	沒有人符合具有資格者的標準。
30	只有聯絡上而已；如果必須預約，則使用 30A 來做爲代碼。
31	被選取到的受訪者暫時無法聯絡上。
32	被選取到的受訪者在訪談進行期間內將無法聯絡上。
33	被選取到的受訪者因爲身體上／精神上的殘疾，而無法聯絡上。
34	與被選取到的受訪者之間有語言障礙存在。
35	被選取到的受訪者拒絕作答。
36	只進行了一部分的訪談；如果是因爲拒絕回答，則使用 36R 來做爲意向代碼。
37	完成訪談。

可撥通但卻無人接聽

在訪談人員撥出電話號碼之後，尤其是使用隨機選取撥號進行抽樣時，大部分情況下，他們都無法順利完成訪談。在他們所撥出的這些電話號碼之中，有許多根本就是無法聯繫上任何人；也就是說，這些電話雖然都可撥通、但卻無人接聽。根據西北大學調查研究室在過去十年間所進行的多次隨機選取撥號式的調查顯示，在訪談人員所撥出的所有電話號碼中，大約有三分之一到二分之一的比例，是屬於可撥通、但卻無人接聽的電話。

如表 3.1 中所示，代表「可撥通但卻無人接聽」這種結果的意向代碼，乃是在訪談人員等待該線電話響過事先已決定的次數之後、仍無人接聽時，才能使用這個代碼。至於訪談人員究竟要讓電話鈴響過幾次之後才可以掛斷電話，這完全是依據調查人員的喜好而定。雖然讓訪談人員必須等待電話鈴響過較多聲之後才可掛斷電話的作法，並不見得能符合成本效益；但以最低的標準來說，在一位訪談人員掛斷電話以前，至少要讓鈴聲響過四至五次才行（Frey, 1989, p.228; Smead & Wilcox, 1980）。在西北大學調查研究室所進行的調查中，所有的訪談人員必須要讓電話鈴響過七聲之後，才可以使用「可撥通但卻無人接聽」的這個代碼。另外一種狀況則是對某些電話號碼在先前所做的多次撥接中，從來都沒有人接聽過。在這種情況下，比較明智的作法就是讓訪談人員必須等電話鈴聲響過至少十次以上之後，才可以掛斷電話。

這種可撥通但卻無人接聽的電話號碼，或許可以在每個期間內都重新再被處理一次，直到事先已決定的重覆撥接（callbacks）次數達成爲止。至於應該要被重覆撥接的次數，有一部分乃是依據可取得並被用來支持該項調查的各種來源，以及進行期間的長短來做決定的。一般來說，當一項調查中預算的重覆撥接次數訂得越低時，則可撥通但卻無人接聽的電話號碼的比例就會越高。調查人員所面臨到的最困難之抉擇，乃是在花費了相對較多的資源進行額外的重覆撥接之後，將會使得原本可以進行更多重覆撥接的回應機會產生減少的現象（也就是說，就比例上而言，如果重覆撥接的次數訂爲十五次時，則可以被聯繫的家庭戶數勢必會比訂爲十次時要來得較少；訂爲二十次時顯然也會比訂爲十五次時要來得較少；以此類推）。Groves 與 Kahn（1979）便估計，在他們使用隨機選取撥號來做爲抽樣方法的一項大型的全國性系統化測試中，撥接次數超過十二次以上的電話號碼裡，大約只有 5%是屬於住家。在許多由政府所贊助、屬於大規模的隨機選取撥號調查中，這些經過多次撥接之後依舊無人接聽的電話號碼裡，常常會遭遇到這種極低的住家命中率(Maklan & Waksberg, 1988)。然而，如果這些不易聯絡上的住戶並未被訪談到的話，則和他們有所關聯的未獲回應之誤差，依舊會對整體性的調查誤差造成相當大的影響。有一種並不見得常常可行、或是符合成本效益的選擇，就是有系統地去聯繫各家電話公司，以判定這些從未被接聽的電話號碼究竟是屬於何種狀況。對這方面有興趣的讀者，可以參考 Sebold（1988）的著

作，其中對於如何處理電話調查中這種未被接聽的電話號碼的複雜問題，有相當詳盡的探討。

忙線中的訊號

在大部分情況下，這種忙線中的訊號乃是一種正面的結果，因爲它通常都意味著透過這個電話號碼，的確可以聯絡上某個人。當出現這種忙線中的訊號時，只有在訪談人員立即、並且謹慎地再次撥接這個號碼之後，才可以使用忙線中的代碼。訪談人員必須這麼做的原因，除了要確定他們第一次撥出的號碼是正確無誤之外，也是希望在他們立即撥出第二次電話的時候，原先正在使用電話的人剛好結束了該項交談——雖然這種機會可說是微乎其微。

對於這些忙線中的電話號碼，訪談人員可以根據調查人員的自由裁決，在某個訪談期間的稍後時間裡再做第二次的撥接（例如三十分鐘之後）。如果要遵循這項作法的話，就必須要對於訪談人員應該在多久之後才能再次撥接這個號碼，做出明確的限制；否則的話，在訪談表格的意向代碼欄內，勢必很快地就會被填上「忙線中」的代碼。我個人相信在一個訪談期間之內，要求訪談人員對這些忙線中的號碼重覆撥接一次或兩次，乃是相當合理的。

我們必須要加以避免的一項潛在問題，就是對於那種「固定忙線」（fast-busy）的訊號做出錯誤地認定。這是某些電話公司在顯示某個無效的電話號碼時、或是因爲通話數量過多而造成線路擁塞時所使用的一種信號音。如果訪

談人員對於此類訊號的警覺性夠高，則他們將這種訊號與一般忙線中訊號混為一談的可能性就會大為降低，並且也可以節省因為再次撥出不必要之電話號碼所浪費的時間。這種固定忙線的狀況，通常都會被賦予和某個無效電話號碼相同的代碼；而控制者便會將這份訪談表格擱置一旁，不再做進一步的處理。但是當我們所做的調查，乃是在那些電話線路經常都處於負荷過重的地區中進行時，則是例外。在這種情況下，調查人員有必要使用一個單獨的代碼表示這些固定忙線的電話號碼；如此一來，它們才可以在另一個訪談期間內被再次撥接，以確定這些電話號碼的實際狀況。

答錄機

由於電話答錄機的成本已經大幅下降，使得越來越多的民眾開始利用這項裝置。依據市場調查的估計顯示，在 1992 年時大約有一半的美國家庭都已擁有電話答錄機，而且使用的比例還呈現逐年增加的趨勢。根據我個人針對擁有答錄機的家庭所進行的調查顯示，最可能擁有（以及使用）答錄機的人們，乃是年紀在三十歲以下的成年人、白種人，以及那些擁有較高所得與教育程度的人。在這些擁有答錄機的人們之中，絕大多數（70%至 75%）都宣稱他們之所以要擁有這項裝置，主要是為了不至於錯失別人打進來的電話（也就是某些人所謂的「連結者」群體）；這和那些主要是為了對不想接聽的電話進行過濾、所以才裝設

這種設備的人們（也就是所謂的「作繭者」群體），顯然是大異其趣。此外，在那些固定要使用十次或更多次重覆撥接的電話調查中，基本上來說，擁有答錄機的人們和訪談的完成率、以及為了完成一項訪談而必須重覆撥出的次數之間，並無任何的相互關係。

如果由答錄機中所提供的資訊，顯示出所聯絡的號碼是屬於辦公用途，而這項調查又是針對住家進行的時候，那麼所使用的意向代碼就應該是「非住家用途」，而不是賦予它「答錄機」的這個代碼（見表 3.1）。如果訪談人員無法確定他所聯絡的電話是屬於何種型態時，或者是猜測、或是知道這是一個住家用的電話時，那就應該賦予它「答錄機」這個意向代碼；因為這項資訊將讓控制者了解到，再聯絡這個電話號碼時最後或許能夠完成一項訪談。

在面臨到答錄機的這種狀況時，我們所要做的決定在於究竟是否要讓訪談人員留下訊息。截至目前為止，並無任何肯定的研究可以對這個議題提供較多的建議。我個人的建議乃是：為了讓這項聯繫更具人性化，應該要讓訪談人員留下訊息──但這項訊息必須是簡單扼要、有禮貌、而且標準化的。換言之，所有的訪談人員都必須獲得指示，當他們所聯絡的乃是住家用的答錄機時，應該要說些什麼。這些訊息應該要與在該項調查中所使用的簡介相當類似：它必須說明進行調查的組織，該項調查的目的與重要性，並且提醒該住戶將會再次與其聯絡。

對於這些聯絡到答錄機的電話號碼，控制者必須賦予特別的注意。對於一個總是被聯絡到答錄機的電話號碼來

說，我們可藉著運用每天固定時間、以及（或）每週固定一天來檢視訪談表格中聯絡次數與意向代碼的這項作法，找出之前尚未嘗試過的特定時段或特定日期，再對這個電話號碼進行聯絡。當然，這個作法在實行上，有一部分也是取決於該項調查的進行期間究竟有多長。

有語言障礙的住家

通常來說，當一項調查的抽樣區域越接近於某個中心城市時，則訪談人員在其聯繫的住家電話中，由那些不會說英語的人所接聽、或者是至少無法以流利的英語來精確地完成一項英語訪談的可能性，便有可能會越高。

有某些因素足以讓我們相信，絕對沒有任何的情況會將「不會英語」用來做為一項策略、以避免和那些訪談人員進行交談。假如受訪者的英語能力比他（她）自己所承認的水準還要更好時，當這種情況出現的時候，它勢必會造成受訪者的拒絕回答。很不幸地，對訪談人員來說，目前尚無任何標準化的方式可以判定這種情況究竟是否會發生。

當顯示出語言的溝通是雙方之間的一項障礙時，訪談人員就應該賦予它這個意向代碼，而不需要和他們所交談的人進行爭論——即使他們對受訪者的誠實度有所懷疑時亦復如此。如果各項資源允許的話，控制者應該在另一個訪談期間內將這些電話號碼再做過濾，以嘗試在第二次撥接的時候，是否能有機會聯絡到一位能夠（或者是願意）

以英語來做溝通的人。在使用到一種「系統化的家庭內選取程序」（systematic within-household selection procedure）——我們將在第 4 章中對此進行探討——進行的調查中，這種作法尤其有效；因為被我們最後選取為受訪者的人，或許就可以說英語了。

根據西北大學調查研究室由那些雇用除了會說英語外、也能夠說西班牙語之訪談人員，並且針對在芝加哥市內有相當多數及並未列入正式記錄的拉丁美洲裔人口所做的調查中得到的經驗，已經證明了在與那些承認他們自己是拉丁美洲裔的受訪者所進行的所有訪談中，有超過半數以上的人都能以精確的英語應付訪談。因此，縱然是當某項調查無法負擔非英語訪談的成本時，這種遺漏掉在母體中屬於非英語系家庭的困擾，通常也就顯得微不足道（在非英語的訪談中，必須將問卷調查表翻譯成第二種語言，並且印製出來。那些能夠使用兩種語言的訪談人員，也不可以將一份英文版本中的問項，自行翻譯成第二種語言。如果允許訪談人員這麼做的話，因為非英語系的受訪者由所有可操雙語之訪談人員口中所聽到的內容，所使用的遣詞用字將不會是完全相同，這將使得所有問項的標準化格式蕩然無存）。

由不住在該戶家庭中的人所接聽

有一種很少碰到的情況，乃是訪談人員所撥出的這通電話係由某個並不住在該戶家庭中的人所接聽，並告知這

戶人家的所有人目前都不在家裡。這種情況下，接聽電話的人可能是褓姆、家庭老師、清掃人員、以及住戶外出度假時暫時住在他們家中的親戚或朋友。在這種狀況下，訪談人員應該要把他們打這通電話的用意加以說明，並嘗試了解該住戶何時返家。這類的資訊應該要被記錄於訪談表格中的注意事項欄內；然後，控制者才能夠在適當的日子裡，指派一位訪談人員再次處理這個電話號碼——如果該項調查的期間夠長的話。

住戶拒絕回答

在針對一般民眾所進行的電話調查中，大多數拒絕回答的情況都是在電話被接聽之後隔了沒多久、以及在由該戶家庭中選取到某位被指定的受訪者之前，就已經發生了（Collins, Sykes, Wilson & Blackshaw, 1988）。在這種情況下，它們便被賦予「住戶拒絕回答」的代碼。根據研究顯示，在起初就遭到拒絕回答的情況中，有大約三分之二到四分之三的例子，基本上會被涵蓋在這個範疇裡（Lavrakas, Merkle & Bauman, 1992）。對於此類的所有案例，訪談人員都應該將拒絕回答的狀況，在該份訪談表格中加以說明。（就如我們在本章稍後所將說明的，一位調查人員也可以選擇使用一份拒絕作答報告表，讓訪談人員每次遭到拒絕回答的狀況時，便填寫此份表格）。

受訪者常常會說：「我們對此項調查沒有興趣」，「我們沒有時間」，或是「我們不願意接受調查」；而有些時

候，他們甚至不做任何回應就將電話掛斷。根據統計，上述所提到的這些理由在所有拒絕回答的案例中所佔的比例分別是 40%、20%、10%，以及 10%（Lavrakas et al., 1992）。在那種立刻掛斷電話的案例中，未表示意見即掛斷電話的狀況有某個程度的比例可能是發生在非英語系的家庭裡。因此，我們必須指示訪談人員在編製此種結果的代碼時，應該要賦予另一個單獨的意向代碼（例如我們在表 3.1 中所提到的代碼 15H）。這種作法可以讓控制者在能夠取得可操兩種語言之訪談人員的情況下，選擇讓此類的訪談人員針對這些訪談表格再做聯絡。

由處理樣本的觀點而言，調查人員應該要對於試圖轉變拒絕回答者之心意的預計聯絡次數，做出事先的決定。舉例來說，根據經驗顯示，不論受訪者在拒絕回答時是以何種理由做為推辭，最常出現拒答的情況便是這通電話讓人感到可疑或是無法確認的時候。訪談人員可能剛好會在某個不適當的時間裡聯絡上某戶住家，而且（或者）接聽電話的那個人或許正處於某種不願意配合的情緒中。

就如我們將在第 5 章中將討論的，所有的訪談人員都必須被訓練成當某人拒絕作答的時候，在決定放棄這次的電話聯絡之前，必須做到「充滿禮貌地堅持」。雖然如此，當某位訪談人員一旦感覺到這次的聯繫勢必無功而返時，他（她）應該立即以下列這句話來做為中斷彼此交談的結尾辭：「謝謝，很抱歉我們這次打擾了你。」

在那些進行期間較長（兩星期或更久）的調查中，有許多的調查機構都會擁有一種標準化的實際處理方式，以

便在一星期之後再次聯絡那些原先拒絕作答的住戶；希望能夠在第二次的聯繫中，掌握到由某個願意合作的人來接聽這通電話的機會。當受訪者出現強烈的（但並非斬丁截鐵的）拒答反應時，或許就需要由訪談人員以一種特殊的巧妙應對技巧，設法誘導對方合作。在西北大學調查研究室所進行的調查中，當訪談人員遭遇到任何住戶明白地告知「……請不要再打電話來了！」時，就不會將其列入企圖改變受訪者初衷的名單內。就如我們稍後所將討論的，使用一份拒絕作答報告表，將能對再次聯繫這些電話號碼的訪談人員提供相當大的幫助。在對抽樣群體進行處理時，不論我們所遵循的是何種決策，這種住戶拒絕回答的狀況都值得我們特別注意；因為拒答率（refusal rate）將會對潛在的未獲回應之誤差造成影響，並進而威脅到該項調查的外在效度。

無效的電話號碼

在抽樣區域中各家電話公司的營運策略，會對於確認無效電話號碼時的難易度產生決定性的影響。在越接近中心城市的區域內，大部分的電話公司都會使用各種不同的錄音訊息，讓來話者了解到：「你所撥的這個號碼無法接通。」或者是某種具有相同功用的訊息。另外的某些情況，則是不會產生任何的連接、或是會聽到某種不尋常的噪音。當我們在某些偏遠地區進行抽樣時，這種無效的電話號碼或許會只有鈴響而無人接聽。

基本上來說，在針對一般大眾所進行的隨機選取撥號調查中，除了「可撥通但卻無人接聽」的意向代碼之外，第二種最常被使用到的代碼，則非「無效的電話號碼」莫屬了。當訪談人員所撥出的某個電話號碼是處於未運作中的狀態時，則無效的意向代碼就應該被記錄於該份訪談表格內。這種情況包括：所撥出的電話號碼以錄音訊息告訴訪談人員這個號碼已經更改（同時提供正確的新電話號碼），或是它已經被某些其他的電話號碼所接掉。對大部分的隨機選取撥號調查而言，訪談人員不應該撥接那些更改後的電話號碼；因為這種作法可能會以一種不可預知的方式，使抽樣的機率造成扭曲。

　　在大部分情況下，當這種無效的意向代碼被賦予之後，控制者就應該把這份訪談表格擱置一旁，不再進行進一步的處理。在一項擁有一個數量足夠充裕的抽樣群體的隨機選取撥號調查中，通常都沒有太多的理由可以促使我們再次撥接一個無效的電話號碼；縱然我們在第一次聯絡時有可能會撥錯號碼，或是這個號碼有可能隨即被分配給另一戶住家使用。這是因為撥錯電話號碼及重新分配的機會相當微小，而且以隨機處理而言，基本上就不應該在最後樣本中加入涵蓋範圍的偏差。此外，再次重撥所有的無效電話號碼，也是不符合成本效益的。

暫時斷話

　　各種能夠讓訪談人員了解到某個電話號碼目前正處於

暫時斷話、或是「故障待查」的錄音式訊息，都應該賦予一個單獨的意向代碼，使其與無效的代碼有所區別。如果該項調查的期間夠長時，則控制者應該在幾天之後將這份訪談表格進行第二次的重新處理，以達到切合此項努力的要求。

非住家用途

對於以一般大眾為對象的調查中，訪談人員不得針對公司行號或其他非住家用途的場所（例如：醫院、圖書館、政府單位等）進行訪談。通常來說，依據所選定的樣本區域之不同，在所有可正常運作的電話號碼中，大約會有四分之一到三分之一的比例，是屬於非住家用途的電話；因此，在隨機選取撥號的抽樣群體中，這項代碼的使用可說是相當普遍。

為什麼在某項以一般大眾為對象的訪談調查中，不能針對非住家用途的電話號碼進行處理，這點是所有的訪談人員都應該要知道如何來對其加以解釋的；這是因為它將會牴觸了在所有市民的調查中，做為其基礎的機率抽樣假設。當由某個電話答錄機中所獲得的訊息顯示出被聯絡到的號碼是屬於公司行號所使用、或是其他非住家的用途時，則在該份訪談表格中就應該被賦予「非住家用途」的代碼。如果所聽到的是一種由數據機或傳真機所發出的高音調之尖銳聲響、或嘶嘶作響的聲音時，則在該份訪談表格中也應該被賦予這項非住家用途的代碼；縱然在某些情況下，

這些電話號碼或許也是由住戶將他們的電話線路用來做為業務上之用途。

由於來話轉接——也就是可以使用程式上的設計，將某個被接通的電話號碼轉接到另外一個電話號碼上——之科技的發展，使得要將住家用途與非住家用途的電話號碼加以區別，也變得益形複雜。在 1992 年時，全美國的所有住家中，大約有二十分之一的家庭已在使用這項服務。舉例來說，在一項隨機選取撥號式的調查中，某個被撥接的住家用電話號碼或許會被轉接到另一個辦公用途的電話號碼上；或者是某個被撥接的辦公用途電話號碼也可能會被轉接到另一個住家用的電話號碼上。當這些狀況中的任何一種出現時，則在將意向代碼賦予被撥接的電話號碼時，應該是以它的使用狀態做判定、而不是由被接聽的場所來做決定。也就是說，如果某個辦公用途的電話號碼被轉接到住家中時，它就應該被賦予「非住家用途」的代碼，而且不應該再進行訪談的處理；如果是一個住家用的電話號碼被轉接到某個辦公場所時，則較佳的處理方式應該是在稍後的某個時間中，再打電話到該住家中對其進行訪談。就如我們在第 4 章中所將探討的，那些機警的訪談人員極有可能將這些異常狀況的偵測，做為整個標準化過程中的一部分，並藉此對他們所撥接的電話號碼進行確認。至於那些被賦予「非住家用途」代碼的所有訪談表格，都應該被剔除而不必再做進一步的處理。

沒有符合資格者

根據在每項電話調查中所特別設定的受訪者選取要求（參見第 4 章），在某些情況下，會造成被聯絡上的家庭裡並沒有符合資格之受訪者存在的現象。這種結果應該要被記錄於訪談表格中，而且控制者也應該要將此類的訪談表格剔除，不必再做進一步的處理。

當我們在進行某項於一般母體中、針對年齡超過 17 歲的成年人所做的調查裡，在訪談人員們所聯絡到的所有家庭裡，偶爾會碰上聲稱該處並未住有此類成年人的狀況。由於當這種情況出現的時候，訪談人員的談話對象大部分都是小孩子，所以在這些訪談表格被賦予「沒有符合資格者」之代碼的同時，控制者也應該在稍後的訪談期間中，對此類的訪談表格進行第二次的處理。當第二次聯絡此類住戶之後，所獲得的結果仍舊是「沒有符合資格者」時，控制者或許就會決定將此類的訪談表格剔除，不必再做進一步處理。

只是聯絡上而已

對大部分的調查而言，在第一次撥通電話之後就可以完成訪談的機會，在所有被完成的案例中所佔的比例還不到一半；而且這項比例正呈現逐年遞減的現象，雖然下降的幅度相當緩慢。每當訪談人員聯絡上一戶住家，在使用標準化的簡介說明及受訪者選取程序，並且被告知指定的

受訪者當時並不在家的時候，在訪談表格中便應該賦予「只是聯絡上而已」的意向代碼；也就是說，這種結果與拒絕回答並不能混為一談。當這種情況出現的時候，訪談人員在試著判定什麼時間才是聯絡該受訪者的最佳時機、並且將此項資訊記錄於訪談表格中，乃是相當重要的；舉例來說，「在晚上九點以後」、或者是「只能在週末時」。在這種方式下，有關於何時再對此份訪談表格進行處理，控制者才能夠做出有所依據的判斷。除此之外，訪談人員也應該在訪談表格中，記錄下性別、姓名或是其他與該位被指定的受訪者有關的確認資訊，以協助後續將再聯絡的訪談人員所進行的工作。

有些時候，訪談人員也可以排定在某個特定的時間裡再進行聯繫（例如在表 3.1 中的代碼 30A），以協助控制者對這些訪談表格進行確認，並且確保這些表格能夠在正確的時間裡被再次處理。

暫時無法聯絡上

當訪談人員撥出電話時、受訪者當時正好不在家的這種狀況（就如上面所討論到的），與該位受訪者在幾天之內、或者是更長的時間裡都不會在家的情況，必須要被賦予不同的意向代碼，以便將兩者加以區別。就後者的情況而言，受訪者可能是因為暫時生病、短期的度假、或是出差旅行而不在家。如果該項調查的進行期間將比能夠聯絡上這些受訪者所需的時間來得更長時，則控制者就可以把

這些訪談表格暫時擱置一旁，等到適當的時間再對其重新處理。

長時間內無法聯絡上

與前述暫時無法聯絡上的情況剛好相反，這種長時間內無法聯絡上的情況，乃是發生於受訪者要等到該項調查的進行期間結束之後才能夠被聯絡到（舉例來說，一段為時頗長的假期、或是出國從事與工作有關的旅行）。在這種情況下，訪談人員就應該賦予「長時間內無法聯絡上」的意向代碼，而且控制者也可以將這些訪談表格剔除於進一步處理之列；除非是該項調查的進行期間，事後延長原先所規劃的時間。

殘障的障礙

有些時候，某人因為符合人口統計學上的選取準則（例如年齡及性別）、而被選取為受訪者，但卻因為某些身體上或精神上的殘障，而無法參與該項調查。在賦予這種意向代碼的時候，也包括某位受訪者接受醫療的時間要比該項調查的進行期間來得更久的狀況。當面臨到這種結果的時候，控制者通常都可以停止處理該份訪談表格；雖然如此，有關於是否要在此類住戶中再尋求另一位受訪者——如果有某位合於要求者存在的話，調查人員仍應該做出一項事先的決定。這項決定應該要與該項調查的整體抽樣設

計相互一致才對（Henry, 1990）。

然而，這種無回答能力的狀況，有時候只是一種暫時的現象而已（例如受訪者被施以麻醉）。在這種情況下，訪談人員就不必進行該項訪談，但應該在訪談表格中註明這種無能力的障礙只是暫時性的；而控制者則應該在稍後的某個日子裡，再對這份訪談表格進行處理。

受訪者有語言上的障礙

就像我們先前所提到的，對於那些因為語言上之因素而使得我們無法判定在該戶住家中、究竟是否有某位能夠說英語的合於資格之受訪者時，此類的訪談表格應該要被賦予一個單獨的意向代碼。而在其他狀況下，訪談人員或許能夠肯定地確認在某戶住家中，只有那位被指定的受訪者無法說英語而已。舉例來說，該通電話可能是由某位能說英語的年輕成年人（與父母親住在一起）所接聽，並與訪談人員完成受訪者的選取順序。依據這項選取順序，在該戶住家中或許選到的是這位年輕成年人的父親，而這位父親的英語能力可能不夠好，以致於無法參與這項訪談。這種結果就應該要被賦予「受訪者有語言上之障礙」的代碼，而控制者則將這份訪談表格剔除，不必再做進一步的處理。

就如與殘障有關之障礙的結果一般，調查人員應該要做出一項與抽樣設計前後一致的事先決定，來確定當這種狀況出現的時候，是否要在該戶住家中選取另一位能夠說

英語的人做為受訪者。舉例來說，如果該項調查的目標母體，是在某個抽樣區域中所有會說英語的居民時，那麼在訪談人員執行受訪者選取準則（respondent selection criteria）的時候，所應該考慮的就只有那些能說英語的居民而已（參見第 4 章）。以這個例子而言，當某個不會說英語的成年人剛開始時被選到（事實上是因為疏忽所造成的），但由於目標母體僅侷限於能夠說英語的成年人、因而並未被訪談時，並不會使得涵蓋範圍之誤差造成提高。然而，如果另一位能夠說英語、而且是該戶住家中的成員，並未獲得被抽樣的機會時，則涵蓋範圍之誤差就有可能會增加。

被選取到的受訪者拒絕作答

在那些使用某種程序、而由一戶住家中選取某個特定受訪者的調查中，有時候也會出現那些被指定的受訪者拒絕作答的情況；在隨機選取撥號的調查裡，最初就拒絕回答的所有案例中，這種情形大約佔了三分之一。當這種情況發生時，就應該將「受訪者拒絕回答」的代碼記錄於該份訪談表格中。和在某戶住家中選取被指定的受訪者之前就出現被拒絕的情況相較之下，這種結果是與其不同的。

對控制者來說，能夠將住戶拒絕回答、以及受訪者拒絕回答的這兩種情況加以區別，乃是相當重要的；因為就後者而言，該項拒絕作答係由應該被訪談的人所直接做出、並非由該戶住家中的某位把關者所做出的，因此在試圖改

變這種狀況時就會更為困難。對於所有拒絕回答之案例，應該要鼓勵訪談人員寫出和該項拒答之特質有關的簡短說明，或者是當使用到拒絕作答報告表（將在稍後對此進行探討）時，完成此份表格。對控制者在判斷如何對該份訪談表格進行最佳的再次處理（如果有必要的話），以及對其他的訪談人員在判斷如何進行更具說服力的聯繫——如果必須進行後續的聯繫、以試圖改變這個特定的拒答案例時——而言，此類資訊將可發揮極大的幫助。

只進行了部分的訪談

只要當某項訪談一旦開始之後，對一位優秀的訪談人員而言，能夠說服某個不甘不願的受訪者完成該項訪談的可能性便會相當高。然而，在許多情況下，受訪者或許無法、或是不願意繼續完成該份問卷中的所有問項。

第一種的情況便是：在訪談進行的過程中可能有某些事情發生，使得受訪者在當時無法完成該項訪談；舉例來說，受訪者的嬰兒或許正在啼哭。如果訪談人員處理得宜的話，此類的受訪者通常都會很願意在另外的時間裡再將這項訪談完成。這種情況下，就必須賦予「只進行了部分訪談」的代碼，而且訪談人員也應該在訪談表格中註明何時可再次聯繫。然後，控制者便應該確定在適當的時間裡、進行再次聯繫；如果可能的話，也應該由原先的訪談人員來做聯絡。

第二種的情況，則是受訪者拒絕繼續作答、並且拒絕

接受另外安排時間來做再次聯繫；這時，除了應該賦予「只進行了部分訪談」的代碼之外，訪談人員也必須在訪談表格中使用一種單獨的代碼（例如在表 3.1 中所述的 36R）、註明這是屬於真正拒絕作答。當這種情況出現時，如果有使用到拒絕作答報告表時、也應該完成此份表格。根據經驗顯示，此種類型的部分訪談，通常都發生在年紀較長的受訪者身上；因為他們在訪談的過程中，已經感到疲倦、以及／或是不安。很幸運地，對於那些優秀的訪談人員來說，這種只進行了部分訪談的類型並不會經常出現。當這種狀況真的發生時，控制者在檢視過訪談表格（以及拒絕作答報告表，如果可取得的話）之後，便應該和原先的訪談人員進行討論，以判定是否應該進行再次聯繫。

由於在受訪者與訪談人員之間所出現的個性衝突，也有可能會導致一項特定的部分訪談之發生；舉例來說，當某位年輕的男性訪談人員在對一個年長的女性進行訪談時，可能會使她感到忐忑不安，便是其中的一種例子。在這種情況下，控制者便應該將再次聯繫的任務，交付給另一位訪談人員進行。

完成訪談

在使用書面記錄式訪談的電話調查中，當某項訪談一旦被完成之後，該份訪談表格就應該被賦予一個獨立的完成訪談之意向代碼，然後再將其歸類於已完成的問卷調查表之中。當這些已完成的問卷調查表經過完整性方面的編

輯、並且也進行過任何開放式的編碼之後，就應該將一個獨立的問卷調查表確認號碼記錄於該份訪談表格中。舉例來說，在圖 3.1 中，於訪談表格右上方角落的欄位，便是供記錄此號碼之用。

有時候，當訪談表格中所記載已完成訪談的電話號碼被再次聯絡時（例如在第 6 章中所將探討的「對完成訪談之確認」），接聽該電話號碼的人都聲稱對於該項訪談沒有任何的印象。在這種狀況下，雖然有某些或許是因為這些住戶對於此項確認的工作不願意再配合，但不可諱言地，有一部分也是由於原先的訪談人員之疏忽所造成；也就是說，在一項書面記錄式訪談的調查中，一位訪談人員偶爾也會誤將某份訪談表格記錄為已完成訪談，並把它和某份已完成的問卷調查表附在一起。就如我們在第 5 章中所將探討的，當訪談人員擁有足夠、以及規劃良好的工作空間時，這些問題便可以減到最低。

簡化訪談表格

對許多的調查而言——尤其是那些由學生所處理的，使用一份如圖 3.1 所述的專業形式之訪談表格，其殺傷力可說是相當大。如果某一群訪談人員所要進行的乃是一次期間相當短暫（例如一個星期或更短的時間）、而且只是單次的電話調查時，那我們就不需要將事情複雜化、並期望他們使用一組深奧而抽象的數字式意向代碼。

相反地，一份類似於圖 3.2 中所提出的訪談表格，在這

種情況下或許會更為適當。在使用這種簡化的訪談表格時，我們只期望這些臨時性的訪談人員能夠寫下簡短的附註，說明每次聯繫之後所發生的狀況，並交給控制者。對於每種聯絡結果，他們寫下例如：「沒人接聽」、「忙線中」、「無效的電話號碼」、「拒絕作答」等訊息，取代列出某種數字式的意向代碼。對於抽樣群體的控制者（通常都是教授）來說，這種作法雖然會使其在每個期間結束之後整理這些訪談表格時花費較多的時間，而且和每次聯繫有關的日期與時間等歷史資料都將蕩然無存；但是就與分級有關的典型調查而言，這種簡化的訪談表格已經足以應付其需求。

使用者提供名稱

電話號碼：###－####　　　問卷調查表號碼：＿＿＿＿＿＿＿

於此處列印提供給使用者的指示及選取程序

聯絡次數	敘述內容	訪談人員編號
1	＿＿＿＿＿＿＿＿＿＿＿	＿＿＿＿
2	＿＿＿＿＿＿＿＿＿＿＿	＿＿＿＿
3	＿＿＿＿＿＿＿＿＿＿＿	＿＿＿＿
4	＿＿＿＿＿＿＿＿＿＿＿	＿＿＿＿

圖 3.2　簡化的訪談表格的例子

摘要

　　當該項調查的進行期間結束時，控制者爲了達到該項調查所希望完成的訪談數量，而必須由抽樣群體中所釋放出來的電話號碼，理想上來說當然是越少越好。至於那些被賦予例如無效、辦公用途、完成訪談、以及語言障礙等意向代碼的電話，當這些結果中的任何一種出現時，控制者就應該停止再對這些訪談表格進行處理。在必須被加以蒐集的資料所需要的既定時間之內，爲了讓訪談人員的生產能力能維持在某種可接受的水準，新的訪談表格應該以一種限制性的基礎被導入；但是也應該以一種在所希望的樣本大小被達到之時，能夠讓仍維持在尚未解決狀況下的無法聯絡之電話號碼、處於最低數量的方式進行。

　　至於那些已經被聯絡過的電話號碼、尚未被訪談的指定受訪者以及那些可以撥通但卻從來都沒人接聽的電話號碼，都能夠造成未獲回應之誤差的增高。在大部分調查中，要將所有的訪談表格都加以處理、直到完成訪談或是得到其他最後的意向代碼，乃是一種不切實際的作法。因此，在調查的進行期間到了結尾時，讓那些處於被擱置狀態的訪談表格之數量維持在最低的程度，乃是控制者責無旁貸的責任。當調查的進行期間到了結尾時，那些仍維持在一種尚未解決之狀況下的電話號碼數量，有一部分乃是決定於預算中的再次聯繫之數量。從控制者的立場而言，其目標乃是要對每一個由抽樣群體中所釋放出來、並被分配於訪談表格中的電話號碼，都以某種適當的次數進行撥接。

在此提供一項最終的建議：針對每個電話號碼使用一份個別的訪談表格，對於降低潛在的未獲回應之誤差而言，應該被視為一種必須、但並非足夠充分的作法。在控制抽樣群體時所投入的專業注意力越多，則就電話調查過程的各方面來說，實現這種高品質水準的可能性也就越高。

拒絕作答報告表，改變受訪者拒絕回答的初衷，以及未獲回應之誤差

整體而言，在電話調查中未獲回應的比例，絕大部分是肇因於受訪者的拒絕回答；這與在個人式調查中未獲回應的部分，主要是因為無法聯絡上而造成的情況，顯然有所不同（Groves & Lyberg, 1988）。此外，在過去二十年來，由於未獲回應的比率正出現小幅度、但卻是顯而易見的穩定成長，因此各種的相關程序也不斷被加以研發及測試，以期減低各種可能造成受訪者拒絕回答的潛在問題（Lyberg & Dean, 1992）。其中的一種處理方式，是在訪談人員遭到拒絕回答之後，使用並完成一份架構式的表格——亦即拒絕作答報告表。在這份表格中所提供的資訊，或許能夠幫助控制者及進行後續聯絡的訪談人員、改變這種被拒絕回答的現象，而且可能有助於調查人員了解更多與潛在的未獲回應之誤差有關的特性。

雖然與我們直覺上的認知有些反其道而行，但是 Groves

（1989, pp.218）所提出的下列警告，卻是千真萬確的：我們藉由改變拒絕回答之狀況（以及在無法聯絡上時所做的重覆撥接）所做的希望能降低未獲回應的各種努力，在某些情況中，有可能招致與預期完全相反的不利結果；也就是說，它們事實上反而會提高未獲回應的誤差與其他的調查誤差——例如測量誤差。舉例來說，如果由那些改變心意的受訪者身上所蒐集到的資料，在品質上要比由其他受訪者身上所蒐集到的資料更爲拙劣時，則該項調查的測量誤差便可能提高，以致於抵銷在回覆率上所獲得的任何改善（Blair & Chun, 1992）。很不幸地，要判斷這種狀況何時會發生，通常來說並非易事。有關於這些議題的詳細考慮可說是相當複雜，而且也超出本書範圍；對這方面有興趣的進階級讀者可參考 Groves 的著作（1989, pp.133-238）。

　　如果一位調查人員選擇將一份拒絕作答報告表合併於抽樣過程中時，有關於那一類的資訊應該被加以記錄，並不是完全明白而確定的；也就是說，直到 1992 年時，在各種調查方法的相關著作中，這些表格的使用並未獲得廣泛的注意。基於此點，我要提醒對這方面有興趣的讀者，考慮將下列與拒絕作答報告表有關的討論做爲建議性質，並且遵循將來所問世的相關著作。

　　圖 3.3 中所舉的例子，乃是西北大學調查室所使用的一份拒絕作答報告表；類似型態的表格可以被使用於書面記錄式訪談或電腦輔助式電話訪談的各種調查中。當訪談人員在遭遇到某件拒絕回答（或是部分拒答）的案例之後，就應該立刻將這份拒絕作答報告表完成。在運用這份拒絕

作答報告表時，訪談人員在一開始的時候，就應該指出在某戶住家中、究竟是那一個人拒絕作答。通常來說，這點並無法相當明確，完全是取決於在該通電話中止之前，訪談人員所能蒐集到的資訊。如果在出現拒絕回答的時候，訪談人員並未完成受訪者選取順序（respondent selection sequence，參見第 4 章），則在該份拒絕作答報告表中便應該指出這是屬於一件住戶拒絕回答的案例（就此點而言，可能會有一種例外的狀況：在一項由每戶住家中選取一位成年人做為受訪者的調查裡，訪談人員已經知道拒絕回答的人乃是該戶住家中唯一的成年人時，縱使尚未付諸於正式的選取程序，也可以確定是那一個人拒絕作答）。

訪談人員也可以對拒絕作答的人，賦予某種基本的人口統計學方面之代碼；但是只有在訪談人員能夠掌握某種程度的確定性時，才可以這麼做。雖然在對這種處理方法的妥當性提出最後的裁決之前，仍有待更多的研究以為佐證；但是根據先前的研究經驗顯示，在大部分的案例中，訪談人員對於性別、年齡以及種族方面，都可以正確地達到這項要求（Bauman, Merkle, & Lavrakas, 1992; Lavrakas et al., 1992）。只要這類人口統計學方面的資訊是正確無誤時，控制者就可以利用它來決定應該由那一位訪談人員嘗試進行那一個改變拒絕回答的案例，而且調查人員也可以利用它來檢測與拒絕回答有所關聯的潛在未獲回應之誤差。舉例來說，由先前的調查結果可以發現到，由那些與原先拒絕作答的受訪者為同人種的訪談人員來進行改變拒絕回答的狀況時，其成功的機率會較大。此外，當人口統計學方

面的特性與調查的測量值有著相互的關聯性時，調查人員也可以藉由考慮在那些仍無法改變其拒絕回答之初衷的受訪者中，所具有的人口統計學方面之特性，來檢測未獲回應的效果；雖然如此，在獲知此種策略的有效性之前，仍有相當多的知識是必須要了解的。

訪談人員也可以對於拒絕回答的強度（亦即激烈度）做出不同的等級劃分（參見圖 3.3）；同時也可以加入書面的意見，以及回答其他有助於說明在該通電話中止之前、與受訪者所透露出來的口氣轉變（如果有的話）之狀態的相關問題。訪談人員也可以針對在進行一項改變受訪者心意的嘗試中所應該使用的策略，提出其個人的看法。

研究人員必須對在選取那些原先被拒絕回答的案例再進行改變其心意的嘗試、以及要由何人執行等方面制定應該遵循的決策規則。舉例來說，在由西北大學調查研究室進行的改變拒絕回答之受訪者初衷的再次嘗試中，就絕不會再聯絡那些已經告訴過訪談人員「不要再打電話來！」或是明白表示類似意向的住戶。西北大學調查研究室的觀點是：他們認為應該尊重受訪者的這種要求。至於那些並未表示此類意向、原先被拒絕回答的案例，他們則會進行改變受訪者初衷的再次嘗試；除非是那些懷有過度敵意，經過控制者審慎估後、判斷為不適合再做聯繫的案例。在原先就被拒絕回答的案例中，這種相當強烈的拒答狀況約佔總數的 10%至 15%。值得一提的是，Groves 與 Lyberg（1988）建議：在制定與嘗試改變受訪者初衷有關的各種道德標準時，所有的調查研究人員應該先進行更多的討論。

使用者提供名稱

訪談人員編號 # : _____

1. 拒絕作答者的生日是否在最近即將到來？

   是　　　　　　　　　　　　　　　　35

   否 / 不確定　　　　　　　　　　　15

2. 拒絕作答者在人口統計學上的特性：

性別		年齡		種族	
女性	1	兒童	0	亞洲裔	1
男性	2	成年人（小於 30 歲）	1	黑人	2
不確定	9	30 至 29 歲	2	拉丁美洲裔	3
		60 歲或以上	3	白人	4
		不確定	9	不確定	9

3. 拒絕回答的原因：_____

4. 拒絕回答的強度：　相當微弱　1　2　3　4　5　6　7　非常強烈

   受訪者的態度：　　相當禮貌　1　2　3　4　5　6　7　非常無禮

   　　　　　　　　　全無慍意　1　2　3　4　5　6　7　非常憤怒

5. 你是否告訴過當事人：

	是	否
A. 他（她）是如何被抽樣到的？	1	2
B. 除了標準化的簡介說明之外、與該項調查有關的性質 / 目的？	1	2
C 保密性？	1	2
D. 有關的資料將如何被使用？	1	2
E. 以監督者 / 贊助者來做證實？		2

6. 如果要進行一項改變其拒絕回答之初衷的嘗試、並獲得該受訪者 / 住戶的合作時，你是否有任何的建議？

_____

（請將此表與訪談表格訂在一起，並交回給監督人員）

圖 3.3　拒絕作答報告表的例子

在決定應該要由那位訪談人員嘗試改變受訪者初衷的時候，有許多項考慮因素必須謹記在心。第一，具有足夠能力，欣然接受這項工作、並將它認為是一種挑戰的訪談人員，乃是最適合的。第二，就如我們於上文中所提到的，對於特定的此類嘗試來說，訪談人員本身的性別、年齡以及種族，都應該被加以考量。此外，根據其他先前的研究結果顯示，當原先拒絕回答的案例是發生在白天的時候，讓受訪者改變其心意的可能性會較高；就像是在那些原先拒絕回答與最後改變初衷的聯絡之間，當重新聯絡的嘗試次數相對較多的時候，則成功的可能性也會較高；至於那些原先拒絕回答時，其原因並未明顯地和對於該項調查之主題範圍缺乏興趣有所關聯者，讓受訪者改變其心意的可能性也會較高（Lavrakas et al., 1992）。在此要提醒讀者，這些建議只是屬於指點性質的；在它們能成為確定的忠告之前，還有待更審慎的測試。

　　在為了改變受訪者拒絕回答之初衷所做的嘗試裡，雖然 Groves 與 Lyberg（1988）聲稱其成功率介於 20%至 40%之間，但與此有關的數據，截至目前為止尚無任何肯定的證明存在。在以隨機選取撥號方式針對一般母體所進行的調查中，所使用的問卷調查表約需耗費二十至三十分鐘的情況下，西北大學調查研究室在這種改變受訪者初衷的嘗試裡，其成功的代表性機率約介於 25%至 30%的範圍之間。根據 Blair 與 Chun（1992）的報告，在馬里蘭大學（University of Maryland）中進行此類嘗試的成功率，則是介於 25%至 35%之間。Frey（1989）則聲稱此類的成功率約為 40%，這與

Alexander，Sebold 及 Pfaff（1986）等人所聲稱的成功率相當接近。雖然如此，在 Collins 等人（1988）的報告中，則提到此類改變受訪者初衷的嘗試，在英國的成功率則低於20%。

在制定與是否應該改變受訪者初衷有關的決策時，調查人員將會面臨到下列的這種兩難選擇：花費在改變拒絕回答之受訪者初衷的各種資源，對於潛在的未獲回應之誤差所可能產生的降低程度，和因此而對其他各種潛在之調查誤差所可能造成的提高；與將這些相同的資源做不同方式的投入時，對於其他這些潛在之調查誤差所能夠產生的減低程度相較之下，究竟孰優孰劣（例如支付較高的待遇，以聘雇素質更優良的訪談人員）？

在處理抽樣群體時的預期

對所有的調查人員、監督人員以及訪談人員來說，如果可以對他們在訪談表格中將遭遇到的各種不同意向代碼的狀況，能夠有著切合實際的預期時，將是極有幫助的。否則，當他們發現到所撥出的電話大部分都是屬於無法完成的訪談時，很容易就會陷入相當沮喪的情緒中。此外，抽樣群體的控制者也必須對他所期望的結果有所認識，如此才能在某種潛在的問題造成了未獲回應之誤差與／或未涵蓋範圍之誤差出現可能的提高之前，就將其檢測出來、

並加以解決。

在任何既定的調查中，訪談表格裡的各種意向代碼之特定分配，有相當大的程度是取決於在聯繫合格的受訪者時，抽樣群體所能提供的有效性。舉例來說，藉由電話前三碼而經過層級化處理的隨機選取撥號式抽樣群體，如果是依據在抽樣區域中和每一組電話前三碼有關的有效電話號碼之比例，並且依據在每組電話前三碼中有效的後四碼之範圍而被選取的時候（就如我們在第 2 章中所討論過的），和一個簡單的（亦即未經過層級化處理）隨機選取撥號式抽樣群體相較之下，前者所包含的無效電話號碼在數量上必定會比後者要少得多。當我們使用到 Mitofsky-Waksberg 的兩階段式（two-stage）隨機選取撥號抽樣群體時，也能夠擁有相同的優點。當我們在將意向代碼賦予每個電話號碼的時候，如果這些號碼是由某份名冊或某份電話簿所產生的一個抽樣群體中釋放出來時，與使用隨機選取撥號抽樣方式而得到的抽樣群體相較之下，所獲得的結果很可能會完全不同。此外，在被調查的每一個地理區域中，所有訪談表格內的意向代碼，也可能會出現每個區域本身所具有的特殊分配。

在完成一項調查時所必須撥接的電話號碼之次數

在第 2 章中，我們已經討論過對某項特定的調查而言，所應該產生的抽樣群體之大小。為了要達到調查人員所希望獲得的最後樣本之大小，這個數量絕對不會和訪談人員

預期要撥出的電話號碼之次數相同。舉例來說，在 Groves 與 Kahn（1979）於美國本土所進行的一項針對生殖調查的（單階段式）隨機選取撥號抽樣中，他們所雇用的訪談人員為了完成一千七百份的訪談，在利用將近一萬三千個電話號碼（亦即訪談表格）的處理過程中，所撥出去的電話次數就超過了四萬四千通（亦即賦予的意向代碼）。

　　為了對訪談人員所必須撥接的電話號碼次數能有深入的了解，讓我們對西北大學調查研究室在 1992 年時，所處理過的一項全國性的兩階段式隨機選取撥號抽樣群體進行檢視。在聯絡大約二千四百戶住家、並完成一千五百個訪談的處理過程中，有將近四千六百個電話號碼被釋放出來。表 3.2 中所顯示的，便是在為期六個禮拜的進行期間內，所撥接的將近一萬八千通電話的結果。就像是在所有的隨機選取撥號式調查中所可能出現的狀況一樣，最常出現的結果就是「可撥通但卻無人接聽」的情形；在所有撥接的次數當中，這種情形大約佔了三分之一（34%）。其他較常出現的結果還包括：住家用的答錄機（34%），聯絡上某戶住家、但卻並非被選取的受訪者（14%），完成訪談（8%），無效的電話號碼（8%），以及住戶拒絕回答（5%，在這項調查中還進行了改變其拒絕回答之初衷的嘗試）。表 3.3 中也舉出在撥接電話時會導致下列各種意向結果的相當少見之狀況，例如：非住家用途的電話、受訪者拒絕作答、只進行了部分的訪談以及語言上的障礙。

表 3.2 在 1992 年於美國境內所進行的兩階段式隨機選取撥號抽樣中,所有撥接次數的各種意向結果(N=17, 962)

意向結果	佔總撥接次數的百分比
無效的電話號碼	8.0
非住家用途的電話號碼	3.8
從來都沒人接聽(亦無答錄機)	34.0
沒有成年人的住戶	0.1
不會說英語的住戶／受訪者	0.7
住家用的答錄機	22.0
住戶拒絕回答	4.6
電話被接聽,但並未聯絡上被選取的受訪者	14.2
被選取的受訪者拒絕回答	1.9
只進行了部分的訪談	1.9
精神上／身體上的殘障	0.4
完成訪談	8.4

資料來源:西北大學調查研究室(NUSL),1992。

　　另外一種了解抽樣過程之特質與規模的方法,乃是考慮有多少份的訪談表格,是需要在撥接一次、兩次、三次、甚至更多次之後,才能夠獲得它們最後的意向結果。表 3.3 中所示者,便是在前述於 1992 年所進行之全國性調查中所獲得的各種結果。我們可以注意到,在總數為四千五百七十九份的訪談表格中,有二千一百五十八份(約佔 47%)乃是在只撥接一次之後,就得到了它們最後的意向結果。雖然如此,但是當我們把這些只需要撥接一次的訪談表格暫時撇開不談的話,在其他的二千四百二十一個電話號碼中,處理每個電話號碼的平均撥接次數約為七次。與十年前所進行的一項類似的調查相較之下,在處理整個抽樣群

體時所必須撥接的電話號碼之次數，很明顯地在總數上出現相當大的增加——這項差異的產生，主要是由於住家用的答錄機、以及其他不易聯絡上的受訪者所造成的。

在表3.3中，也以圖表方式對抽樣過程的更深入之觀點做了實際的說明；亦即為了完成特定的訪談時，所必須撥接的電話號碼之總次數。在所完成的一千五百份訪談之中，有大約四分之一（27%）是在第一次撥接時就被完成，而另外約有五分之一（21%）是在第二次撥接時被完成的。因此，在所有的完成份數中，有大約一半的比例是在只撥出一次或兩次電話後就被完成了。在這項調查中，當採用嘗試撥接三次以後、就停止對該份訪談表格再做聯繫的原則時（在許多的市場研究調查中，都是採用類似的原則），則在最後所獲得的完成案例中，將有大約 40%的比例會因此而被遺漏掉。如果在該項調查中所採用的原則，乃是以不超過五次來做為嘗試撥接任何一個電話號碼的次數上限時，則在最後所獲得的完成案例中，將有大約四分之一的比例會因此而被遺漏掉。雖然如此，在處理訪談表格時若以超過十次來做為嘗試撥接的次數上限，所能夠產生的完成份數在所有的完成案例中所佔的比例還不到10%。

利用表3.3中所顯示的相關資訊，我們就能夠計算出在大約一萬八千次的電話撥接中，有六分之一（16%）乃是在嘗試到第十次、第十一次、第十二次、或是更多次的聯繫之後，所獲得的結果。

表 3.3　在所有訪談表格（N=4,579）及所有完成案例（1,500）中，最後意向結果的撥接次數

撥接次數	所有的訪談表格			完成訪談		
	頻率	百分比	累計百分比	頻率	百分比	累計百分比
1	2158	47.1	47.1	408	27.2	27.2
2	609	13.3	60.4	307	20.5	47.7
3	386	8.4	68.9	196	13.1	60.8
4	240	5.2	74.1	180	8.6	69.4
5	210	4.6	78.7	117	7.8	77.2
6	150	3.3	82.0	69	4.6	81.8
7	114	2.5	84.5	59	4.0	85.7
8	90	2.0	86.4	42	2.8	88.5
9	74	1.6	88.0	39	2.6	91.2
10-14	304	6.7	94.7	84	5.6	96.8
15-19	113	2.5	97.2	37	2.5	99.3
20-24	104	2.3	99.5	6	0.4	99.7
25 或超過 25	25	0.5	100.0	5	0.3	100.0
總計	4579	100.0		1500	100.0	

資料來源：西北大學調查研究室（NUSL），1992。

　　由整體性調查誤差的觀點來看，有人可能會質疑：與這項明顯的努力有所關聯的費用支出（亦即在超過九次嘗試之後所撥出的二千八百六十三通額外的電話），和它所產生的一百三十二個完成案例（亦即在總數為一千五百個完成案例中的 9%）相較之下，究竟是否真的有此價值。也就是說，這些和增加樣本大小（進而能夠對抽樣誤差造成些微降低）有所關聯的各種資源，如果能把它用來做為嘗試降低在整體性抽樣誤差中的其他某些方面時，是否能夠產生更大的助益？

在一個隨機選取撥號樣本中，最後的意向結果之分配

在表 3.4 中所示者，乃是在 1992 年的隨機選取撥號調查中、每一份訪談表格中的最後意向結果——也就是說，由抽樣群體中所釋放出來的每一份訪談表格，在進行期間結束時的狀態。在上文中所提到的進行一萬七千九百六十二次的撥接過程中，總共使用了四千五百七十九個電話號碼。此資料對於兩階段式隨機選取撥號過程的有效性，提出了最佳的證明；有超過一半以上的電話號碼都可以聯絡上住家，而且頻率出現最高的最後意向結果也是屬於已完成的訪談（33%）。至於其他較常出現的意向結果，則包括：無效的電話號碼（29%）、非住家用途的電話號碼（15%）、以及被歸屬於同一群集的拒絕回答與只進行部分訪談的案例（13%）。由無法聯絡上、以及因此所產生的潛在的未獲回應之誤差的觀點來看，在被處理的所有電話號碼中，僅有極小部分的結果是屬於從來都不曾聯絡上受訪者（2%）——這其中包括了某些住家用答錄機的情況，或是所撥接的電話號碼一直都是無人接聽（4%）——這種情況中有絕大多數都是屬於非住家用途的電話號碼（Groves & Lyberg, 1988, p.199）。

● **另外一種隨機選取撥號的例子**

由另一個在 1991 年時、於芝加哥市大都會地區所進行的相當大型之隨機選取撥號調查的結果中顯示，使用以電話前三碼來做層級化、並且對空置不用的電話後四碼加以

過濾（參見第 2 章）的單階段式隨機選取撥號調查，能夠
對於在 1992 年時全國性調查中所發現到的最後意向結果之
型態，產生增強的效果。在 1991 年時的該項訪談調查，乃
是由西北大學調查研究室所進行的，它在完成總數達一千
零二十七個的訪談中，總共處理了三千零五份的訪談表格。

表 3.4　在 1992 年於美國境內所進行的兩階段式隨機選取撥號
　　　　抽樣中，所有撥接次數的各種意向結果（N=4,579）

意向結果	佔總撥接次數的百分比
無效的電話號碼	29.1
非住家用途的電話號碼	14.8
從來都沒人接聽（亦無答錄機）	4.0
沒有成年人的住戶	0.5
不會說英語的住戶／受訪者	2.3
住家用的答錄機，從來不曾被接聽	1.0
住戶拒絕回答	6.6
從來不曾聯絡上被選取的受訪者	2.1
被選取的受訪者拒絕回答	4.6
只進行了部分的訪談	1.5
精神上／身體上的殘障	1.0
完成訪談	32.8

資料來源：西北大學調查研究室（NUSL），1991。

　　表 3.5 中所顯示者，乃是在 1991 年於芝加哥地區的調
查中被使用的所有訪談表格的最後意向結果。與 1992 年所
進行的全國性調查（見表 3.4）相似之處，乃是在所有由抽
樣群體中釋放出來的電話號碼，完成訪談的比例約為三分
之一（34%）。至於無效的電話號碼（21%）、非住家用途

的電話號碼（16%），以及拒絕回答與只進行部分訪談的案例（17%），則是其他較常出現的意向結果。同樣地，在被處理的所有電話號碼中，僅有極小部分的結果是屬於從來都不曾聯絡上受訪者（3%），或是所撥接的電話號碼一直都是無人接聽（3%）的狀況。

總言之，在隨機選取撥號抽樣中，控制者及訪談人員所面臨到的工作範圍，將會取決於某項特定調查的地理區域、以及產生該抽樣群體時所採用的方式。如果在抽樣區域中、與每組電話前三碼有關的完整資訊能夠被加以運用，或是在產生抽樣群體時、會使用到某種兩階段式的處理方法，那我們就可以預期將被進行處理的訪談表格之總數量，與使用簡單的（亦即未經過層級化處理）隨機選取撥號式抽樣方法相較之下，至少會減低 50%以上。

以名簿為基礎的抽樣群體

如果一個抽樣群體是由一份名冊或電話簿所產生的時候，為了達到希望完成的訪談數量時而可能要被加以處理的訪談表格，與在某項隨機選取撥號調查中所需要被處理的訪談表格相較之下，顯然要少了許多。雖然如此，縱使所掌握的是最新的名簿，必須被加以處理的訪談表格與規劃中的完成總數相較之下，在數量上多出 50%到 100%的情況，仍然是相當普遍的。舉例來說，在一項打算要完成四百個訪談的調查中，可能就需要有一個為數達六百個或更多電話號碼的抽樣群體，來被加以處理。

表 3.5　於 1991 年在芝加哥大都會地區之層級化隨機選取撥號抽樣中，所有訪談表格（N=3,005）的最後意向結果

最後的意向結果	數量	佔所有樣本數量中的百分比
無效的電話號碼	636	21.2
非住家用途的電話號碼	478	15.9
該住戶位於抽樣區域之外	78	2.6
從來都沒人接聽（亦無答錄機）	78	2.6
不會說英語的住戶／受訪者	98	3.3
住家用的答錄機，從來不曾被接聽	15	0.5
住戶拒絕回答	302	10.0
從來不曾聯絡上被選取的受訪者	69	2.3
被選取的受訪者拒絕回答	150	5.0
只進行了部分的訪談	28	1.9
精神上／身體上的殘障	39	1.3
完成訪談	1,027	34.2
其他的各種結果	7	0.2

資料來源：西北大學調查研究室（NUSL），1991。

　　下列所述的例子，乃是我個人經驗中對於使用一份以名簿為基礎的抽樣結構／抽樣群體、來對特殊母體進行調查時的典型案例。這個案例，乃是由西北大學調查研究室在 1988 年時，針對所有的執法主管人員（例如警察主管及警長等）所進行的一項全國性調查。該項調查中所使用的抽樣群體，乃是由人口普查局針對美國境內所有執法機構所建立的一份資料庫中，以隨機選取的方式所產生的（Lavrakas & Rosenbaum, 1989）。如表 3.6 中所示，在完成七百八十八個訪談的過程中，總共有一千一百一十七個機構的電話號碼從抽樣群體中被釋放出來（在撥出這些電

話號碼之前，對這一千一百一十七個執法人員發出事先的通知信函；參見第 4 章）。與針對一般大眾所進行的隨機選取撥號調查恰成對比的則是，在最後的意向結果中歸屬於完成訪談的比例，高達兩倍之多（71%）。與隨機選取撥號調查所不同的，乃是其未獲回應的部分中，有絕大多數都是與無法聯絡上有所關聯（16%）；因為拒絕回答而造成未獲回應的比例（6%），顯然要比前者少了許多（雖然有些人可能會假定：特殊母體願意參與某項執行良好、並且與他們本身的職業有所關聯，而且在規劃再次聯絡時會考量到受訪者之方便性的電話調查之可能性，原本就會相當高）。

表 3.6　於 1988 年所進行的全國執法主管人員之抽樣中，所有訪談表格（N=1,117）的最後意向結果

最後的意向結果	數量	佔所有樣本數量中的百分比
沒有正確的電話號碼	30	2.7
沒有執行法律的職責	39	3.5
一直都無法聯絡上	7	0.6
沒有被指名的執法主管人員	9	0.8
部門拒絕回答	22	2.0
從來不曾聯絡上執法主管人員	174	15.5
執法主管人員拒絕回答	41	3.7
只進行了部分的訪談	3	0.2
完成訪談	788	70.5
其他的各種結果	4	0.4

資料來源：Lavrakas & Rosenbaum（1989）。

區間式調查

　　調查人員及抽樣群體的控制者，對於使用電話進行的區間式調查——也就是在經過一段時間之後才再次對受訪者們進行訪談，能抱持著何種的期望呢？根據我個人的經驗顯示，當訪談人員對某位原先的受訪者進行再次訪談的時候——尤其是在一項隨機選取撥號的調查中時，他是否能夠成功，有相當大的程度是取決於在抽樣區域內的住戶移動型態（Lavrakas, Settersten & Maier, 1991）。在大型的城市內，原先的受訪者中有大約 50%到 60%的比例，於經過一年的期間之後，仍然能被找到及進行再次訪談；而在城郊的地區中，這項比例或許還可以高達 70%至 75%。

　　值得注意的是，我們並不需要在知道某位受訪者的姓名之後，才能透過電話對他（她）進行再次的訪談。相反地，我們也發現到在對原先的受訪者進行再次訪談的時候，在知道他們的姓名，以及只知道他們的性別與年齡、但卻不知道其姓名的這兩種狀況之下，成功的比率並無明顯地差異（Lavrakas et al., 1991）。當原先的受訪者能夠在一項區間式調查的第二波行動中被聯絡到時，有超過 90%的比率都可以成功地完成再次訪談；至於剩下的部分則是屬於拒絕回答，或是在調查的進行期間內一直都無法被聯繫上的情況。

重覆撥接與未獲回應

　　針對一般大眾及以特殊母體為對象的電話調查，會依據所規劃／預算的重覆撥接之次數，而使其最後的意向結果出現截然不同的型態。在市場研究中，有許多調查人員都認為嘗試三次的重覆撥接乃是最恰當的次數。相對地，在以學術為基礎、以及大部分由聯邦政府所贊助的電話調查中，基本上都會允許高達十次或二十次、甚至更多次的重覆撥接（Traugott, 1977）。顯而易見地，對前面的這種狀況而言（亦即市場研究），其最後的意向結果之分配，肯定會與後述的狀況有著相當明顯的不同。

　　根據我們本身在隨機選取撥號調查中對於重覆撥接的多變量分析（multivariate analyses）顯示，那些只需要打幾通嘗試電話就可以聯絡到的人，大部分都是屬於女性、教育程度較低、並未就業、已婚以及年紀較大者；而且根據這些人的說法，他（她）們大部分都是處於健康狀況比較不佳的狀態中（Merkle, Bauman & Lavrakas, 1991）。這些描述與針對容易聯絡上及不易聯絡上之受訪者的研究發現，可說是相當吻合（Groves & Lyberg, 1988）。例如以上所述的這些因素，當它們會與某項調查的實質焦點有所關聯時，大部分都可以非常肯定地說：在任何此類僅有相當少數的重覆撥接會被加以處理的調查中，其研究發現都會出現未獲回應的誤差（亦即偏差）。至於這項偏差的大小，都常來說都並不明顯；而且對於和進行許多次重覆撥接時所需的資源、究竟應該如何分配的相對重要性的這項問題，

做出一項預先的決策，乃是調查人員責無旁貸的責任。

抽樣群體的意向結果，以及調查的回覆率與未獲回應率

在各種的電話調查中，我們之所以要採用一種高度監控的制度來處理抽樣群體，最主要的原因乃是希望在某個既定的抽樣區域內、能夠獲得一個合理的高回覆率，並使其具有將未獲回應之誤差的機會加以減低的潛在可能。在利用軟體對抽樣群體進行監控的各種電腦輔助式電話訪談的調查中，對於處理那些特別讓人傷腦筋的受訪者／住戶，監督人員應該要能付出更多的關注；並藉此讓未獲回應之誤差，與另一項對照性的書面記錄式訪談的調查相較之下，能夠更進一步的降低。

在本節中，對於電話調查的回覆率與未獲回應率，我們雖然並未對其進行一項內容無所不包的探討；但是仍將以實例說明當我們在準備對一項已完成的調查中所使用的方法論進行報告、或者是當我們在評估另一項調查的可能品質（亦即有效性）時，所應該考慮的某些議題。近年來，大部分的調查專業人員都同意這種看法：回覆率最好是以某個範圍來做考量，而不是以一個單獨的數值來做考慮。通常來說，回覆率會受到下列各種因素影響：調查的主題、問卷調查表的長度、處理該項調查的機構及訪談人員的能

力、調查進行期間的長短、應用於再次聯絡及嘗試改變拒絕回答之受訪者初衷的規則，以及其他的各種因素。此外，Groves（1989, p.133）也提出下列警告：就其本身而言，這些比率並不是未獲回應之誤差的一項直接的測量值；因爲後者乃是回覆率／未獲回應率的一項函數，而且在某項調查所試圖測量的各種變數中，那些做出回覆的人以及並未回應的人之間，可能會存在著各種的差異。讀者如果想要尋求與這些議題有關的額外討論資料時，可以參閱 Fowler（1993）、Frey（1989）以及 Groves 與 Lyberg（1988）等人的著作。

在本章中爲了達到以實例來做說明的目的，我們將使用先前所討論過的於 1991 年時在芝加哥大都會地區中所進行的隨機選取撥號調查、以及在 1992 年時所進行的全國性隨機選取撥號調查來做例子。參閱前面所提到的表 3.4 及表 3.5，我們就能夠看出在這些調查中所使用的所有訪談表格（亦即電話號碼）的分配狀況。

抽樣群體的有效比率

表 3.7 中所示者，乃是與這些調查有所關聯的各種回覆率。依據被用來做爲分子及分母的資料之不同，所計算出來的回覆率也會有所差異（Groves, 1989; Kviz, 1977; Traugott, Groves & Lepkowski, 1987）。舉例來說，在 1992 年的全國性隨機選取撥號調查中，對於它的抽樣群體能夠聯絡上有效電話號碼的有效性而言，其測量值乃是 71%（亦

即 3246÷4579=0.709）；也就是說，在由抽樣群體所釋放出來的電話號碼中，只有一千三百三十三個號碼、或是29%，被確認是屬於無效的。就這方面而言，這個抽樣群體可說是相當有效的；同時也對於 Mitofsky-Waksberg 的兩階段式處理方法的引人之處，提供確認。而在 1991 年的地方性調查中，它的有效性甚至更高（爲 79%）；這也對於在地方性的隨機選取撥號調查中，藉由電話前三碼來做層級化的處理、並將空置的後四碼範圍加以過濾的這種作法的價值性（當這種處理方法是實際可行的時候），提供確認。

　　至於在 1992 年的那個抽樣群體中，能夠聯絡上住家用戶的有效性之測量值，比較保守的估計值應該是將六百七十六份聯絡到非住家用途的電話號碼，由分子中扣除；但是對於撥接三十次以上、卻從來都不曾有人接聽的一百八十四份訪談表格，仍然應該將其保留在分子中。這時，所產生的測量值便是 2670 / 4579，亦即 56%。雖然如此，在所有這些從來都不曾有人接聽的電話號碼中，十之八九幾乎都是屬於非住家用途的電話。在這項進行期間長達七個禮拜的調查中，這些電話號碼都曾經被訪談人員在每個禮拜的不同日期、以及在白天與晚上的不同時段裡，嘗試過三十次、甚至更多次的聯絡。因此，我們假設這些可撥通的電話號碼大部分都是屬於投幣式電話、裝設於倉庫或其他非住家用途之場所中的電話、或是並未在運作中的電話，可說是合情合理的。依照這項推論，我們可以將這一百八十四份訪談表格再由分子中扣除，而對該抽樣群體在其抽樣區域內能夠聯絡上住家用電話號碼的有效性，產生一個

只有 52%的更爲保守之比例。對於 1991 年的調查而言，這項對照性的比例則是 60%。

完成率

當我們要計算出在 1992 年這項調查中的一個總體完成率（gross completion rate）時，我們可以將一千五百份完成訪談的案例、來與整個被使用到的四千五百七十九份訪談表格做一比較。

如表 3:7 中所示，這時將會產生一個大約爲 33%的比例。至於在 1991 年所進行的調查中，我們可以發現到它的總體完成率（爲 34%；1027／3005）與 1992 年的數值相當接近。

在 1992 年的這項調查中，當我們要針對住家用電話號碼完成訪談的成功機率、做出更爲有效的一個估計值時，就應該把所有可能的住家用電話號碼（包括那些從來不曾被接聽的號碼），用來做爲分母。這時所產生的比例便是 1500／2570、亦即 58%。而對 1991 年的調查而言，所發現的比率則要稍微低一些（爲 54%；1027／1891）。

至於更爲合理的完成率，則是將這些可能被爭議爲並不合格的電話號碼，由分母中加以扣除。在上述的這兩項調查裡，它包括了下列的這些情況：在該戶住家中沒有任何人符合年齡上的要求，在該戶住家中沒有人會說英語，或是指定的受訪者不會說英語，或是指定的受訪者因爲長期性的身體上／精神上之殘障而無法參與該項調查，以及

那些經過次數相當龐大的嘗試撥接之後、仍然無人接聽的電話號碼。在使用這種推論的情況下，於 1992 年所進行的全國性調查裡，合格的受訪者中有三分之二（68%；1500／2216）能夠成功地被完成訪談；而於 1991 年所進行的地方性調查裡，這項比例相較之下就要稍微低了一些（64%；1027／1598）。

　　整體而言，在上述的這兩項調查中有關於處理抽樣群體的部分，我們究竟可以對其做那些比較呢？就某一方面來說，於 1991 年所進行的地方性調查中被用來產生抽樣群體的方法，在聯絡到合格的住戶這方面，要比 1992 年所進行的全國性調查裡所使用的方法來得更為有效；雖然對每個特定的調查案而言，它們所分別使用的方法都是最切合其需求的處理方式。從另一方面來看，在成功地針對住戶完成訪談、並藉此降低未獲回應之誤差這方面，於 1992 年所進行的全國性調查中所使用的方法就要來得好一些（值得注意的是：在 1992 年的調查中所雇用的訪談人員，其平均能力要比 1991 年調查中的訪談人員稍微強了一些，或許這也是有助於 1992 年的調查中未獲回應之比例較低的原因）。最後要提的是，在 1991 年及 1992 年的調查中，在嘗試改變受訪者拒絕回答之初衷所做的再度聯繫裡，其成功的比率分別是 27%及 25%。

表 3.7 計算於 1991 年及 1992 年之調查中的完成率

比率的類型	比較	於 1991 年的地方性隨機選取撥號調查		於 1992 年的全國性隨機選取撥號調查	
		分子 / 分母	比率	分子 / 分母	比率
抽樣群體的總體有效性	有效的電話號碼 / 所有的電話號碼	2369 / 3005	78.8%	3246 / 4579	70.9%
抽樣群體在聯絡上住戶方面的有效性	可能的住戶 / 所有的電話號碼	1891 / 3005	62.9%	2570 / 4579	56.1%
抽樣群體在聯絡上住戶方面之有效性的保守計值	有希望的住戶 / 所有的電話號碼	1813 / 3005	60.3%	2386 / 4579	52.1%
總體完成率	完成訪談的所有數量 / 所有的電話號碼	1027 / 3005	34.2%	1500 / 4579	32.8%
保守的完成率	完成訪談的所有數量 / 所有可能的住戶	1027 / 1891	54.3%	1500 / 2570	58.4%
最合理的完成率	完成訪談的所有數量 / 所有合於資格者	1027 / 1598	64.3%	1500 / 2216	67.7%

資料來源：西北大學調查研究室，1991 年及 1992 年。

未獲回應的比例

其他常被加以計算的比率，都會與未獲回應的特質脫不了關係。表 3.8 中所示者，乃是在 1991 年及 1992 年的調查中，已經被聯絡上（或者可能被聯絡上）、但卻並未完成訪談之住戶的意向結果的一份詳細分析。截至目前爲止，在每一項調查中未獲回應之狀況的最大部分，乃是因爲拒絕回答所造成的；而在針對一般大眾所進行的電話調查中，這也是最常見的一種型態（Groves & Lyberg, 1988）。在每個調查中所發生的拒絕回答之情況，因爲該住戶中某個人拒絕回答的案例，就數量上而言，還比被選取的受訪者拒絕作答、或是在選到某個受訪者之前就被拒答的案例來得更多。在每項調查中，由於語言障礙、以及在接通電話時被選取的受訪者從來都不曾在家而造成的未獲回應之情況，大約都佔了十分之一。在 1992 年的調查中，由於該電話號碼一直都無人接聽而造成的未獲回應之比例，與 1991 年的調查相較之下，幾乎是它的兩倍。最後要提到的則是，歸因於住家用答錄機而導致的未獲回應之案例，在每項調查中所佔的比例都相當小，可說是微不足道。

對這兩項調查來說，拒絕回答者與完成訪談的這項比率——我們或許可將其稱之爲「不合作比率」（noncooperation rate）（Groves & Lyberg, 1988, p.200），可以藉由下列方式計算：將完成訪談的數量，與最後是以某種拒絕回答之型式（例如：住戶的拒絕回答、受訪者的拒絕回答、以及只完成部分的訪談）來做爲結束的訪談表格之數量，進行

比較。就 1991 年的調查而言，將 1,507（1027＋480）做為分母、並以 480（亦即拒絕回答的所有表格）做為分子，則所得的不合作比率大約是 32%。對 1992 年的調查而言，這項不合作比率大約是 28%。

切記：在一個樣本中所出現的未獲回應率，只不過是該項調查中未獲回應的形式之一而已。除了在本節中所討論到的這些主題之外，還有另一種「未獲回應的問項」（item nonresponse）──例如遺漏問卷調查表中某個特定問項的答案──的問題存在。很幸運地，藉由具有足夠能力的電話訪談人員在運用經過妥善發展的調查辦法之後，對於問卷調查表中絕大多數的問項而言，這種未獲回應的問項就不太可能以任何能被感知的方式，對整體性調查誤差造成影響。

表 3.8　於 1991 年（N=779）及 1992 年（N=1,049）的調查中，各種未獲回應的來源 [a]

各種未獲回應的來源	未完成訪談的百分比	
	1991 年的調查	1992 年的調查
從來都沒人接聽（亦無答錄機）	10.0	17.5
不會說英語的住戶／受訪者	12.6	9.9
從來不曾聯絡上被選取的受訪者	8.9	9.1
被選取的受訪者拒絕回答	19.2	19.7
訪談中斷	3.6	6.7
住家用的答錄機，從來不曾被接聽	1.9	4.2
受訪者有精神上／身體上的殘障	5.0	4.3
住戶的受訪者拒絕回答	38.8	28.6

[a] 乃是指那些針對住戶撥出最後一次電話後，仍然無法讓該項訪談完成的案例之意向結果。

資料來源：西北大學調查研究室（NUSL），1991 年及 1992 年。

以加權方式調整未獲回應的誤差

　　常見的一種實際處理方式（雖然並不是一種每次都很適當、或者是每次都很有效的方法），便是採行抽樣後的統計學上之調整（亦即加權），以期能對可能的未獲回應之誤差產生部分彌補（Henry, 1990）。這種方式在執行時，典型地作法就是藉著將樣本中人口統計學上的特徵，與存在於目標母體中的同樣特徵相較之下所具有的差異（通常都是由人口普查的資料中所獲得），加以調整。舉例來說，在某個樣本中男性所佔的比例或許是 40%，但是在由成年人所構成的母體中、男性可能佔了 46%。在這種情況下，每一位男性的受訪者便可以獲得一項 46／40、亦即 1.15 的性別權數（gender-weight）。也就是說，每個男性將會被當成是 1.15 個受訪者；同樣地，每個女性則會被當成是 54／60 個、亦即 0.9 個受訪者。這些抽樣後調整數值的有效性，通常都是仰賴於無法證實的假設——也就是說，在由那些具有相同人口統計學之特徵、但卻被「遺漏」的其他人身上所蒐集而得的資料，會和由這些獲得「較高權數」的人們身上所得到的資料相類似；因而藉此種加權方式來彌補那些具有相似的人口統計學上之特徵、但卻又被遺漏掉的受訪者。關於此類議題的進階討論，有興趣的讀者可以參考 Groves 的著作（1989, pp.156-188）。

　　值得一提的是，用來做為彌補未獲回應之誤差的「統計上的加權」（statistical weighting），與那種為了調整選取時不相等的機率、而被例行性及適當採用的「抽樣後的加權」（postsampling weighting），是有所不同的；舉例來

說，在隨機選取撥號的調查中，某些住戶因爲擁有一個以上的住家用電話號碼，所以被抽樣到的機會也就比較大。

摘要

當調查的進行期間結束後，我們可以使用許多不同的方法測度該抽樣過程的品質。計算回覆率及未獲回應率，以提供與該項調查在目標母體內、聯絡上一個具有代表性之樣本有關的相對成功率，乃是一種不錯的實際作法。那些打算將其調查結果發表出來的人，應該要提出許多此類的比率值，並且要明確地討論其調查結果中各種未涵蓋範圍與未獲回應之狀況所可能產生的潛在影響，以便讓其他人能夠很容易地對於已經發生的抽樣過程之相關品質加以評定。

在混合模式之調查中的抽樣群體

由於混合模式之調查在使用上的日益增加（Dillman & Tarnai, 1988; Traugott et al., 1987）——其中有部分的原因，乃是由於在許多的調查中或多或少都經驗到回覆率下降的困擾——使得調查人員可能會面臨到一種狀況：在抽樣群體中，有一部分是以電話來做處理，一部分是以郵件來做處理，以及（或者）有一部分是透過個人式訪談來做處理。

在這些調查中，會要求在抽樣群體內將以郵件或個人方式來做處理的那部分，必須已經知道受訪者的地址；而這些地址可能是已經被包含在原始的抽樣結構中，或者是透過預先的電話過濾而被蒐集。有一種特例則是藉由傳真的電話號碼，來將問卷調查表「寄送」出去；在這種情況下，就不見得非要知道受訪者的地址。

值得注意的是，在過去的十年間，被選取到的受訪者們拒絕透過電話進行訪談，但卻告訴訪談人員、如果將問卷調查表寄給他（她）們的話，那他（她）們將很樂意參與該項調查的這種情形，有小幅度逐漸增加的趨勢。根據我個人的經驗，在這些要求改變調查方式的受訪者中，有許多都是曾經由專供年長市民閱讀的雜誌中，被警告到要對令人可疑的電話調查提高警覺的年齡較大的成年人。很不幸地，和取得一份地址、並將這些問卷調查表寄送出去的情形相較之下，要配合受訪者的這些要求，可就不是那麼容易了。舉例來說，電話設備的格式——尤其是在使用電腦輔助式電話訪談的情況下，通常都很少能夠切合這項自我管理的要求；因此，當某項調查一旦開始進行之後，要將它改變成一種混合模式的處理方法，通常來說都是不切實際的。

對於那些已經被規劃要應用某種混合模式之方法進行處理的混合模式調查案而言，它最大的優點在於：它們可以提供寄送預先通知函（advance letter，參見第 4 章）的能力、以提醒受訪者即將到來的調查，而且對該項調查的訪談人員來說、也有助於建立他們的可信性。如果該項調查

是針對企業方面的受訪者進行時，這些預先通知函則可以透過傳真方式來發送——假設已經知道傳真號碼、或是可藉由一項預先的電話聯絡蒐集到這些傳真號碼。

　　我們以西北大學調查研究室曾經透過郵件、電話以及親自訪談等方式來處理的一個抽樣群體做為實例，將有助於讓各位了解到在一項針對一般大眾所進行的混合模式調查中，可能會面臨到那些狀況。這項調查是在 1990 年時、針對某個地方性的學校區域（伊利諾州的 Morton Grove）所進行的，其目的乃是希望對於未來的入學登記狀況，能夠獲得一個相當精確的測量值（Lavrakas, 1990）。在抽樣設計中，要求該區域內為數達三千戶的住家中、必須對大約三分之二的住戶進行訪談，而且至少要達到 90%的回覆率才行。最初的抽樣結構，乃是由該區域中郵寄名簿內所有的地址所組成。這份名簿也經過下列方式加以確認：抽取該名簿中所有地址的大約 10%，將其與整個社區內的實際街道地址進行核對。此外，也藉著使用一份反向編排的電話號碼簿，來對這份名簿做更進一步的補充；因為在所有的住戶中，大約有 80%是使用被刊載的電話號碼，因此地址也會被刊載出來。然後，一個總數為二千二百一十個地址的系統化隨機抽樣群體就此產生，並且對抽樣群體中的每戶住家都寄出一張明信片，以提醒他們此項即將到來的調查。大約一個星期之後，一份兩頁的問卷調查表便隨著一個已貼妥郵資的回郵信封被寄出。再經過十天之後，那些並未將問卷調查表寄回、而且是使用被刊載之電話號碼的住戶，便會接到一通追蹤電話（follow-up call）；這通

電話或許被當做是請他們將問卷調查表寄回的提醒電話，也可能是透過電話來實際地完成這份問卷調查表。至於那些並未使用被刊載之電話號碼的住戶，則會對他們再次寄出一份問卷調查表。而第二次的追蹤電話聯絡也會被加以處理。最後，那些仍然未做出任何回應的所有住戶，將會以親自訪談的方式來聯絡。

當這項進行期間為八個星期、而且在此期間內會對這個混合模式的抽樣群體加以處理的調查案進入尾聲時，獲得了一個高達 92%的回覆率；其中有 66%是透過郵件回覆，15%是透過電話，而 11%則是藉由親自訪談的方式做出回覆（由與抽樣群體中 8%並未被成功地完成訪談有關的潛在未獲回應之誤差的觀點來看，我們有足夠的證據可以相信，在這些未做出回應的住戶中，大部分都是由年紀相當大的居民、以及家中並沒有學齡兒童的住戶們所組成的）。

在這項混合模式的調查中，將電話的優點運用到了最高的極限；它不但激勵受訪者完成郵件式的問卷調查表，同時在完成的案例中也有六分之一是直接利用電話進行的。由成本／效益的觀點來看，這種混合模式的調查所花費的成本，和一項純粹以電話為基礎的調查所需的費用可說是幾乎完全相同；然而其所需的進行期間，大約是後者的兩倍。雖然如此，與只利用電話進行訪談的調查案相較之下，這種混合模式的處理方法極有可能讓未涵蓋範圍之誤差、以及未獲回應之誤差都出現極為可觀的降低；這方面也足以抵銷了它在需要較長的進行期間上的缺點。

很不幸地，在這項混合模式的學校區域調查中，有助

於其成功的各種狀況——尤其是一份相當簡短、並且能夠讓受訪者產生高度關切的主題——並不是經常會出現的。雖然如此，由於混合模式的調查所可能提供的各種優點，所有的調查人員都應該隨時提高警覺，不要錯失了那些可以運用混合模式處理方法的機會。

使用電腦輔助式電話訪談處理抽樣群體

　　就像我們先前所提到的，並非在所有的電腦輔助式電話訪談的環境中，都會使用電腦對抽樣群體進行控制；也就是說，在某些情況下，電腦輔助式電話訪談只是被用來管理問卷調查表而已，而抽樣群體依舊是使用書面記錄式的訪談表格、以人工方式對其加以處理。

　　然而，在使用電腦輔助式電話訪談系統對抽樣群體進行控制的情況下，監督人員應該要有更為豐富的資訊，以便藉此對抽樣過程制定出有所依據的決策。舉例來說，要想了解那些被釋放出來的抽樣群體中的正確比率狀態時，就可以利用每日的報表來輕易地產生詳細的資料。我們也可以利用軟體設計，以每次一個電話號碼的方式，在下一個訪談人員需要的時候產生抽樣群體。此外，我們也可以利用軟體設計，安排在已經約好的特定時間中進行重覆撥接的時間表，或是在不同的時間／日期裡、對那些一直無人接聽的電話號碼進行重覆撥接的時間表。

儘管上述所有的這些優點都充滿吸引力，但我相信，當電腦輔助式電話訪談與抽樣有所關聯的時候，其最具魅力之處乃是在於：對監督人員來說，它能夠把採用書面記錄式訪談進行的電話調查中、以人工方式處理抽樣群體時所需要的資源釋放出來。如此一來，監督人員就能善用這些被釋放出來的資源；不但可以花費更多的時間制定與樣本有關的各種決策，而且在監督訪談人員時也能夠表現地更為強烈（參見第 6 章）。在這種方式下，未涵蓋範圍之誤差、未獲回應之誤差、以及測量誤差都可能因此獲得降低，並進而使得整體性的調查誤差也為之減低。

4

選取受訪者與獲得合作

　　有些對於各種有效的電話調查方法並不熟悉的人，會誤認為接聽電話的第一個人就是將被訪談的那位受訪者。對於那些在設計上乃是為了蒐集於某個目標母體中具有代表性的一個「在單位內的樣本」（within-unit sample）——例如在住家中的成年人，而且希望藉此能讓未涵蓋範圍之誤差的可能性獲得降低的任何調查來說，事實的狀況並非如此。舉例來說，雖然男性與女性的出生率係處於接近 50：50 的比例，但是在大部分的都市社區內，成年人中女性／男性的人口分配，其比例乃是近乎於 55：45 的狀況。因此，當某項調查係使用一個具有代表性的女性及男性的樣本、並以致力於進行訪談為其目標時，就必須倚賴於一種「系統化的受訪者選取程序」（systematic respondent selection procedure），以達到這項均衡性。

　　本章中涵蓋了與在某個抽樣單位內（例如在一戶住家

中）選取一個具有代表性之受訪者、以及獲得被選取之受訪者的合作（並藉此降低未獲回應之比率）有所關聯的各種議題。當與某戶住家進行第一次聯繫時，該項調查是以何種方式被加以介紹，這對於整體性的配合、尤其是否能成功完成受訪者選取程序來說，通常都是相當重要的。因此，一篇架構良好的介紹／選取說詞所具有的價值，我們在本章中也要對此加以說明。

本章在一開始，則是針對受訪者的控制化（系統化）選取在電話調查中所具有的重要性來做檢視。在隨後的另一節中，則針對訪談人員在剛聯絡上受訪者時，為了迅速建立其信賴度所使用的簡介之重要性，做一陳述。至於為何需要對訪談人員進行訓練，使其能以標準化的答案回答受訪者所提出的與該項調查有關的各種普遍性疑問，在本節中也將對此做一說明。緊接於該節之後，則是對各種經常被使用到的受訪者選取技巧進行檢視。在本章的結尾部分，則是針對與調查案中的受訪者進行預先聯絡，以及這種作法和選取受訪者及獲得合作之間的關聯性，做一探討。

由穩固的立足點開始

在小型晶片盛行的時代，各種複雜的電話設備也因而出現了蓬勃的發展，難怪會有許多人對於他們所受到來自於陌生人的電話騷擾，深感抱怨不已。對許多公司行號而

言，他們在銷售其產品、或是讓他們的訊息廣泛散布出去時，電話行銷——有些還是完全以機器方式處理——已經成爲一種相當具有成本效益的方式。對於許多重要而一絲不苟的調查案來說，這種「現實的」環境也是它們所必須面對及克服的。當撥出去的電話被接聽時，電話調查的訪談人員所面臨到的立即挑戰就是：把能夠有效地將該項調查與那種「垃圾電話」（junk call）加以區別的適當訊息，以某種方式傳達出去。這點就是簡介／選取順序的目標，而訪談人員的責任便是使用它完成這項訪談。

　　與親自訪談所不同的，乃是電話調查中拒絕回答的情形，最有可能發生在訪談人員所撥出的電話剛聯絡上對方的時候；而在已經選取到某個受訪者之後、或是在問卷調查表已經開始進行之後，被拒答的可能性就沒有前者那麼高了（Collins et al., 1988）。在 Oksenberg 與 Cannell（1988）兩人的報告中則提到：有大約 40%的拒答案例，通常都是在進行簡介的頭幾句話中就出現了；而另外的 50%則是發生在稍後進行簡介／選取順序時；至於剩下的 10%或是更少的比例，乃是在訪談人員已經開始進行該份問卷調查表之後才發生的。因此，在剛聯絡上以後的前三十至六十秒之內，乃是最爲重要的關鍵時刻；特別是從將未獲回應之誤差減至最低的觀點來看，更是如此。

　　既然如此，對調查人員來說，他要如何使訪談人員及受訪者在剛聯絡上的時候、將會同時出現的兩項重要議題——使未涵蓋範圍及未獲回應之誤差都減至最低——能夠獲致平衡呢？毫無疑問的，調查人員當然希望在該項調查

的進行期間結束時，能夠藉由避免掉各種未涵蓋範圍所帶來的威脅，而盡可能地獲得一個在人口統計學上具有代表性的最後樣本。然而，最有可能在所有的抽樣單位中選取出最具人口統計學上之代表性的許多個人之組合的這些方式，通常也都是在使用時最花費時間、而且也是最容易啓人疑竇的方法；這是因為它們本身就存在著干擾性或侵犯性的特質，也因此會讓未獲回應的機率大為提高。

對於任何的電話調查來說，在平衡前述這些相互衝突的議題時，它究竟是否能夠成功，有相當高的比例乃是決定於訪談人員本身的技巧。雖然如此，如果所使用的是一篇拙劣不堪的介紹詞，或者受訪者的選取方法在用語上乃是以一種讓人混淆不清、或是讓人產生威脅性的方式進行時，縱然是那些傑出優秀的訪談人員也必將面臨困擾。相反地，即使是一些經驗不夠豐富的訪談人員，假如能夠對他們施以訓練，並讓他們正確地使用一份措辭得宜、相對上較不具干擾侵犯性的介紹詞，以及更具有說服力的選取程序時，那他們也將能成功地完成訪談。

很明顯地，當抽樣係由一份名簿中進行、而且受訪者乃是一位已知其姓名的特定個人時，在受訪者的選取程序上，訪談人員只需要請這個人接聽電話即可。但是在使用名簿做抽樣的許多情況中、以及在使用隨機選取撥號方式做抽樣的所有情況裡，訪談人員並無法知道在某個抽樣單位（例如住戶）內，應該要訪談的那個人的姓名（有一種例外的情況，乃是出現於在某次較早進行、但並未完成訪談的電話聯絡中，已經知道那位被指定的受訪者之姓名）。

因此，當某項調查在其設計上是為了要蒐集以個人為標準的母體參數的估計值時（與以住戶為標準的測量值剛好相反），就必須應用一種系統化的選取方式讓外在效度（亦即概括性）達到最大。

就像我們前面所提過的，在那些只針對第一個接聽電話的人來做訪談、或是只對那些聲音聽起來應該在年紀上足以回答問卷調查表內之問題的人進行訪談的所有調查案中，所蒐集到的資料不太可能會有效地反映出目標母體的態度、行為與經歷；這是因為在抽樣單位之內的未涵蓋範圍之誤差，很有可能會發生。至於那些允許訪談人員在某個抽樣單位之內、自行決定他們所想要訪談之對象的所有調查案，也同樣會受到這種問題的困擾。舉例來說，假設有某項調查，訪談人員可以在每個抽樣單位內，自行與任何一位在聯絡當時最願意接受訪談的人對話。這種處理方式當然深受訪談人員的喜愛，但對最後樣本的代表性而言，卻很可能會帶來不幸的影響或悲慘的結果。因此，在選取所有的受訪者時，都應該要以一種系統化、而且不帶成見的方式進行；也就是說，訪談人員不能依據自己的意思，而在一個抽樣單位內選取要進行訪談的人。

我們也可以利用一種實際的機率抽樣設計（probability sampling scheme），來選取在某個抽樣單位內的受訪者；雖然這種方式因為具有高度的干擾侵犯特質，而使得調查人員通常都認為並不必、或是不想使用這種過於嚴密的處理方式。取而代之的，就大多數調查案的目標來說，則是利用一種能以系統化方式將性別與年齡這兩項範疇做一平衡

性的選取，這已成爲一種可被接受的方法。這是因爲對大部分的抽樣單位（例如住戶）來說，在許多與人口統計學有關的其他特性（例如種族、教育水準以及宗教信仰）上，都存在著同質性；而就這些人口統計學上的其他要素來說，要對所有的單位進行具有代表性的抽樣，就應該要能提供這個母群體的適當涵蓋範圍。

對該項調查進行說明

在許多對調查案學有專精的人士中，對於在被用來說明該項調查的介紹詞內究竟應該提供多少的資訊，截至目前爲止仍是眾說紛云；對於此點，在各種與調查有關的著述中，也並未提供一個肯定的答案（Groves & Lyberg, 1988, pp.202-210）。對於相信介紹詞應該要適度精簡，以便讓受訪者在問卷調查表開始進行時就能積極參與的那些人，我個人是採取支持的態度。當然，也存在著某些與這項原則相背離的特例；在這種情況下，介紹的內容中必須包含有關於該份問卷調查表是如何被組織的、或是與特別的問題類型有關的各種說明。此外，這份介紹詞的內容雖然是很重要，但是訪談人員能將其善用到何種程度，或許更爲重要（參見第 5 章）。

我個人對這方面的建議是：在一份介紹詞中應包含足夠的資訊，以便讓接聽電話的人在聽到由某個陌生人打電

話來提到要進行一項電話調查的時候，能夠盡可能地降低受話者所會產生的不安與緊張（Frey, 1989, pp.125-137）。換句話說，該名訪談人員的可信賴性（以及因此而造成的該項調查之可信賴性）必須要盡快建立起來；而這一點也正是我們在進行說明的時候所要完成的任務。

在此同時，以往的經驗也告訴我們：一旦某位受訪者開始回答問卷調查表時，要獲得他（她）的全力合作就會顯得容易多了——這就有點像是我們所謂的「步入門檻」（foot-in-the-door）的技巧。如果進行說明的時間越長，而且潛在受訪者必須凝神傾聽、但又無法主動參與的程度越高的時候，則該位受訪者將會喪失他（她）對這項調查之興趣的可能性也就越大——這種情況甚至會在開始提出問題前就已經出現（Dillman, Gallegos & Frey, 1976）。在任何可能的情況下，尤其是當調查人員心中存有任何疑慮的時候，就應該要對這篇介紹詞、還有選取方法中的其他部分、以及問卷調查表本身，進行預先測試。

發展一篇介紹詞

對所有的調查人員而言，他們在說明中所青睞使用的遣詞用句雖然會因人而異，但是就以下所列舉的各項資訊而言，在美國輿論研究協會（American Association for Public Opinion Research, AAPOR, 1991）及公共民調全國評議會（National Council on Public Polls, NCPP）所公布的準則中，都有不謀而合之趣（Gawiser & Witt, 1992）；而且我也強

烈地建議各位，在考慮的時候應該要將下列事項包含在內：

1. 對訪談人員的身分、訪談人員所屬的單位、以及該項調查的贊助者等資訊進行確認；
2. 對該項調查之目的、以及它的抽樣區域（或是目標母體）做一簡短扼要的說明；
3. 包含某些足以激勵受訪者合作的正面用語；以及
4. 對訪談人員所撥接的這個電話號碼進行確認。

　　圖 4.1 中所示，便是一份由西北大學調查研究室所採用、包含一篇具代表性的介紹詞的簡介／選取表格（introduction/selection sheet）之例子。在某些調查中，將這份表格的副本附加於由抽樣群體中所釋放出來的每一份訪談表格之後，乃是有其必要的作法；但是對其他的調查而言，或許只需要在每一位訪談人員工作站放置一份此類表格的副本即可。在圖 4.1 的介紹說明中，一開始便是讓訪談人員藉由報出他（她）自己的姓名進行自我介紹，確認這通電話是由何處所打來的，並且說明為何會打出這通電話。在說明這通電話之目的的措辭中，也包括了與抽樣區域及該項調查之贊助者有關的參考資訊。在任何可能的情況下，對於這項調查結果將會如何被使用的相關資訊，也應該做出某些暗示性或明白的說明；除非這項陳述可能會對受訪者所提供的答案造成負面影響。如果這是一份簡短的問卷調查表（也就是說，進行的時間不會超過十分鐘），我建議各位在說明的時候，就應該提到它在時間上的簡短

性。如果該項訪談將會持續十五分鐘或更長的時間，那我建議各位就不要對所需花費的時間做任何的說明；除非是某位受訪者問到「它需要多久的時間？」。在這種情況下，所有的訪談人員都應該接受一項藉由使用一篇標準化的「轉進陳述」（fallback statement），來提出相同的（誠實的）回答之訓練（在下一節中，我們將對這類的陳述進行探討）。

簡介／選取表格：伊凡史東反犯罪調查

您好，我的姓名是＿＿＿＿＿＿＿＿，我是由西北大學調查研究室打出這通電話的。我們目前正與伊凡史東（Evanston）的警察部門合作，並針對伊凡史東的所有住民進行一項隨機式的調查。此項調查之目的，乃是要判斷人們對於他們住家附近的安全及治安狀況有何種的看法與感覺，以便讓市政府能規劃出更好的反犯罪計畫（您是否願意合作完全是出於自願性的，但是我們對於您的協助將深表感謝）。

在我繼續進行此項調查之前，想先確認這個電話號碼是否為＿＿＿＿＿＿＿？〔對電話號碼進行確認〕

> 使用者提供的選取程序

圖 4.1　一篇介紹詞的範例

在介紹詞中，也應該要將訪談人員對其所撥出的電話號碼進行確認的資料包括在內，以便讓這項聯絡能進一步的達到專業化之目的，並且對處理該抽樣群體時的品質控制提供協助。在本書的第一版中，我曾經建議各位在電話接通的時候，就應該立即執行這項確認電話號碼的工作

（Lavrakas, 1987, p.84）。我個人現在相信這種作法乃是一種不必要的具有侵犯干擾意味的起頭，而且有許多的訪談人員都認為這是相當困難的事情。藉由將這項確認動作放在介紹詞中的較後段，或許在提出這個問題之前，已經可以建立起受訪者的某些信賴性。在所有隨機選取撥號式的調查中，這項對所撥接的電話號碼進行確認的工作，其重要性更是不容忽視；它不僅是為了達到樣本控制的目標，而且也是為了避免肇因於來話轉接（call forwarding）所產生的各種困擾（舉例來說，來話轉接會以某些無法預知的方式，對選取時的機率造成改變）。

轉進陳述

對大部分的調查而言，並不需要——而且也不建議各位這麼做——去設想出一篇涵蓋了有關於該項調查之詳細說明的簡介詞。如果受訪者在決定是否參與此項調查之前，想要知道更多與該項調查有關的資訊時，訪談人員就應該提出一篇誠實的、標準化的說明。對於那些似乎不願意參與該項調查的受訪者來說，訪談人員便應該接受與進行自由裁決有關的訓練，並且盡可能提供一篇更為詳細、與該項調查之目的有關的說明。

有時候，有少數的資訊尋找交換之基本類型，乃是藉由那些有希望的受訪者們、而讓訪談人員在這方面獲得了啟發（Lavrakas & Merkle, 1991）。各位必須謹記我所使用的「有時候」這個字眼，這是相當重要的：如果所有的訪

談人員在大部分情況下，幾乎都會被問到同樣的問題時，那麼我們將這些答案中所要傳遞的訊息、整合到要告知給每一位受訪者的介紹詞裡，便是一種明智的作法。根據針對這項主題所做的先前研究顯示，在所有的受訪者中，有大約三分之一的人在開始接受訪談之前，都會對訪談人員提出有關於該項調查的某些類型的實質問題（Lavrakas & Merkle, 1991）（此外，已經有一種不甚明顯、但在統計學上卻顯著的趨勢出現，那就是：就訪談人員這方面來說，黑人的訪談人員所被問到問題，會比白人的訪談人員來得更多；而就受訪者這方面來說，黑人的受訪者所提出的問題，會比白人的受訪者來得更多。除此之外，並未發現到其他人口統計學方面的型態）。

雖然如此，由於多數情況下，訪談人員並不需要提供一篇較為冗長的說明，而且不將一份詳細的資訊向每位受訪者告知、也可以加快整個調查的進行；如此一來，也可以減低未獲回應的機會。訪談人員有時候會被問到的問題，包括了以下幾種類型的資訊：

1. 該項調查的目為何，以及調查的結果將會如何被使用？
2. 你（妳）是以何種方式取得我的電話號碼？
3. 進行／贊助該項調查的團體是誰？
4. 為什麼在我家裡的其他人不能夠參與這項調查？

對於上述這些問題中的每一項，我們應該要提供訪談人員一篇已擬好的轉進陳述，以便讓他們能夠對提出這些

質疑的受訪者，提出誠實而且標準化的答案。圖 4.2 中所示，便是一篇具有代表性的轉進陳述之範例（Frey, 1989, p.230）。在所有的這類情況下，為了要與「告知同意」（informed consent）的精神不相違背，這些說明都應該要包含一項與下列重點有關的再次提醒：對該份問卷調查表所做出的回答都將被保密，而且受訪者的合作乃是自願性的，符合告知同意原則（informed consent）（Frey, 1989, pp.247-250）。

這份轉進陳述的目的，乃是要幫助訪談人員說服可能的潛在受訪者，讓他（她）們了解到參與這項調查乃是值得的（而且是不會造成任何傷害的）。對於那些編撰此類陳述的人員來說，應該要將這項目的謹記在心。

提供參與的誘因

在構建一篇介紹詞、轉進陳述、以及任何受訪者選取順序的措辭時，身為調查人員，有必要考慮各種可能會影響受訪者參與該項調查的各種誘因（以及降低其意圖的事物）（參見第 5 章）。對這方面有興趣的讀者，也可以參考 Groves（1989, pp.215-236）的著作，以便取得和這種適切的社會科學知識有關的詳細資訊。

C 2 5 訪談人員轉進陳述

對調查的說明：本項調查相當簡短，大約只需花費兩、三分鐘而已。大部分的問題都是有關於您對心臟移植手術的看法。因此我們必須與人們談及此問題；不管他們對此手術的了解有多深，這對我們來說是相當重要的；唯有如此，我們才能夠對於整個芝加哥居民在這方面的看法及態度，獲得一個實際的概念。我目前正在西北大學進修一項稱之為「進階級報告」（advanced reporting）的課程，而我們全班正在進行這項調查，它也是我們課程作業中的一部分。您的所有答案都將被保密；而您是否願意合作完全是出於自願性的，但是我們對您的協助將深表感謝。

調查的使用：由於這是我課程中的一部分，所以我必須撰寫一份與本次調查之結果有關的報告提交給我的指導教授。就我們全班來說，我們必須對數百位芝加哥的居民進行此項訪談。所有的答案都將被加以彙總；不會有任何的答覆會使用和任何特定之個人有關的方式進行確認。您是否願意合作完全是出於自願性的，但是我們對於您的協助將深表感謝。

隨機選取撥號：您的電話號碼乃是透過一種稱之為「隨機選取撥號」的方法被抽選到的。我的指導教授把芝加哥市內所有能夠被接通的電話前三碼都輸入電腦內，然後電腦程式就以隨機方式加入額外的四個數字，而產生總共七位數字的電話號碼……，我們就是以這種方法獲得您的電話號碼……我們之所以會使用這種方法，乃是因為與那些在整個芝加哥市內、不論他們所使用的是被登錄或未被登錄之電話號碼的人進行此項調查，這對我們來說是相當重要的。唯有利用這種方式，我們所獲得的調查結果才能夠確實代表所有芝加哥居民在這方面的看法。

女性／男性的選擇：我手邊有一份表格，它告訴我在您府上我所能夠進行訪談的某個人。有時候，它所挑選的訪談對象乃是某戶住家中年齡最大或年紀最輕的女性；而有時候，它則挑選某戶住家中年齡最大或年紀最輕的男性來做為訪談對象。唯有利用這種方式，我們所獲得的調查結果才能夠在年輕與年長的女性及男性之間，取得合理的平衡性。

核對：如果您對此項調查還有其他的疑問您可以在白天的時間裡、撥 491-5662 這個電話聯絡我的指導教授 Lavrakas 博士。

圖 4.2　轉進陳述的範例

舉例來說，調查人員或許可以考慮對參與該項調查的受訪者提供一種金錢方面的誘因；雖然在一項電話調查中，這種作法在實行上或許有其困難存在。其他各種物質方面的誘因，例如有機會贏得某項獎品、或是將寄送一份研究報告給受訪者等，也都是可以被考慮使用的作法。至於這種物質誘因將會造成何種影響，截至目前為止還沒有任何研究文獻能夠提出肯定的答案；而且在各種研究結果中所出現的相互矛盾之說法，足以讓調查人員在決定使用這些方式之前，必須先進行審慎考量（Groves, 1989, pp.215-217）。如果將使用到某種物質誘因的時候，那就應該要把和此有關的說明合併於該項調查的介紹詞中。

　　由心理學及社會學方面之誘因的觀點來看，調查人員或許可以考慮在編撰說明／選取順序時，將特別強調參與該項調查所能提供的各種潛在的無形利益；舉例來說，受訪者可以藉由這項調查表達自己的看法，可以介入一項相當有趣的工作（假設該項調查的主題是能讓人興味盎然的），並且可以對整個社會提供幫助（如果該項調查會與某項公共政策有所關聯）。在編寫轉進陳述時，可以被列入考慮的其他各種人性特質，還包括了利他主義及順從性。告訴那些潛在的受訪者，他（她）的合作將會給予訪談人員及調查人員相當大的幫助，或許也是一種具有說服力的方式；在編寫一份轉進陳述時，讓受訪者了解到在其他被聯絡到的人之中，有絕大多數都已經參與該項調查（假設對於該調查機構來說，這是一種正確的陳述），或許也能有所助益。最後要列入考慮的則是，提供訪談人員在他們

遭遇到某些受訪者們回答到「那就讓其他的人來參與就好了！」時，應該如何加以應對的一份轉進陳述，也是不容忽視的。

電腦輔助式電話訪談

　　一種能夠控制說明順序的電腦輔助式電話訪談系統，可以提供機會讓介紹詞依據每位個別受訪者的狀況，彙整出最正確適用的措辭。截至目前為止，對於這種賦予個性化的處理方式所可能帶來的影響，尚無任何著述係針對此點而發。舉例來說，在一項已經藉由先前的訪談而獲知某些與受訪者有關之資訊的區間調查中，或許就可以把在早先一波的訪談中所了解到、有關於該受訪者的資料加以整合，編寫出一份特別的介紹詞，並使其更為人格化（Lavrakas, Settersten & Maier, 1991）。即使是在一項橫斷性的隨機選取撥號電腦輔助式電話訪談調查中，於進行先前的聯絡時雖然並未完成該項訪談，但也可以把當時所蒐集到的相關資訊，整合到進行後續的再次聯絡時將被使用的說明內容裡。

受訪者選取及過濾的各種方法

　　縱然是在那些控制上最為拙劣的電話調查案中，通常

來說也都必須由一個抽樣單位的所有成員裡選取出所需要的受訪者（本節中的內容係假設訪談人員所聯絡的受訪者之姓名，並不是由一份名簿中所抽樣而來，或是以其他的方法而已經知道訪談者的姓名）。即使是一個未受過訓練的訪談人員，通常也都會認同下列的說法：一位潛在的受訪者，必須在身體上及心智上都能夠回答問卷調查表中的問題。雖然如此，在某些情況下這種常識並無法奏效；而且使用英語的訪談人員也會因爲那些幾乎是不懂英語的人們，或是那些在心智能力上呈現暫時性或長期性喪失、以至於無法提供有效答案的人們，而遭受到相當的挫敗；並因此而增加了該項調查的測量誤差。探討如何由訪談人員的立場判斷各種足以防範這些誤差的方法，並非本節的主要目的；關於這方面的討論，我們將在第 5 章及第 6 章中再做陳述。在本節中，我們所要檢視的乃是各種不同的受訪者選取程序及過濾程序。

雖然不受控制的選取絕不是我們所建議使用的處理方法，但是在一開始的時候，藉著實例來證明完全讓訪談人員自行決定在一個抽樣單位內將對何人進行訪談時所可能產生的各種問題，對讀者來說仍是有所助益的。在本節的後續內容中，係假設在所進行的該項電話調查中，乃是由所有受訪者針對他們本身的態度、行爲或是經驗提出報告、所做的一項訪談。如果某項調查的目的，乃是爲了對存在於抽樣單位中的構成狀況之程度進行測定時（例如：在該戶住家中可以正常運作的電視機數量，以及在這些電視機中是否有任何一部與有線電視服務網相連接），那麼我們

就可以對該戶住家中任何一位對此有所了解的受訪者進行此項訪談,而不致於造成未涵蓋範圍之誤差、或是測量誤差。在類似的情況下,於一個抽樣單位內進行受訪者選取的過程,只不過是由訪談人員依據調查人員所定義的標準,來聯繫任何一位合格的人罷了(以這種情況來說,一種簡易而且能受到控制的處理方法,就是當該通電話是由一位婦女所接聽時,讓訪談人員提出要對「該戶住家中的婦女」進行訪談的要求;或是當該通電話是由一位男士所接聽時,訪談人員則提出要對「該戶住家中的男士」進行訪談的要求)。

不受控制的選取

在針對一般母體所進行的調查中,如果並沒有架構化的住戶內受訪者選取準則時,訪談人員就只需要試著去對該住戶中任何一位合格的人進行訪談即可。在許多情況下,年齡乃是訪談人員在進行選取時的唯一準則;舉例來說,任何一位年紀超過 17 歲以上的人。相對地,當某項調查可能只是針對男性的觀點做抽樣時,則訪談人員就只需要和該住戶中任何一位能夠聯絡上的男性進行訪談即可——如果在該住戶中有此類男性的話(在針對有關於傳統的「男性」產品——例如可咀嚼的煙草——所進行的市場調查中,此類的電話調查通常都會在成年男性中、採用一種不受控制的單位內選取準則)。而在其他的一些調查中,或許只會要求訪談人員與該住家的戶長聯繫;在這種情況下,通

常都會讓該住戶自行對「戶長」的意義進行界定。當某種正式的選取過程並未被列印於說明／選取表格中時，則訪談人員只需要在讀完介紹詞後，就可以立即請求和任何一位合格的人進行該項訪談。

　　當某項調查的目的，乃是為了要對存在於目標母體內的各種變數之程度進行測定時，如果使用這種不受控制的受訪者選取準則時，將會產生兩種類型的問題。第一種、也是較為嚴重的，便是由相關母體中所獲得的一個具有代表性的樣本，或許會因為抽樣單位內可能出現的未涵蓋範圍之誤差，而無法被進行訪談。如果允許訪談人員在那些合格的人中，自行選取他們所要訪談的對象時，則所產生的樣本將會出現不均衡地狀態；也就是說，在撥出訪談電話時較有可能被聯繫上的人，乃是構成該樣本的主要部分。以一般的母體而言，這些人通常也代表著婦女及年長的成年人（Salmon & Nichols, 1983）。如果有許多位合格的人同時都可以被聯絡上時，那麼訪談人員將會很自然地想要選擇那位可以被聯絡上、而且最願意接受訪談的人。假如這種情況真的發生時，那麼在所產生的樣本中，包括年紀較輕、及教育程度較高者的可能性也就會相對較高。很不幸地，與易取得性及意願性有所關聯的選取偏見，我們並無法期待兩者能夠出現彼此抵銷、並藉此而消除未涵蓋範圍之誤差的效果。實際的情況反而是：對於將產生的這種混合，我們並無法在不同的調查之間做出任何的預測，而且也無法辯稱它將擁有高度的外在效度。

　　使用不受控制的選取時所將出現的第二種問題，便是

受訪者可能會隨著時間的演變而有所成長。由於社會大眾的所有成員在調查研究中，逐漸演變成更為複雜難懂的消費者及參與者，這使得我們不得不顧慮到：在針對一般母體所進行的某項調查中，如果所使用的是不受控制的受訪者選取方法時，將會有越來越多的人將它視為一項不夠專業的調查。由於調查人員及所有的訪談人員所最關切的事情，乃是要讓潛在的受訪者們都能夠深切地感覺到，他們並不是在把自己的時間浪費在參與一項草率的調查案（亦即會出現龐大的整體性調查誤差、並因而可能是無效的一項調查）；因此，使用一種措辭完美、不具侵犯干擾性、但又是正式化的選取程序，應該可以讓受訪者產生較高的配合意願。

受到控制的選取

在過去三十年間，在通常被使用於受訪者選取的所有方法中，大部分都無法提供一個真實的抽樣單位內的機率樣本。反之，這些方法在設計的方向上，乃是提供一種系統化的途徑，不允許訪談人員依據他（她）們自己的選擇、來選取某位受訪者。而這些方法在設計時，也在試圖對整項調查提供於人口統計學方面能夠取得平衡的受訪者樣本時，同時也能把侵犯干擾的程度降至最低。我們首先將針對標準化的機率選取程序（probability selection procedure）進行檢視，然後再於本節中的稍後部分，對這些非機率（nonprobability）的受訪者選取方法進行探討。

- Kish 的隨機選取方法

最爲嚴格、而且被親自訪談方式所接受、並做爲其標準的受訪者選取方法，乃是由 Kish（1949, 1965）所發展出來的。這種方法也可以被使用於必須在所有的抽樣單位內、由所有的合格者中取得一個盡可能完整的代表性樣本的電話調查中。

有一件很重要的事情，是我們所必須注意的：縱然是使用 Kish 所設計的方法，仍然有可能在單位內的涵蓋範圍（within-unit coverage）方面，出現某些極小的誤差。這是因爲並非所有的抽樣單位（亦即住戶）都願意、或是能夠提供一份所有合格者的一覽表所造成的。舉例來說，Groves 與 Kahn（1979）在一項針對住戶組成狀況所做的可信度查核中，發現到有 9%的住戶所提供的與該住家中成年人的數目有關的資訊，出現相互矛盾的現象；其中的問題大部分都是與家庭裡年輕的成年人有關。除了因爲受訪者故意提出與合於資格者有關的錯誤資訊而造成的誤差之外，也並不是每一個人都能了解到當「合格者」這個名詞被使用於任何一項調查的某種選取順序中時，該戶住家中究竟有那些人應該被包含在它所定義的範圍內（Maklan & Waksberg, 1988; Groves, 1989, pp.108-115）。與親自訪談相較之下，這種問題在電話調查中顯然要來得更爲嚴重；因爲在一項親自訪談中，或許可以藉由該戶住家所顯現出來的某些視覺上的線索，來避免一些問題，但是對電話調查的訪談人員來說，他們可能就無法解決這些類似的問題（Massey, 1988）。

雖然在理論上被認為是一種真實的機率選取方法，但是 Kish 所設計的方法對於那些擁有許多合格者（在人數上超過六位）的家庭來說，的確能在那些年紀最輕的合格者中，讓產生低度代表性之結果的情況減低到相當微小的程度。不僅如此，與其他各種較不嚴格的選取方法相較之下，Kish 所設計的方法也能將抽樣單位內的未涵蓋範圍之現象，減至最低的程度（然而，就像我們在下文中將提到的，它或許會提高未獲回應的現象）。如圖 4.3 中所示，在結述介紹詞之後，訪談人員必須立刻對該抽樣單位中所有的符合資格者進行確認。在大部分情況下，這也代表要對居住在某戶家庭中、符合某種年齡標準的所有人進行判定。某些調查人員偏愛讓訪談人員藉由該住戶內的彼此關係，來對合格者進行確認；而有些調查人員則青睞藉著讓訪談人員詢問合格者的名字，來進行這項確認動作。不論是使用那種方法，最典型的順序就是訪談人員以藉著確認出該家庭的戶長做為開始，然後再依序將其他的合格者一一列出。舉例來說，假設某項調查是針對成年人做抽樣，則訪談人員最常使用的開頭順序就是先將丈夫與妻子記錄下來；因為在美國的家庭中，這乃是最常見的成年人之組成份子。

　　當訪談人員確定所有的合格者都已經被列於表格中之後，就應該再詢問每位合格者的年齡、並將其記錄下來。然後，訪談人員必須稍作暫停，以核對每一位被列出者的年齡都與該項調查的要求相符；並且把在經過進一步考慮之後並未能切合這些要件的任何人加以刪除。接下來，訪談人員就應該依據下列準則、對每一位合格者進行順序編

號：對年紀最長的男性賦予 1 的編號，對年紀次長的男性（如果有的話）賦予 2 的編號，並依此類推，直到被列於表格中的男性都完成編號為止；然後再依據年紀最長的女性、年紀次長的女性、以及依此類推的順序，來完成所有女性的編號。舉例來說，假設在某戶住家中的成員，係由丈夫、妻子、他們已成年的兒子、他們已成年的女兒、以及丈夫的父親所構成時（如圖 4.3 中所示）。在這種情況下，丈夫的父親就應該被編為 1 號、丈夫則是 2 號、他們的兒子為 3 號、妻子為 4 號、而他們的女兒則是 5 號（如果一位調查人員願意的話，也可以將性別的順序做一顛倒，亦即讓女性排在男性之前；也就是說，這種排列上的選擇是可以隨個人喜好做決定）。

對那些使用 Kish 所設計的方法進行的調查案而言，很幸運地則是：在美國的所有家庭中，有超過 90%以上的比例，其合格的受訪者在人數上都是少於四位；因此對所有的訪談人員來說，他們花費在登錄合格的受訪者、他們的年齡、以及分派選取號碼上的時間，通常來說都是相當短暫的。在一項親自訪談的調查中，該住戶的受訪者可以看到訪談人員所正在進行的工作內容。但是對那些使用 Kish 方法進行的電話調查而言，則不可能如此；所以最妥當的處理方法，就是讓訪談人員做一簡短的評論，如圖 4.3 中所舉的例子，告訴受話者為何在執行排序的時候，將會有時間極為簡短的暫停。

您好，我的姓名是＿＿＿＿＿＿＿＿＿，我是由……打出這通電話的＊＊＊插入介紹詞＊＊＊

　　我想先確認這個電話號碼是否為＿＿＿＿＿＿＿＿？〔對電話號碼進行確認〕

　　為了由您府上以隨機方式選出一位我能夠進行訪談的人，我必須先將您府上年齡屆滿 18 歲以及超過此年齡的所有人都列於表格上做為開始。我並不需要知道這些人的姓名，但您是否能將這些人彼此之間的關係告訴我？

　　〔在把這些人的彼此關係列於下列欄位 1 內之後，除非只有一位成年人時、則在確定他（她）的年齡後就開始進行問項 1，否則應該繼續問題 1〕現在，我希望能知道每個人的年齡。

　　〔將每個人的年齡列於下列欄位 3 內之後，再繼續〕現在，我將花費幾秒鐘的時間、利用我手邊的一份選取圖表，決定我應該要和府上的那一位進行訪談，請稍候。

將該戶住家單位中，年齡屆滿 18 歲、以及超過此年齡的所有人都列於表上

戶長 (1)	性別 (2)	年齡 (3)	成年人 (4)	勾選 (5)
丈夫	男性	52	2	
妻子	女性	50	4	✓
女兒	女性	23	5	
兒子	男性	19	3	
丈夫的父親	男性	78	1	

年齡屆滿 18 歲以及超過此年齡的人，以下列順序排列：年紀最大的男性，年紀次大的男性，依此類推；接著是年紀最大的女性，年紀次大的女性，依此類推。然後使用下列選取表選出受訪者。

選 取 表

如果該住戶中成年人的數量為：	對下列編號的成年人進行訪談：
1	1
2	2
3	2
4	3
5	4
6 或多於 6	4

根據選取表所載，在您府上我應該要進行訪談的對象是＿＿＿＿＿＿＿＿。請問我現在是否能和他（她）通話呢？

〔如果被指定的受訪者是目前正和你談話者以外的另外一個人時，則請求要和那個人講話，並且在進入問項 1 之前，將介紹詞再重覆一次〕。

〔如果被指定的受訪者目前無法接聽電話，就應該確定再度聯繫的最佳時間，並且將其記錄於訪談表格中〕。

圖 4.3　Kish 選取表格的例子

當每位合格者的數字式選取號碼被加以登錄之後，訪談人員就應該參考被列印於說明／選取表格內的總計有八種不同版本的其中一種選取表（selection tables，參見圖4.3）。在這份選取表內，將會指明與該份特定的訪談表格（亦即抽樣單位）有關的所有合格者中，應該要指定那一個人做為受訪者。在圖 4.3 中所使用的選取表，要求訪談人員在聯絡到一戶總共有五位合格者的住戶時，應該要對妻子（編號為4）進行訪談。

　　表 4.1 中所示者，乃是在使用 Kish 所設計的方法時，在為數共有八種不同版本的選取表中，應該被列印於每一份說明／選取表格內並被使用的相關選取資訊。在表 4.1 中的第一個欄位裡，也明白指出在一項調查案裡，每一種選取表所應該佔有的不同比例。在使用人工方式對這些說明／選取表格與訪談表格進行配對時，便應該使用下列的順序安排這些選取表：A、A、B1、B2、C、C、D、D、E1、E2、F、F。在一項電腦輔助式電話訪談的調查中，當說明／選取的順序乃是由軟體程式做控制時，那這八種不同版本的選取表，就應該以隨機的方式，依據它們分別所敘述的比例來被分派於某戶住家中。

　　就如我們所能了解到的，在使用 Kish 所設計的這種方法時，訪談人員在與某戶住家聯絡上之後，幾乎是馬上就得要求該戶住家提出相當具有個人私密性方面的資訊。對那些優秀的訪談人員來說，不論 Kish 所設計的方法在困難度上有多高，都可以極為成功地來使用它（Czaja, Blair & Sebestik, 1982）。對那些技巧較差的訪談人員——尤其是

那些缺乏經驗者——來說，使用這種方法極有可能會產生一個相當高的拒答率（它將會提高未獲回應的誤差）；此外，他們可能也無法正確使用這種方法（這也可能會導致未涵蓋範圍之誤差的提高）。

表 4.1　Kish 的選取表

各種表的分配比例	表格編號	在該戶住家中，成年人的數目如果是：					
		1	2	3	4	5	6 或以上
		應該選取的成年人編號：					
1/6	A	1	1	1	1	1	1
1/12	B 1	1	1	1	1	2	2
1/12	B 2	1	1	1	2	2	2
1/6	C	1	1	2	2	3	3
1/6	D	1	2	2	3	4	4
1/12	E 1	1	2	3	3	3	5
1/12	E 2	1	2	3	4	5	5
1/6	F	1	2	3	4	5	6

資料來源：Kish（1965）。

　　總而言之，姑且不論這種方法在被正確使用時，它與其他方法相較之下、具有將單位內未涵蓋範圍之誤差的可能性降至最低的這項好處；但是 Kish 的方法也可能會導致未獲回應的程度變得更高，並因此而增加未獲回應的誤差。因為如此，調查人員所將面臨到的權衡性問題，便是在整體性調查誤差及整體性調查成本的考量下，必須決定 Kish 的方法所能帶來的潛在利益、是否能夠抵銷它所產生的潛在不利。

- 以生日來做為選取受訪者的方法

　　在過去十年間，另一種被用來在抽樣單位內、產生一個隨機選取之受訪者的不同處理方式，也已被發展出來（Oldendick, Sorenson, Tuchfarber & Bishop, 1985; O'Rourke & Blair, 1983; Salmon & Nichols, 1983）。這些方法是以在抽樣單位內、何人的生日最接近於訪談當日，做為選取合格者的準則；或者是以在抽樣單位內下一個即將到來的生日是何人，做為選取合格者的準則。由於這種方式本身不帶有侵犯干擾的特質，以及在它們所產生的單位內樣本中具有異質性，因此這種以生日選取受訪者的方法，便廣受學術界、公家部門以及私人單位的調查人員青睞。理論上來說，這些方法可以產生一個真實的單位內機率樣本；但是就實際而言，這種情況卻不曾出現過（Groves & Lyberg, 1988, p.208）。

　　由於各種的生日選取法既不具侵犯干擾性，也不會耗費太長的時間，而且對訪談人員來說也非常容易使用，因此它們的魅力自然也就相當高。在結束了介紹詞之後，訪談人員會依據下列的說詞選取一位受訪者：「就這項調查而言，我希望能夠和您府上年滿 18 歲或以上、而且其生日與今天最接近（亦即日期最近）的那個人進行訪談。」訪談人員必須要能說明最接近的涵義，也就是指日期最近的意思；所以在表格中才要以大寫的字母提醒訪談人員。在書面記錄式訪談的電話調查中，這種生日選取法的另一項優點則是：只需要在每一個訪談中心公布一份說明／選取表格即可，而不需要在每一份的訪談表格之後再另外附上

一張單獨的副本（就像是使用 Kish 的選取法進行調查時那樣）。

由於這種選取程序的措詞，多少都帶有一點小說般的味道，因此當該住戶中的受訪者無法立即了解訪談人員所說的內容時，各種的問題就會隨之而來；有鑑於此，訪談人員能夠正確地將「最接近的生日」（或是「下一個即將到來的生日」）之涵義傳達給受訪者的這項能力，其重要性也就備受要求。此外，由於這些方法並不需要對抽樣單位內的所有合格者列舉出任何形式的一覽表，因此這類生日選取法對於那些肇因於並未提供正確答案的受訪者所可能導致的受訪者自我選取（respondent self-selection）——以及可能因而產生的偏差——的狀況，就無法提供良好的控制。

已經有相關的證據顯示，在大部分情況下——但並非是所有的情況，生日選取法還是能夠訪談到正確的合格者。表 4.2 中所示，乃是在西北大學調查研究室利用這種「最接近的生日選取法」所進行的兩項不同的調查中——每項調查中的樣本大小都超過一千個，由受訪者針對他們自己的出生月份所提報的比例分配狀況。在 1990 年時針對芝加哥大都會地區所進行的那項調查，乃是由 4 月下旬延續到 6 月上旬；而在 1992 年時針對全美國所進行的那項調查，則是由 3 月中旬持續到 4 月底。在這兩項調查中，我們可以發現到受訪者所提報的生日月份出現在調查進行期間之前一個月的比例可說是最高的；而且也可以發現一種可判別出來的趨勢（雖然並非很規律的）：只有爲數不多的人所

提報的生日月份，會與該項調查的進行期間相距甚遠。如果這種方法能夠被正確運作的話，則這種提報生日月份的分配狀況乃是我們所將期待的結果。

在 1992 年的那項調查中，受訪者也都會被要求對他們家中其他的所有合格者（亦即年齡屆滿 18 歲或以上的成年人）的出生月份做一確認。將這些資料與受訪者所提報的出生月份進行比較之後，我們可以發現：在大約 20%到 25%的家庭中，還有另一位合格者的出生月份，要比實際接受訪談的受訪者的生日更接近這項標準（Lavrakas, Merkle & Bauman, 1993）。換句話說，我們所訪談到的乃是一位「不正確」的人員；而這個人很明顯地是一位願意接受訪談的受訪者。在使用這類生日選取法的時候，通常都會發生這種誤選受訪者的情況；但是截至目前為止，它對單位內涵蓋範圍之誤差（within-unit coverage error）所可能產生的影響——如果有的話，仍然並不明朗。對所有的調查人員來說，最明智的作法就是繼續遵循針對這種生日選取法所發展出來的各種著述及知識；因為姑且不論它在使用上的簡易性，由整體性調查誤差的觀點來看時，它們所花費的成本或許要比它們所帶來的利益為高。

- ### 系統化的配額選取方法

在本書的前一版本中，曾經針對其他三種藉由性別與年齡來對某個抽樣單位內（例如某戶住家）的受訪者進行層級式選取的系統化處理方法，提出詳細的說明（Lavrakas, 1987, pp.89-96）。這些方法也可以被用來提供住戶內的配

額樣本（quota sample）。然而，自從 1980 年代中期以來，這些方法大部分都已經被生日選取法的各種變化方式所取代。由於在調查人員的使用策略中，已經出現了這種極為普及的轉變，所以在本書中將只對這種配額選取方法做一簡短的敘述。

表 4.2　在兩項使用「最接近的生日選取法」進行的隨機選取撥號調查中，受訪者所提報的出生月份

生日的月份	受訪者所提報的出生月份之百分比	
	1990 年的調查	1992 年的調查
1 月	10.6	10.0
2 月	7.9	10.1
3 月	12.7	11.1
4 月	12.7	7.8
5 月	7.9	6.0
6 月	4.5	6.4
7 月	5.3	7.8
8 月	6.4	8.0
9 月	8.7	8.0
10 月	8.5	7.0
11 月	6.7	7.8
12 月	8.0	10.0

資料來源：西北大學調查研究室。

註：在 1990 年時針對芝加哥大都會地區所做的調查，其進行期間為該年度的 4 月下旬及 5 月；而在 1992 年時針對全美國所做的調查，其進行期間則是在該年度的 3 月下旬及 4 月。

　　Troldahl 與 Carter（1964）就曾提出一種能以系統化的途徑（而非隨機方式）選取受訪者，但其侵犯干擾性卻比

Kish 的選取法要更低的方法；雖然如此，與生日選取法相較之下，這種方法的侵犯干擾性仍然過高。Bryant（1975）也針對 Troldahl-Carter 的方法進行修正，並試圖讓那種男性在抽樣時會偏低的現象獲得改善。就如我們在本文中所敘述的，根據 Czaja、Blair 以及 Sebestik（1982）等人的研究發現，這種 Troldahl-Carter-Bryant（T-C-B）選取法，已然反映出一種更爲精確的結果。

在使用這種這種 T-C-B 選取法的時候，訪談人員必須在說明／選取順序的部分中，提出兩項問題：（a）「住在您府上的所有人中，包括您在內，有多少人年齡已屆滿＿＿歲或以上？」；以及（b）「在這些人裡面有幾位是女性？」。在第一項問題中所使用的年齡界限，乃是依據每一項特定調查的需要來做決定；但是在大部分情況下，都是以 18 歲爲標準（亦即被選取的都是成年人）。

這種方法與 Kish 的選取法有些類似的地方，乃是訪談人員也需要使用到數種版本的選取矩陣（selection matrix）中的某一種，以便根據這兩項問題的答案，選取被指定的受訪者。另一項與 Kish 的選取法相類似之處，則是在使用這種 T-C-B 選取法時，也必須在每一份訪談表格之後，附上一份單獨的說明／選取表格（或是在電腦輔助式電話訪談的情況下，將其加入於程式中）。理論上來說，藉著將各種版本的選取矩陣混合使用之後，當一項調查結束時，與目標母體相較之下，就應該能在女性與男性、以及年輕成年人與年長成年人方面，獲得一種正確的均衡性（配額）。然而，縱使我們依照所指示的各種版本組合進行訪談，實

際上所獲得的結果仍然會在男性方面出現一種抽樣過低的情況；因此，我們建議抽樣群體的控制者應該每天都對男性與女性的人數進行統計，並將這些數字與目標母體內已知的比率做一比較；而且藉由選擇性地指示，來要求數量更多、或是較少的新訪談表格使用某種有助於修正這種不均衡性的選取矩陣版本，以便對這種差異進行修正。

在這種類似的方式下，Troldahl 與 Carter（1964）乃提出一種與 Kish 的選取法相較下，其侵犯干擾性更低的受訪者選取方法；而 Hagen 與 Collier（1982）所提出的選取方法，其侵犯干擾性還要比 T-C-B 選取法來得更低。在 Hagen-Collier 的方法中，並不會在介紹詞結束之後立即就要求受訪者提供超過某種年齡標準的人數；它只是直接要求和四種類型之受訪者——亦即：年紀最輕的婦女、年紀最大的婦女、年記最輕的男士或年紀最大的男士——的其中之一進行訪談；藉此避免訪談人員在剛聯絡上某戶住家之後，就必須判定在該戶住家中可能合格者的人數究竟有多少。在這種方法中所使用的說明／選取表格，總共有四種不同的版本。如果在該抽樣單位中，並沒有所要求之性別的人存在時，那麼訪談人員就必須依據說明／選取表格中所既定的適當後續指示進行。在使用這種 Hagen-Collier 選取法的時候，訪談人員能夠了解到例如當某戶住家中只有一位婦女時，她不僅是年紀最輕、而且也是年紀最大的婦女；這一點可說是相當重要的。就和在使用 T-C-B 選取法時一樣，在 Hagen-Collier 選取法中的四種版本之說明／選取表格，應該要以一種能夠產生與目標母體中已知的男

性及女性分配率相當接近的近似值之準則，來被加以使用。如果這四種版本係以一種相等的比例而被使用時，在大部分情況下，所獲得的結果將會在男性方面出現一種抽樣過低的現象；這時，在調查的過程中就必須將那些要求對男性進行訪談的說明／選取表格，提高其使用比例。與 T-C-B 選取法一樣，在 Hagen-Collier 的選取法中，對於那些家裡有三位、或是更多屬於同一性別之合格者的住戶，也會遺漏掉那些「中年人」（年紀介於 40 至 60 歲之間）。

在某些情況下，對那些經驗不足的訪談人員——舉例來說，那些只處理過一次或少數幾次調查、並且被當做是某種短期課程的研究作業之一部分的人——而言，即使是這種 Hagen-Collier 選取法，在使用時也會顯得過於複雜。為了要提供這些經驗不足的訪談人員一種更為簡易的選取方法，同時也不致於在受訪者選取的整體控制上出現任何的放鬆，我建議可以使用兩種不同版本的某類萬用的、而且是組合式的訪談表格及說明／選取表格。如圖 4.4 中所示，訪談人員只須要求與該住戶中的某位男性或某位女性，如果該住戶中只有一位人選的話，進行訪談（就像是使用 T-C-B 選取法一般）；或是當該住戶中擁有一位以上的同性別之居民時，要求與年紀最輕的男性或女性進行訪談。這種選取方法共有兩種不同的版本：一種是當該住戶中擁有至少一位的女性時，則選取一位女性；另一種則是選取一位男性。當這種選取方法被使用於那些進行期間只會持續幾天、而且也只能進行次數極少的重覆撥接的調查中時，它在年輕的成年男士及婦女方面所顯示出來的過度抽樣之

影響，通常都會產生一種頗受歡迎的年齡混合結果；因為在一項進行期間較短的調查中，這些人（尤其是年輕的成年男士）都是最不容易聯絡上的典型代表，而且也是很容易出現抽樣過低的人。就像我們在使用完整的 T-C-B 選取法時一樣，我也建議各位在使用這種修正的方法時，應該要每天都對男性與女性的人數做一統計，以決定是否有必要調整那些可以選取到男性受訪者的訪談表格之使用比例。

在這些方法中，沒有任何一種能夠產生出一個住戶內的機率樣本。在生日選取法被廣泛使用之前，這些方法之所以能夠蓬勃發展，只不過是因為它們本身的方便性罷了；至於它們的有效性究竟可以達到多高，則已被人們暫時拋在一旁。

受訪者選取的其他準則

當一項電話調查所需要的，只是某種特定類型的受訪者時（例如年齡介於 30 至 59 歲之間、而且是大學畢業的婦女），那麼我們就必須應用到其他的受訪者選取（或是過濾）方法。對某些調查來說，它所必須訪談的對象或許只是家庭中的戶長、或是納稅者而已；而在其他的一些調查中，可能只需要選取那些居住在某個相當狹小的地理界線之內的人們；甚至還有其他的一些調查，只需要選取一般母體中的某個特定子群體而已。

使用者提供的名稱

電話號碼：### － ####

　　您好，我的姓名是＿＿＿＿＿，我目前是就讀於西北大學的一位學生。我們班上目前正在進行一項與心臟移植手術有關、而且是相當簡短的輿論調查。

　　我可否先確認這個電話號碼是否為＿＿＿＿＿＿＿？〔對電話號碼進行確認〕

　　就這項調查來說，我必須和您府上年紀最輕的婦女進行訪談，如果您家裡有這類婦女的話。

〔如果和你對話的人正是年紀最輕的婦女時，就繼續進行問項 1 的訪談〕。

〔如果這位年紀最輕的女性無法接聽電話時，就確定何時是再次聯絡的最佳時間〕。

〔如果在該戶住家中沒有婦女時，就改為要求和年紀最輕的男士進行訪談——如果這位男士無法接聽電話時，就確定何時是再次聯絡的最佳時間〕。

〔當被選取的受訪者來接聽電話時，如果有必要的話就將介紹詞重覆一次，然後再繼續進行問項 1 的訪談〕。

	內容敘述	訪談人員編號
第一次聯絡：	＿＿＿＿＿	＿＿＿＿＿
第二次聯絡：	＿＿＿＿＿	＿＿＿＿＿
第三次聯絡：	＿＿＿＿＿	＿＿＿＿＿
第四次聯絡：	＿＿＿＿＿	＿＿＿＿＿

圖 4.4　修正後的 T-C-B 選取法訪談表格之範例

● 選取家庭中的戶長

　　有關於那些人選才是符合「家庭中的戶長」這個名詞之定義，這個問題自從 1960 年代末期以來，在我們的社會

中就是一個不斷在改變的事情。傳統上來說，丈夫——如果在該住戶中有這麼一個人存在的話——乃是家庭中的戶長所定義的人選；在 1950 年代左右時，每四戶的美國家庭中，大約有三戶都會有這類的戶長存在。時至今日，一種更廣被接受、而且更具平等主義色彩的定義，將「家庭中的戶長」界定為：在該戶住家中已經結婚的主要夫妻中的男性及女性，或者是同居的成年人中的男性或女性。在只有一位成年人的住戶中，這位成年人就是戶長。如果某項調查必須對納稅者進行訪談時（例如一位市長在發布某項政策聲明之前，想要了解他的所有選民的看法），那麼選取家庭中的戶長做為訪談對象，通常來說都可以產生一個適當的住戶內樣本。

如果調查人員希望在男性與女性的家庭中的戶長之間，取得某種相等的均衡性時，就可以使用如圖 4.5 中所示的選取方法達到此目的。與 Kish 方法有些類似的地方，乃是訪談人員藉著以彼此間之關係為依據的方式，取得該住戶中所有成年人的一份一覽表，做為開始。在大部分情況下，這種作法能夠很明顯看出那些人是家庭中的戶長。如果有任何不確定性存在時，訪談人員就必須判定那一個人、或是那一對夫婦擁有經濟上的主導權，並據此來定義出該住家中的戶長。

使用者提供的名稱

電話號碼：### － ####

您好，我的姓名是＿＿＿＿＿＿＿，我是由＿＿＿＿＿打出這通電話的。

我可否先確認這個電話號碼是否為＿＿＿＿＿＿＿？〔對電話號碼進行確認〕

為了由您府上以隨機方式選出一位成年人進行訪談，您是否可以告訴我，在您府上年齡屆滿 18 歲、或是超過此年齡的總共有多少人呢？

共有＿＿＿＿＿＿＿位年齡屆滿 18 歲、或是超過此年齡的人。

〔如果只有「一位」，便要求與該位成年人進行訪談，若有必要的話則將介紹詞重覆一次，然後就開始進行問項 1〕。

我並不需要知道這些人的姓名，但您是否可以將他（她）們彼此之間的關係告訴我呢？

將該住戶中所有成年人之間的關係列成一覽表（例如：「丈夫」，「妻子」，「丈夫的父親」等）〕：

（1）＿＿＿＿＿＿＿＿＿＿＿＿＿＿

（2）＿＿＿＿＿＿＿＿＿＿＿＿＿＿

（3）＿＿＿＿＿＿＿＿＿＿＿＿＿＿　　**對主要夫妻中的丈夫／男性進行

（4）＿＿＿＿＿＿＿＿＿＿＿＿＿＿　　訪談**

（5）＿＿＿＿＿＿＿＿＿＿＿＿＿＿

（6）＿＿＿＿＿＿＿＿＿＿＿＿＿＿

〔如果主要的夫妻並不明確時，則藉由詢問下列事項，來挑選出經濟上的主導者〕：

請問那一位是這個家庭中提供主要財務支助的人呢？

〔勾選出受訪者，然後繼續〕

就這項調查來說，我必須對＿＿＿＿＿＿＿進行訪談。我現在可以和他（她）說話嗎？

〔如果被指定的受訪者目前無法接聽電話，就應該確定再度聯繫的最佳時間，並且將其記錄於訪談表格中〕。

圖 4.5　家庭中戶長選取表格的範例

這種選取方法所使用的表格共有兩種版本，將被印製之後再與訪談表格附在一起。其中的一種版本，就如圖 4.5 中所示，乃是要求對該家庭中主要夫妻的男性戶長進行訪談；而另外的一種版本，則是要求對該家庭中主要夫妻的女性戶長進行訪談。當西北大學調查研究室把這種選取方法應用於書面記錄式訪談的調查中時，這兩種不同的版本分別以粉紅色及藍色的紙張印製，以便讓訪談人員能更進一步地注意：應該在該家庭的主要夫妻中，選取那一位戶長做為指定的受訪者。至於那些只有一位戶長的家庭，則不論附於該份訪談表格之後的是那一種版本，這僅有的一位戶長即是被指定的受訪者。

在一項以選取家庭中的戶長來進行的調查中，所抽樣到的女性戶長會達到整個樣本中的 60%、或是超過此比例的情況，乃是相當常見的；尤其是在都市區域中，許多單親家庭的戶長都是女性。在抽樣區域內與這方面有關的人口統計學上之型態，也是需要事先知道的；如此一來，假如抽樣群體的控制者由每天所做的男性與女性人數之統計中，發現到與所預期的（或是所希望的）性別比率相較之下，呈現一種不均衡的狀態時，才能夠調整這兩種不同版本的說明／選取表格之使用比例。

- **對可能的投票者進行過濾**

在許多與政治議題有關的調查中、以及在某些的調查裡，調查人員可能只想要對那些「可能的投票者」（likely voters）進行訪談。在這些情況下，調查人員必須構建一種

過濾的順序，以便確認一位合格的受訪者。雖然政治上的民意測驗專家究竟如何對這些可能的投票者進行確認，有著各種極具軼事般的相關資訊，但是尚無任何肯定的著作或知識，乃是針對這個主題而發（Lewis, 1991）。我個人在這方面的處理方式，與其他許多調查人員所使用的方法相當類似：在介紹詞之後，緊接著使用一份選取／過濾順序做為開始；而在該順序表中，則提出一項能夠對居住在即將進行選舉的自治區域內之潛在受訪者進行確認的問項。然後，再針對每位個別的受訪者，詢問他（她）目前是否在該自治區內已登記投票。接著再詢問這些潛在的受訪者，是否於上次的選取中曾前往投票（假設他在當時已經具有投票的資格；然後再請這位受訪者表示他在即將到來的選取中，前往投票的可能性有多高。在這項過濾的順序中，如果個別的受訪者有出現任何負面回應的時候（例如：「在上次的選舉中，我沒有時間去投票」，或是「在下次的選舉中，我不太可能去投票」），那就應該禮貌地結束與這位受訪者的訪談（也就是說，不需要再繼續進行訪談）。這時候，調查人員可以選擇下列兩種處理方式：要求訪談人員嘗試在該抽樣單位內，再確認另一位可能的合格者；或是讓訪談人員繼續處理另一份新的訪談表格。

- **依據地理方面來做過濾**

有些時候，在一項電話調查中也會聯繫到某些位於抽樣區域範圍以外的住戶；這是因為電話前三碼的範圍並無法與抽樣區域的範圍完全一致。當抽樣區域的範圍與自治

區的範圍完全相符時,則依據地理來做過濾的程序就會相當直接:在結束介紹詞之後,訪談人員就可以立刻詢問,「請問你(妳)是否住在____?」;此處的空格中,所包含的乃是某些已被認定的地緣政治學上之區域(例如:庫克郡、波士頓、威尼郡、聖荷西、戴德郡等)。如果與你對話的人指明到他們家並不是位於被指定的區域時,則訪談人員在終止這次的聯繫之前,應該要禮貌地把無法對其進行訪談的原因加以說明。如果該住戶的受訪人員並不確定他們家是否位於抽樣區域之內時,則訪談人員就應該要求與該住戶中對此有所了解的其他某個人進行談話。

由於受訪者告訴訪談人員其住家乃是位於指定的區域之外,而使該住戶被排除於外時,對於所有的此類情況,都必須在訪談表格中賦予一個特別的意向代碼。然後,抽樣群體的控制者才能對此類訪談表格進行檢視,並了解這些不合格者的數量是否比預期的為多。對於這些住戶的受訪者在回答有關於地理方面的過濾問題時,如果對其精確度存有任何的不確定性,就應該藉由一份反向編排的索引名簿,來對這些住戶中的某一比例進行核對;以便針對是否要對這些電話號碼進行再度聯繫,做出一項有所根據的決定。

至於那些既不會和電話前三碼之範圍相符合、也不與自治區範圍相一致的抽樣範圍,在處理時就麻煩得多了;而且也因為在未獲回應之誤差及涵蓋範圍之誤差上,都可能會造成增加,所以通常都會和隨機選取撥號的原則相牴

觸。在任何一項調查中，如果於剛聯絡上某住戶之後、馬上就要求一位潛在的受訪者詳細地回答與他（她）的居住地方有關的各種問題，很可能就會造成未獲回應之狀況的提高（Lavrakas, 1987, pp.71-74）。這可能是因為一種在認知上的侵犯隱私權，以及（或是）因為被「測驗」到一種受訪者本身並不確定、並與地理方面有關之資訊（例如，「你是住在南 47 街的東邊或西邊？」）而產生的尷尬或為難所造成的。依據涵蓋範圍之誤差被提高的角度來看，地理上的過濾方法很可能會導致遺漏之誤差（errors of omission，亦稱消極之誤差）與委任之誤差（errors of commission，亦稱積極之誤差）的產生。當居住在目標區域之內的人，以一種能使他們本身被排除於訪談之外的方式（亦即錯誤的否定）來做回答時，就會發生前者的情形；而當居住在目標區域以外的人，以一種能使他們本身被包含於訪談之內的方式（亦即錯誤的肯定）來做回答時，就會發生後者的情況。

當面臨到這些挑戰時，一位調查人員就應該提供地理上的過濾問項，以便對其答案的有效性進行評定。當抽樣群體是由一份反向編排的索引名簿中所產生時，如果在抽樣區域內也存在這類問題時，也應該要將此點列入考慮；縱使由針對正確的地理範圍進行鎖定目標之聯繫所能夠獲得的好處，可能會由於在只有使用到刊載的電話號碼時、通常將會產生的各種不同類型的未涵蓋範圍之狀況，而被加以抵銷。

- 以其他的要素進行選取／過濾

　在各種不同的理由下，我們也可以依據許多種的屬性或特質來選取電話調查中的受訪者。藉由審慎仔細地發展及陳述，一位調查人員應該要能夠設計出一種不至於會對未涵蓋範圍、或是未獲回應之狀況造成明顯增加的有效的選取順序。

　在那些選取準則相當複雜的情況下，將各種足以讓訪談人員判斷出某位受訪者是否並非一個真正合格者的相關問項、配置在較早的選取順序中，或許是一種較為明智的作法。換句話說，在這種作法下，它或許必須承擔對那些可能並不合格的受訪者開始進行訪談的各種成本，但卻不需要將所有的選取準則在剛聯繫上的時候，就一股腦地全部說出來；因為在訪談人員與受訪者之間建立起適當的信賴感之前，如果就提出太多與個人有關的問題時，勢必會造成過多拒絕回答的案例。

　舉例來說，在圖 4.6 中所示者，就是由西北大學調查研究室為了過濾出在一戶住家中、年齡超過 24 歲、其血統或種族的背景為黑人或白人、而且不屬於阿拉伯人或猶太人之後裔的任何男性，所發展出來的一種選取順序表。在各種問題的順序安排上，乃是要求訪談人員首先必須與一位年齡為 25 歲或以上的男性進行談話，如果在該住戶中有這類人選的話。對於那些沒有這類人選的住戶，訪談人員就應該很禮貌地結束這次聯繫。當訪談人員一旦與某位年齡適當的男性聯繫上之後，就必須依序針對血統、種族以及宗教方面的其他人口統計學上的過濾問項，提出詢問。在

進行這項選取順序的過程中，一旦能夠確定這個人並不是一位合格的受訪者時，訪談人員就應該很禮貌地結束這次聯繫。

與那種在介紹詞結述之後，馬上就接著說到：「就這項調查來說，我必須和您府上任何一位年齡超過 24 歲、可以是黑人或白人、但並非阿拉伯人或猶太人的男性進行訪談；如果府上有這麼一位人選的話。」的作法相較之下，這種選取／過濾的順序乃是較受青睞的。不僅是因為在前者作法中所提出來的先後順序，經常都會受到人們的誤解；而且訪談人員也依然必須完成這三種過濾問項的調查，才能夠完全確定接受訪談的是一位合格的受訪者。

即使是更為複雜的選取準則，也還是可以被有效地使用於各種的電話調查中。藉由預先測試的運用，調查人員應該能夠將措詞變得更為精鍊，以達到避免增加整體性調查誤差的目標。根本上來說，對於那些使用必要之選取程序的訪談人員而言，在決定究竟會有多少的潛在受訪者會因為剛聯繫之後馬上就拒絕回答、或是因為誤解選取的準則而造成流失的所有決定性因素中，他們的能力可說是佔了相當高的比重。

您好，我的姓名是＿＿＿＿＿＿＿＿，我是由（位於伊凡史東的）西北大學調查研究室打出這通電話的。我們目前正在進行一項與國際事務及中東問題有關的輿論調查。

我想先確認這個電話號碼是否為＿＿＿＿＿＿＿＿？〔對電話號碼進行確認〕

就這項調查來說，我必須與一位年齡為 25 歲或以上的男士進行訪談。請問在您府上是否有任何人能夠符合這項標準呢？

〔如果被告知在該戶住家中並沒有男士時，就應該禮貌地終止這通電話〕。

〔如果在該戶住家中並無年齡超過 25 歲或以上的男士時，就應該禮貌地終止這通電話〕。

〔如果符合資格的男士目前並不在家裡，應該確定何時再做聯繫最恰當〕。

〔當和某位符合資格的男士開始通話後，就繼續下列的內容；如果有必要的話，則將介紹詞重覆一次〕。

在整個調查中，除了與國際事務及中東問題有關的問項之外，我還必須先請教您某些有關於您個人的問題。現在我將開始問您三個與個人背景有關的簡短問題。

問題 1：您在種族血統方面的背景為何？您是……

亞洲裔？	1	〔禮貌地終止訪談〕
黑人？	2	
拉丁美洲裔？或是	3	〔禮貌地終止訪談〕
白人？	4	
其他	5	〔禮貌地終止訪談〕
拒絕回答	8	〔禮貌地終止訪談〕

問題 2：您是否為阿拉伯人或猶太人的後裔？

是	1	〔禮貌地終止訪談〕
否	2	
拒絕回答	8	〔禮貌地終止訪談〕

問題 3：您個人的宗教傾向是？您是一位……

羅馬天主教徒？	1	
基督教新教徒？	2	
猶太教徒？或是	3	〔禮貌地終止訪談〕
其他宗教的信徒（請說明＿＿＿＿＿）	4	
拒絕回答	8	〔禮貌地終止訪談〕

圖 4.6　過濾／選取表格的範例

預先聯絡受訪者

在針對選取受訪者及獲得他們合作而付出的所有努力中，電話調查有時候也可以提供機會給調查人員，讓他們考慮採用某種的形式對抽樣單位進行預先的聯繫（Dillman et al., 1976; Frey, 1989, pp.127-130）。關於這種額外努力（以及成本）的基本理論，乃是建基於：與一位潛在的受訪者並未接獲任何的預先通知，而只是突然間就接到由訪談人員所打來的「陌生電話」（cold call）相較之下，由於曾經接到與該項調查有關的事先通知而產生「暖身作用」（warmed up），並因此而使他（她）更容易被說服、以及參與該項調查。Traugott 等人（1987）就曾根據試驗後的證明而提到，預先通知的作法，可以讓他們所進行的電話調查之回覆率，提高超過十個百分點以上。在投入這種預先聯絡所必須耗費的額外資源時，其最終的目標無非是為了將未獲回應之誤差的可能性加以減低，以及在某些情況下也減少涵蓋範圍之誤差的可能性；並藉此來使得因為這些因素所造成的整體性調查誤差的可能性，也能夠獲得降低。

如果在一項電話調查所使用的抽樣結構中包含街道地址時，則針對抽樣單位或受訪者寄送一份預先通知的信函，只要這些信函已經擬妥並經過署名，那只不過是將這些郵件裝入信封、再郵寄出去這麼簡單的一件事情而已。即使我們所進行的是一項隨機選取撥號的電話調查，只要我們也足夠的資料來源，也不至於完全無法這麼做；因為我們

要去購買一份商業用的街道地址名冊、或是資料庫（或是反向編排的索引名簿），並非不可能的事情。而且在大部分的抽樣區域內，由這些資料中所獲得的地址，絕大多數——雖然不是全部——都可以和抽樣群體裡的電話號碼相吻合。

　　根據西北大學調查研究室的經驗顯示，對於那些以社會之菁英份子——例如律師、醫生等——為目標母體的調查來說，這種預先聯絡的作法特別有其價值性。在這類情況下，我們可以遵循一種兩階段式的程序；也就是說，先撥出一通準備性質的電話到受訪者的辦公室內，以獲得他（她）的傳真機號碼；然後就可以利用一份傳真信函進行預先聯絡。在過去五年內，由西北大學調查研究室針對由社會菁英份子所構成之母體進行的許多次電話調查中，就曾經使用過某種形式的預先聯絡，因而產生的回覆率則介於 60%到 80%的範圍之間（值得注意的是，在所有的這些調查中，在進行再次聯絡的次數上、以及訪談人員依據受訪者的方便性來排定訪談時間方面，都具有相當大的伸縮性）。

　　至於預先聯絡信函的內容及格式，則在信紙上應該要有其抬頭，以便讓進行該項調查的機構能夠更為正式及便於確認；而在該信內容的篇幅方面，不適合超過一頁的長度（Frey, 1989, p.129）。針對該項調查的目的、內容、時間長短以及贊助者做一簡短的說明，也是該信中所不可缺少的。至於保密性也應該要被提及，而訪談人員願意在受訪者最方便的時間內進行重覆撥接的這項意願，也應該被

涵蓋於該信中。調查人員也應該要尋求各種的途徑，以使這項預先聯絡能夠更具人性化；例如使用不會沾污手的墨水、在所有的信函中親自簽名，以及在信封上黏貼郵票、來取代使用郵資機（假設我們是利用郵寄方式，而非透過傳真）。最後要記住的一點則是：把和這項預先聯絡有關的明確參考資料，整合到訪談人員將要使用的介紹詞及轉進陳述之中。

在某些的電話調查中，預先聯絡的這項作法所能帶來的效果，不光只是提醒受訪者即將嘗試對其進行一項訪談的聯繫而已。舉例來說，對一項極為複雜的調查而言，可能會需要提供各種的說明以及（或是）視覺上的輔助器材；或者是受訪者本身在接受訪談之前，必須先由個人的檔案中蒐集某些資訊。

預先聯絡的這項作法，不僅需要花費時間、而且還會增加成本。同樣地，事先做出一項有關於將資源配置到這種作法上、是否有其價值性的決策，乃是身為一位調查人員責無旁貸的責任。

5

監督Ⅰ：建立訪談人員的工作架構

　　就如 Groves（1989）所曾提及的，「訪談人員乃是媒
介者，透過他們，在〔個人式與電話式〕調查中的各種測
量才得以進行」（p.404）。這不但包括了詢問問題與記錄
回應，而且還包括對樣本進行處理、以及爭取受訪者的合
作。由於訪談人員所扮演的這項中心角色，使得他們能夠
對調查的測量值加入許多影響極為深遠的偏差與變異，也
就不足為奇了。雖然如此，我們還是有許多幾乎是不曾被
使用過的策略，可以用來降低這些與訪談人員有關的誤差
（interviewer-related error）（Fowler & Mangione, 1990, p.9）。

　　訪談乃是電話調查過程中的一部分，與其說它是一種
科學、還不如將其稱為是一種技術來得更為恰當。本章中
所將探討的，就是訪談人員在電話調查中的重要性。本章
的目的乃是要讓讀者了解：調查人員能夠以許多種不同的
途徑——其範圍由訪談人員的招募、以至於在職訓練，來

對調查過程中的各個階段建立其架構，以便讓所聘雇的訪談人員能夠生產出高品質的資料——亦即在測量誤差、未獲回應之誤差、或是未涵蓋範圍之誤差方面，如果有的話，其程度也只是非常輕微而已。

　　本章一開始，乃是針對在電話調查及親自訪談中、與訪談品質之控制有關的議題，做一簡短的討論。其次，則是針對能夠被用來招募支薪及不支薪（自願的）之電話訪談人員的各種方法，對其應有的相關考量做一檢視。其中也包括在做出使用這些人員進行調查的最後決定之前，應該如何篩選具有潛力的訪談人員，提出一些相關的建議。

　　在每一項調查正式開始之前，不論這項調查將以書面記錄式訪談或電腦輔助式電話訪談進行，對訪談人員施以訓練的這種無比重要性，也將被加以審視。此外，有關於在預調訓練（presurvey training）中的兩個基本部分：一般性訓練及針對調查之特性的訓練，我們也將對此提供詳細的說明。這方面包括了：與如何正確使用問卷調查表中各種封閉式問項（closed-ended items）與開放式問項（open-ended items）有關的明白清楚之訓練，以及如何以不帶有偏見的方式、來對那些模擬兩可或不完整的回覆進行詳細調查的訓練。有關於如何降低未獲回應的訓練，也將被加以檢視。其次，我們也要對永無停止的在職訓練這方面，進行探討。最後，在本章結束之前，我們將針對與訪談人員在整體性調查誤差上所可能造成的影響，以及在調查中可以用來對這些潛在影響進行評定的各種方法有關的議題，進行簡短的檢視。

在電話訪談與個人訪談中的品質管制

　　本書所強調的乃是與其他各種蒐集調查資料的方法相較之下,電話調查因為藉由一種集中化的資料蒐集過程所提供的監控機會,而使它能夠獲得相當龐大的潛在優勢。如果這項控制能夠被正確執行的話,由「降低肇因於訪談人員之行為而導致的誤差」這個觀點來看,則藉此所產生的資料應該會擁有相當高的品質。

　　令人驚訝的則是,雖然有許多的調查人員似乎都對下列這些事項的重要性深表認同:一個具有代表性的抽樣群體,一個低的未獲回應率,以及一份架構良好的問卷調查表;但當他們在設立有關於電話訪談的程序時,對其控制方面卻都顯得極為散漫與鬆懈。他們的表現就彷彿是:他們認為當某人一旦擁有一份優良的問卷調查表、以及一個有效的抽樣程序時,則成效良好的資料蒐集很自然地就會隨之而來。然而,就整體性調查誤差的展望來看,透過電話來蒐集資料的實際情況,則證明了他們這種假設乃是愚不可及的:除非能以一種受到監控及標準化的形式進行資料的蒐集,否則這些資料在受訪者之間將無法被加以比較;如此一來,這項調查不但會失去其有效性 (fowler & Mangione, 1990),而且也會浪費了投注於內的所有資源。

　　在所有的電話調查中,就針對訪談人員進行嚴格控制這方面,之所以會缺乏適當的關注,最主要的原因似乎都是成本上的問題。要對電話訪談人員制定嚴格及持續的監

控，雖然是一件所費不貲的工作，但如果缺少了此類的制度時，我們所應該關心的則是：花費在這項調查工作之其他部分（例如抽樣）中的所有金錢，可能都將成為被浪費掉的金錢。

另一項原因或許是：對許多調查人員來說，傳統上都是透過與面對面訪談（face-to-face interview）有關的著述及經驗，來學習各種與調查方法有關的知識。當使用親自訪談的方式時，訪談人員與監督者在蒐集資料方面所扮演的角色，與使用電話訪談的方式相較之下，在許多重要的處理途徑上會有著明顯的不同。舉例來說，當進行面對面訪談時，要立刻核對已完成訪談的問卷調查表、並且提供立即的反饋給訪談人員，不僅是不可行、而且也是不切實際的作法。此外，與電話調查所不同的則是：在個人訪談時，對於任何正在進行中的訪談，監督者並無法監控其過程。

由於上述這些、以及其他的各種因素，與電話訪談所能接受的要求相較之下，訪談人員在產生個人訪談的資料時，必須扮演一種更為主動的角色。不論訪談人員是多麼優秀傑出，與使用品質集中化之電話訪談時所能夠並且應該預期達到的標準化程度相較之下，在使用面對面訪談時，實際上乃是不太可能達到相同的標準化程度。

訪談人員的招募與雇用

一般的考慮項目

　　與訪談人員有關的一項基本考量，乃是：這些人係以支薪或不支薪——例如那些自願者，或是因爲這乃是他們課程作業之一部分、而不得不進行訪談的那些學生——的方式執行他們的工作。當電話調查中所使用的是支薪的訪談人員時，由於許多因素之故，就獲得較高品質的訪談這方面來說，應該要有較大的可能性。在這種訪談人員係以支薪方式雇用的情況下，我們就能夠以一種仔細審慎的方式，選擇能力最佳的人做爲訪談人員。至於在使用不支薪之訪談人員的情況下，我們對於那些人不得進行訪談的控制能力上，自然就會低了許多。由調查的目標來看，支薪的訪談人員更有可能進行一項公平超然的訪談。相反的，對那些不支薪的訪談人員來說，他們通常都會對資料懷著某種的預期；也就是說，這些自願者們在進行調查時，本質上通常都會受到該調查機構所設定之目標的約束或影響，而且也可能會對調查的結果抱有某種先入爲主的看法；這麼一來，勢必會改變了他們身爲訪談人員時的言行，並因而將偏差（亦即測量誤差）加諸於他們所蒐集到的資料中。同樣地，那些爲了學分而進行訪談的學生，通常也都會對該項調查的結果抱著極高的興趣，尤其是當這項調查

是屬於他們自己班上所進行的一項研究課題時，這種情況將會更為明顯。

不論訪談人員是支薪或不支薪，我們都建議應該要與每位訪談人員簽署一份與該項調查有關的書面合約。在這份合約中，應該包括一項有關於「不得違反受訪者保密性」的條款。對於那些雇用支薪訪談人員的調查人員而言，雖然這份書面合約可能是一種標準化的作法；但是對於那些使用不支薪訪談人員的調查人員來說，卻很少有人會這麼做。雖然如此，全國自願行動組織（National Organization for Voluntary Action, NOVA）卻強烈建議：當我們要讓這些自願者對於他們自己願意進行的工作懷抱某種責任感時，在看待這些人的時候就應該將他們視為和支薪的訪談人員並無不同。全國自願行動組織堅信：要求這些自願者簽署一份不具法律約束效力的工作合約，對於增強該自願者所同意進行的這項工作的重要性來說，乃是一種相當有效的作法。所有不支薪的電話訪談人員都必須了解，他們所花下的時間並不會平白浪費；而且一份書面的合約，也可以做為該項工作之重要性的一種象徵性證明。

不論所使用的是支薪或不支薪的訪談人員，他們所接受的訓練都必須是前後一致的；只不過是在人員招募時所採用的策略，會依據所要進行的訪談類型，而有某些的不同罷了。雖然如此，對於所有訪談人員的招募來說，仍有許多不變的共通事項是必須包含於其中的。首先，必須非常明確地讓所有的訪談人員都了解，電話調查通常都需要進行一種「標準化的調查訪談」（standardized survey interviewing）（Fowler & Mangione, 1990）——也就是一種高度架構化、而且相當呆板的訪談型態。在標準化的調查訪談中，對於順序排列或是問卷調查表中特定問項的措辭、或是在決定應該對誰進行訪談等各方面，並不允許訪談人員發揮其個人的創意力。此外，所有可能被錄用的訪談人員都應該被告知有關於監督者將會對其進行持續的監控，包括聆聽正在進行中的所有訪談。

在這些可能被錄用的訪談人員做出他們是否要接受這項工作的最後決定之前，將以上所述的各種特色事先告知他們，可以讓他們產生切合實際的期待。在雇用支薪訪談人員的情況下，這種作法可以讓那些不太可能配合高度架構化之工作狀況的應徵者知難而退。至於在使用每一種訪談人員時，應該額外考慮的事項，我們將分別敘述於下文中。

支薪的訪談人員

對調查人員來說，在雇用支薪的訪談人員時，他們將有機會徵募到最符合資格的人員；也就是說，那些最有可能遵循各種已被制定、而且能夠將整體性調查誤差降至最低程度之程序的訪談人員。因此，在建立招募與聘雇程序的架構時，必須隨時記住這項目標。要達成這項目標的最佳方式，乃是藉由使用一種仔細審慎的篩選程序，以及藉著提供一份不錯的薪資、吸引那些原本或許對電話訪談並不感興趣的能力與經驗都較佳的人選參與其中。簡單來說，

當我們支付給訪談人員的薪資越高時，那我們對這些人的期望與要求也就能夠（而且應該要）更高——不論是由品質或數量的角度來看。與那種雇用許多薪資較低、但技巧上卻較差的訪談人員之作法相較下，藉由雇用人數上相對較少、但薪資卻較高，不但擁有較佳技巧、而且品質與生產力都較高的訪談人員的這種作法，有時候甚至還可能會達到一種更讓人滿意的成本／利益比（cost／benefit ratio）。

在雇用新的訪談人員所做的廣告中，應該要提到該項工作開始的時薪、以及兼差的特性。舉例來說，在西北大學調查研究室中工作的訪談人員，基本上每星期只需工作十二至二十個小時。而在規模較大的機構中，例如密西根大學的調查研究中心（Survey Research Center at the University of Michigan），訪談人員所分派到的工作時數則會較長（每星期約為十八至三十五個小時）；部分的原因乃是在此類較大型的機構中，調查工作的數量都會較為龐大、而且更為固定（Groves, 1989）。

我們建議各位應該包括在徵募廣告中的仍舊是那句老話——「具經驗佳」，因為它將有助於篩選掉某些並不具此方面經驗的應徵者。在這種情況下，我們希望應徵者所具有的經驗乃是在電話調查方面，而不是在電話行銷方面（Frey, 1989, p.220）（事實上，對某些只具有電話行銷經驗的人而言，他們在面臨到標準化電話調查訪談所要求的這種截然不同的言行時，常常會在適應上表現出極為困難的情況）。如果被雇用的訪談人員所要進行的是一項電腦輔助式電話訪談的調查時，那麼擁有打字及使用電腦的相

關經驗，也是較受青睞的人選。在西北大學調查研究室所使用的招募廣告中，刊登出來的每小時起薪、大約是目前最低工資的兩倍；在本書尚在撰寫而仍未付梓時，最低工資大約是每小時 4.25 美元。他們之所以願意支付這麼高的時薪給那些新雇用的訪談人員，最重要地乃是反映出西北大學調查研究室希望能夠吸引那些高素質的人、並聘用他們為訪談人員；其次則是反映出在芝加哥大都會地區中的當地生活費用。

我也建議在求才廣告中，應該要刊出一個可以聯絡的電話號碼，而不是只有必須親自前往的一個地址而已。這項作法的目的極為明顯：對於一位可能的電話訪談人員，透過這個電話來評定他（她）的「電話拜訪態度」（telephone presence）。當那些有機會被錄用的訪談人員親自前來應徵時，他們所表現出來的與言語無關之行為，可能會混淆或破壞面試者所做出的任何評定。在目前的這個年代中，當影像電話（videophone）可能被廣泛地使用於未來的電話調查之前，能夠對某人是否能成為一位成功的電話訪談人員造成影響的主要因素，乃是這位應徵者的聲音以及其他口語方面的行為，而不是他（她）的外表。正因為如此，所以我們在聘雇的準備階段中，似乎沒有什麼非得和這位應徵者見面不可的理由（這並不意味著我認為在親自見面的情況下，無法蒐集到某些與應徵者有關的重要資訊。舉例來說，當我們以親自面試對那些有機會被錄用的訪談人員進行篩選時，就可以對其進行閱讀能力的測試，做為面試時的一部分）。在透過電話對應徵者進行篩選時，我們應

該使用一份與篩選訪談人員有關的篩選表格（interviewer screening form）；而將對於該位應徵者的口語表達態度、以及他（她）在人口統計學上的特性與背景資料等的「第一印象」之評等，也包括在內。在篩選應徵者的時候，如果是由經驗較爲豐富的人員擔任主考官，則上述這項評等的有效性勢必也會更高。

幾乎是所有的調查管理人員，都會對下列這項議題深表關切：是否有任何人口統計學方面的特性（例如性別、年齡或教育程度），會與高品質的訪談有所關聯；以及在做出聘雇的決定時，是否應該將這些特性列入考慮。在我們想要避免使用那些可能會出現差別待遇的聘雇決策時，基於這種考量之下，值得一提的則是：「除了良好的閱讀與文字技巧、以及一種合理地愉悅個性之外，〔看起來似乎是〕並沒有其他可靠的選取準則能讓我們在眾多的潛在訪談人員之中，對他們加以區別。」（Fowler & Mangione, 1990, p.140）。根據 Bass 與 Tortora（1988）所提出的報告顯示，即使是在那種應徵者帶有著極爲濃厚之地方腔調的情況下，也不會造成任何與訪談人員有關的影響。

從另一方面來看，如果某項調查的主題、會與訪談人員在人口統計學上之特性有所關聯時，已經有一致的證據顯示：將會出現不必要的訪談人員／受訪者之各種影響，並因而造成整體性調查誤差的提高（Fowler & Mangione, 1990, p.98-105）。舉例來說，當本書還在編寫之際，在一項針對性騷擾所進行的調查中，就發現：當那些男性受訪者也是由一位男性的訪談人員對其進行訪談時，他們聲稱

曾經在工作場所中對某人施以性騷擾的比例，和由一位女性訪談人員對其進行訪談相較之下，前者幾乎為後者的兩倍（Lavrakas, 1992）。在類似的情況下，我們在制定聘雇的標準時，當然必須把該項調查的要求也列入考慮；並且以一種不帶有差別的態度，考慮訪談人員在人口統計學上的特性。總言之，如果有明確及可靠的理由，讓我們使用那些人口統計學方面的選取準則時——因為它們會和降低「與訪談人員有關的影響」有所牽連；那麼，對於那些從人口統計學的角度來看、並不「符合資格」的所有人而言，這種作法並不能說是有差別待遇的。

由於大部分的電話調查工作都具有兼差的特性，因此在制定聘雇及訓練所使用的方法中，都應該要使它們能夠造成一種自我選擇的過程（self-selection process），以便讓那些可能無法成為優秀訪談人員的應徵者知難而退，由他們自己決定放棄這項應徵。根據這種事先準備好的篩選式訪談，將選出那些被判定為具有適當潛力的應徵者、並對他們施以訓練。在這個階段裡，這種自我選擇的過程將繼續發揮作用。舉例來說，在應徵的面談過程中，如果已經明確告知所有人：按時上班的可靠度乃是相當重要的一項雇用準則（也就是告訴他們，在某人被排定的每一個訪談活動裡，必須準時出席）時；那麼，他們是否能夠立刻參加各項訓練活動，也是可以判斷某位特定的應徵者是否適合這項工作的另一種方法。然後，我們也可以利用每個人在工作中的表現，決定是否要繼續聘用他（她）。

不支薪的訪談人員

當某項調查無法或並未支薪給那些擔任訪談人員的人們時，則在對於這些人的掌控能力方面，當然就無法和支薪的訪談人員相提並論。當訪談工作是由學生進行、而且這也是他（她）們在某項課程研究計畫中的一部分時，通常來說，在該班級中的所有學生都必須參與資料蒐集的工作。在這種情況下，調查人員／指導人員就必須做出有那些人可以被列入訪談名單中的相關決定；雖然在經過適當的訓練與密集的在職監督之後，大部分學生都能夠進行可被接受的訪談。在使用自願者做為訪談人員的情況下，我們還是可以應用前文中所述、與支薪訪談人員相類似的各種自我選擇及篩選的標準。但是到了調查結束的時候，調查人員必須要能願意告訴某位自願者，他（她）看起來似乎更適合其他某些類型的服務工作，而並非這種訪談性質的工作。

訓練期間的各種活動

Fowler 與 Mangione（1986）曾經針對訓練與調查資料中和訪談人員有關的各種影響兩者間的關聯性，進行一項範圍相當廣泛的調查。由該項調查中所發現的各種影響，在規模上雖然是相當小，但卻已經足夠讓研究人員做出下

列的結論：「在一般性的調查技巧中，訪談人員必須獲得受到監督的練習……而那些只有使用到閱讀、著述、以及某種示範性訪談〔的訓練〕，乃是不夠充分的。」（Fowler & Mangione, 1990, p.117-118）。對於多方面的訪談訓練之重要性而言，這些結果可說是提供相當程度的佐證。

訪談人員訓練中的一個主要部分，乃是在每項新的調查案開始進行之前，所舉辦的各種正式的訓練活動。這種訓練形式的主要目的，乃是為了要把與調查程序及題材有關的足夠背景資訊及經驗，提供給所有的訪談人員（以及監督人員），好讓他們能夠在準備充分的情況下開始接受在職訓練、以及／或是進行實際的訪談。在訓練期間的各種活動中，應該要傳達給所有訪談人員的資訊包括下列兩種類型：（a）與標準化的工作策略及各種期望有關的一般性資訊；以及（b）與某項特別調查有關的特定資訊。

訓練期間的各種活動，應該都要由具有充分技能的人員來負責；最適合的人選乃是該項調查的活動指導人（field director）。這個人應該對調查過程中的每一方面都具有相當豐富的經驗，如果他（她）曾經同時擔任過電話訪談人員與監督人員的話，那就更理想了。這位職司訓練的人員，不僅必須擁有清晰明瞭的語言表達能力，而且也要具有相當的組織能力；也就是說，在訓練期間的各種活動中，要能夠以一種具有架構化、而且在處理各種可能出現的無法預期之問題時又具有充分彈性的方式，與所有訪談人員進行溝通。終歸一句話，這位訓練人員的責任就是：要將高品質訪談的重要性、逐漸灌輸到這些被施以訓練的所有人

員腦中，並且讓他們做好進行下一階段的準備，不論那是另一項額外的訓練、或是開始進行實際的訪談。

為了要使訓練期間的各項活動能夠達到事半功倍的效果，每一個調查機構都應該要發展一份專供訪談人員（以及監督人員）使用的指導手冊；其內容應該包括該機構對於在標準化調查訪談中，所認為最基本的各種程序之詳細說明與解釋。這份手冊裡，也應該涵蓋在訓練期間的各種活動中將被討論到的各項議題（參見下文）。對這方面有興趣的讀者，可以參考 Frey（1989, p.222-233）對於電話訪談人員之訓練手冊（interviewer training manuals）所做的相關討論。

針對一般性的工作期望所進行的訓練

以下所述涵蓋了一般性的策略及期望的各項議題，在進行訓練時都應該被加以陳述：

1. 一位優秀的電話訪談人員必須具備那些條件：包括有關於處理抽樣群體、對該項調查進行說明、選取正確的受訪者並爭取他（她）們的合作、以及使用一種標準化的方式管理問卷調查表等行為。
2. 訪談的行動會受到何種的監督：包括對品質與數量的標準做一說明。以及；
3. 對於進行該項調查案的機構或人員，在聘雇訪談人員時的各項要求之詳述。

Fowler 與 Mangione（1990）便提到：如果那些可能的訪談人員所接受的訓練少於二十至三十個小時的話，則要期待他（她）們在行為上能夠表現地像是可被接受的標準化電話訪談人員，似乎是不太可能的事情。對於在規劃訪談人員之訓練、以及相關之訓練成本的那些人來說，這點應該是要被列入考慮的。

- **高品質的電話訪談**

　　對每一個訓練期間中的活動來說，都應該要包含一項與「一位優秀的訪談人員所應該展現出來的各種行為特質」有關的詳細討論（或審視）；即使只是對這方面進行審視，也是有其必要的。在以下所述的各項建議中，讀者或許不盡然完全贊同；但是就「訪談人員必須知道他（她）所被期望的是何種的言語行為」這方面來說，應該是不至於有任何爭議的。

　　不論我們所使用的是書面式記錄訪談或電腦輔助式電話訪談，對優秀的電話訪談人員來說，都應該要能夠以一種活躍的方式正確使用該項調查的訪談表格、介紹與選取程序、轉進陳述以及問卷調查表；但是在追求完成數量的同時，也不能夠犧牲訪談的品質。因此，所有的訪談人員在接受訓練時，都必須要能了解：就高品質的電話訪談來說，它絕對不僅只是以一種標準化的形式讀出問題、並將受訪者的答覆記錄下來而已。

　　與該項調查所使用的各種特定意向代碼、說明、選取程序、轉進陳述以及問卷調查表等有關的項目，都應該在

保留在訓練的第二個部分中。在第一個部分中，訪談人員應該對於構成整個訪談程序之所有步驟的一般性方面、以及這些方面與如何讓整體性調查誤差臻於最低的彼此關聯性，產生基本的認識（Fowler 與 Mangione, 1990）。事實上，在建立這項一般性說明的架構時，以整體性調查誤差的概念為出發點（但應該盡量不使其過於學術化），乃是我們所極力推崇的。

在所提供的這項說明中，應該包括：說話時應該使用一種愉悅的態度，而且也不應該偏袒（亦即強化）某些特定類型的答覆。應該提醒所有訪談人員：當受訪者想要跨越問卷調查表中的特定問項、並且想要對他（她）們本身的各種看法或困擾進行詳細的討論時，千萬不要讓自己變成為一個「電話中的臨床治療學家」（on-the-phone therapist）。所有的訪談人員都必須了解：對於該項調查的進行步調與流程，他們必須不斷地致力於保持這方面的主控性（最理想的情況，就是在問卷調查表中所使用的措辭及格式，應該以一種能夠幫助訪談人員保有這種主控性的方式來設計）。

在許多的調查狀況中，訪談人員所表現出來的行為應該要有點兒像是一個充滿智慧的機器人。他們不應該讓自己的人格個性左右了受訪者的答覆，不論是過分熱情或過於疏離。他們必須在這兩個極端之間取得一種平衡，以便讓受訪者能夠在認知上不致於受到訪談人員之任何預期的影響下，提出他（她）們自己的答案（Fowler & Mangione, 1990, p.48-50）。

Fowler 與 Mangione（1990）將「標準化的調查訪談」定義爲：「訪談人員只依據問卷調查表中的措辭提出問題，對於在原始問題中所期望以外的事項、僅提供極爲有限的說明，並且將受訪者的答案逐字記錄下來」（p.68）。他們解釋，這包括「以一種不具引導性的方式進行說明及解釋〔以便深入調查〕」，以及「對於和所有答案有關的資料，使用一種中立的、不帶有判斷色彩的立足點〔來做傳達〕」（p.33）。

在此同時，受訪者也必須知道：他（她）們正在接受另一個人的訪談，而不是由一台不具人性的錄音機在和他（她）們說話〔在由某些電話行銷公司所進行的電話「調查」中，的確就是屬於後者的這種情況〕。在不做出可能會使受訪者之答覆產生任何偏見的評論下、如何處理各種不同類型的受訪者，訪談人員自這方面必須能被允許——而且也應該被期待——執行某些個人的判斷與裁決。

讓訪談人員對於面對調查之受訪者的這項工作有所了解，其價值性究竟如何，訓練人員也應該對這方面加以考量。對於正在打算將此類資訊整合到訪談人員所接受之一般性訓練的任何人來說，Groves（1989, p.407-440）所提出的和這項過程有關的認知性之科學知識及著作，乃是相當有助益的。舉例來說，如果能夠認清受訪者在回答某個調查問項之前所必須介入的五個階段，這對所有的訪談人員而言乃是相當有益的：（a）對有關於被問到之問項的資訊做出事前的解讀；（b）對該調查問項的意義有所了解；（c）在其記憶中搜尋相關知識；（d）在各種可供選擇的答案中

進行判斷，並提出一項合適的答案；以及（e）將該項答案傳達給訪談人員。

• 不具導引性的刺探與回饋

在訓練的第一個部分中，訓練人員應該要對下列這項事情加以說明：對於那些使用某種答非所問或模擬兩可之形式做回答的受訪者，訪談人員將如何被期盼能夠以一種不具導引性的方式，在不會對答覆造成偏見的情況下，對受訪者進行刺探性（probe）的深入調查。訪談人員也應該了解到如何以一種不具導引性的態度，將其他的回饋提供給受訪者。Charles Cannell——他是一位極為卓越的研究學者，對於調查訪談人員之行為、以及與訪談人員有關之各種影響均有深入的了解——就曾提出下列的見解：訪談人員與受訪者之間，在刺探（追蹤）預備性的答案或提出其他的回饋時，應該將焦點置於受訪者所介入的行為（活動）——亦即回答問題——上，而不是將焦點放在如何對這些答案的傳達造成影響（Camnell, 1991）。舉例來說，由訪談人員所提出的不帶有任何偏見，而且是以活動為焦點、並非以影響為焦點的評論，包括下列各種：「這是相當有用的資訊」，或「這正是我們所需要獲得的那種資訊」，「你能否對最後一點再提出更明確的說明？」訪談人員應該接受相關的訓練，並了解與那些將焦點置於影響性的評論——例如：「發生那種事情實在是太不幸了，但是你能將它提出來對我們乃是相當重要的。」——相較之下，為何前述的那些溝通類型會更受到調查人員的青睞。對於這

類不具偏袒性(不具成見)的刺探及回饋，Fowler 與 Mangione（1990, p.37-46）以及 Frey（1989, p.224-225）均曾提出相當詳細的探討與例舉。

不論是書面記錄式訪談或電腦輔助式電話訪談，在建立一份問卷調查表的架構時所使用的態度或方法，也能夠藉由被編寫於該份問卷調查表中的某些不具導引性的刺探調查、以及中立性質的回饋評論之特定例舉，幫助訪談人員完成這項刺探及回饋的工作。訪談人員也應該接受相關的訓練，以便在使用這些被列印出來、而且是為了降低與訪談人員有關的差異性而編寫的評論時，能夠做出正確的判斷。此外，對於問卷調查表中的某些術語進行定義、或是不做任何界定時所使用的方法或態度，也會影響訪談人員在面臨到受訪者要求對某些術語的涵義提出說明時，所做出的回應能夠讓人達到何種的滿意程度。當問卷調查表中並未對某項術語或名詞提出任何明確的定義時，訪談人員便應該接受只回答「根據你個人的看法來做定義」的這種訓練。

· **避免受訪者拒絕回答的訓練**

在所有的訪談人員中，將那些表現最佳、以及表現並不好的人員加以區別時，唯一的要素似乎就是：他們在處理那些相當棘手的受訪者、以及直接了當拒絕回答的案例時，所表現出來的能力。因此，在訓練期間的活動中涵蓋了一般性期盼的這個部分裡，就應該將下列內容包括在內：對於受訪者拒絕回答的本質做一詳細的探討，並且針對如

何在不至於表現出過度積極的情況下來委婉地說服受訪者、提供明確的建議。我鼓勵那些對這方面有興趣的讀者，可以研讀 Groves 針對和受訪者參與調查之意願有關的說服及順從，以及與如何降低未獲回應之狀況有關的各種訪談策略等方面的社會科學知識所做的審視（Groves, 1989, p.215-236）。

與我在本書之原始版本中所述者仍然相同，我依舊相信我們最好還是認為所有潛在的可能受訪者，都需要被提供各種參與的誘因。對大部分受訪者來說，如果他們被告知自己所提供的答案將會相當有幫助時，似乎就已經是一種足夠的誘因了；但是對其他的某些人來說，讓他們知道我們所尋求的乃是他們的看法或觀點時，或許是更為重要的一件事。

但是在針對一般大眾或特殊母體所進行的調查裡，於所有潛在的可能受訪者中，大約會有 20%到 30%的比例，訪談人員在「推銷」這項訪談的時候，必須竭盡心力才能竟其功。在這些困難重重的案例中，有一種看法是認為聯繫的時機不對，而應該再找其他的機會進行重覆撥接。訪談人員可能要接受相關的訓練，以便能做出例如：「我很抱歉我們在這個對您而言顯然是不恰當的時間裡打擾了您。」之類的陳述。然後，訪談人員必須能夠依據個別案例的狀況，自行判斷是否可以詢問受訪者何時是進行再度聯繫的較佳時間，或者只是告知對方將會再次與其聯繫，或者是不再多說任何事情。另外一種看法，則是要以「懇求」的方式打動潛在的可能受訪者。當電話訪談所使用的

是一份相當簡短的問卷調查表時（亦即耗時約十分鐘、或是更短），則訪談人員可以藉由告知對方不會佔用他（她）太多的時間，嘗試說服一位不情願接受訪談的受訪者。在面對這種不情願接受訪談的狀況時，另外一種策略則是告知這位受訪者，如果有任何會使他（她）在作答時感到不愉快的問題，則可以不做任何答覆（雖然這可能會使得未獲回應的問項數目增加，但是根據經驗顯示，這種作法更有可能讓受訪者感到安心，而事實上所產生的遺漏資料卻不會因此而變得更多）。此外，訪談人員也應該接受相關訓練，以便能藉由利用該項調查的各種轉進陳述，提供與該項調查之合法性及重要性有關的數種不同程度的保證。就此點而言，當受訪者想要做進一步的確認時，訪談人員如果能夠提供贊助者的名稱與電話號碼，乃是一種相當有用的作法。雖然如此，對於減輕那些不情願配合之受訪者所關切的問題而言，如果只是提供此類保證的話，那距離目標仍有一段相當漫長的路程。

對所有的訪談人員來說，可以被考慮使用的一種最後手段則是：提醒受訪者藉由他們所提供的合作，將可以幫助訪談人員獲得糊口所需要的收入（對於那些不支薪的訪談人員來說，或許可以讓受訪者知道，他們所提供的合作將有助於訪談人員去完成他所肩付的義務）。藉著將這項合作變成一種與私人有關的議題，則訪談人員所提供的既不屬於一種抽象的誘因（例如：「有助於設計出更精良的社會規劃」），也不是依靠某個第三者（亦即該項調查的贊助者）的名氣吸引受訪者。取而代之的則是：這些不情

願接受訪談的受訪者，在知道他（她）將能夠對這位進行訪談的人員提供直接的幫助時，可能會因為感覺到某種的滿足感而被說服（就如我們在本章稍後所將探討的，支付薪資給訪談人員時所使用的模式，可能會影響訪談人員在追蹤這些潛在的拒答案例時所付出的心力）。

除了應該對訪談人員施以有關於應該說些什麼內容、才能夠將他們所經歷的拒答案例減至最低的訓練之外，他們也應該接受與使用何種態度及聲音說出這些內容有關的訓練。在 Collins 等人（1988）所提出的研究發現中顯示，當那些較不成功的訪談人員遭遇到問題時，「會表現出缺乏信心及一種慌張的傾向；他們似乎尚未做好面對這些問題的準備，相當輕易地就放棄了，而且也無法去避免那些『死胡同』的狀況」（p.229）。至於在那些成功的訪談人員身上所感受到的信心，則充分顯露於他們說話的方式上。Oksenberg 與 Cannell（1988）曾提到，「支配性」（dominance）似乎能獲得成功，那些擁有低拒答率的訪談人員，「通常來說都會顯得較為強勢」（p.268），而不會試圖表現出過度友善、逢迎、以及／或是不具威脅性。就訪談人員的聲音這方面而言，由 Oksenberg 與 Cannell 的研究中發現，那些說話速度較快、音量較大、充滿較高的自信、而且使用一種「漸低的」（falling）語調（亦即陳述式對質問式）者，所得到的拒答率將會最低。

由於我們身處於一個未獲回應率日漸增加的時代，而且在構成電話調查中未獲回應之案例的所有因素裡，拒絕回答所佔的比例乃是最高的；因此我們必須對所有的訪談

人員提供與如何避免拒絕回答有關的明確訓練。基於這個原因，隨時注意並擷取在調查方法論這個相當重要的領域中各種不斷發展出來的知識，乃是調查人員與訓練人員責無旁貸的責任。

就如我們在第 3 章中所提到的，對許多致力於高品質調查的執行人員來說，為了改變拒絕回答之受訪者初衷所做的再度聯繫，已經成為一項標準化的部分。但是在進行這項有關於改變拒絕回答之受訪者初衷所做的再度聯繫之訓練時，不應該將其包括在所有訪談人員所接受的一般性訓練中的一部分。這項訓練應該只針對那些將會參與此類再度聯繫的訪談人員進行，而且其實施的最佳時機乃是在該項調查的進行期間中、要進行這項過程之前不久（舉例來說，基本上是在第二個星期的後半段）。

- 角色扮演

在有關於一般性工作期待的訓練中，也應該將角色扮演的機會融入於訓練的一部分。舉例來說，可以由進行訓練活動的人扮演一位不情願接受訪談的受訪者，然後讓所有的訪談人員練習如何嘗試獲得對方的合作。對於在一份書面記錄式訪談的問卷調查表中所可能面臨到的任何具有挑戰性的跳答型態（skip patterns）之例證，或是練習與開放式問項有關的各種正確的刺探技巧而言，這項角色扮演的訓練可說是一種相當有效的方式。

在訓練期間所進行的各種活動裡，角色扮演能夠讓所有的訪談人員都主動地參與其中，這與他們所接受到的那

些被動式訓練——例如由訓練人員進行口述、觀看示範教學錄影帶、或是閱讀那些訓練手冊，可說是完全不同的。正因為如此，大多數的訪談人員對於這部分的訓練，似乎都展現出相當投入與樂在其中的表現。

- ### 電腦輔助式電話訪談

當我們所使用的是電腦輔助式電話訪談的時候，則可以將角色扮演與有關於電腦系統的練習結合在一起。雖然如此，在訪談人員能夠由電腦輔助式電話訪談的角色扮演訓練中穫得實際利益之前，必須要先舉辦各種的訓練活動，以便讓訪談人員能夠對他們所將使用的電腦輔助式電話訪談系統的運作（包括硬體及軟體）有所熟悉。不論所使用的是何種系統，訪談人員都必須了解：「他（她）的主要工作是進行訪談，而不是操作某種電腦輔助式電話訪談系統」（House & Nicholls, 1988, p.427）。

在對訪談人員進行電腦輔助式電話訪談的訓練時，如果可以向其說明電腦輔助式電話訪談被預期能對訪談工作產生何種的改善、並將因此而讓與訪談人員有關的誤差獲得降低，乃是一種頗有助益的作法（Groves, 1989, p.377-378; Lavrakas, 1991；並請參見第 1 章）。舉例來說，電腦輔助式電話訪談對於跳答型態（亦即分支狀況）、以及那些需要使用到有關於受訪者先前所提供之答案的相關資訊的各種問項、還有那些在排列順序或用字遣詞上需要隨機變換的各種問項，都能夠提供極大的幫助（House & Nicholls, 1988）。在進行訓練時應該讓訪談人員明確了解：使用電

腦輔助式電話訪談的目的，乃是為了改善資料的品質（亦即降低測量誤差）。雖然我們已經發現使用這種方法時的每位訪談人員之成本，與書面記錄式訪談相較之下，會稍微高出一些；其中的部分原因是由於要完成訪談所花費的時間，會比較長一點（Catlin & Ingram, 1988）。

因此，在使用電腦輔助式電話訪談系統時，只是訓練訪談人員對於硬體及軟體具有技術上地勝任能力，這是不夠的。在訓練中也應該灌輸他們各種觀念，使其了解這項先進的科技在改善資料品質、以及對於降低整體性調查誤差的其他方面，所具有的潛在價值。

· **對監督制度加以說明**

在針對一般性工作期望所進行的訓練中，也應該把有關於將會被用來做為監控訪談品質的監督制度（參見第 6 章）之說明，列為訓練中的一部分。對於因為訪談人員並不了解監督人員所肩負之責任而導致的存在於訪談人員與監督人員之間的可能衝突，這項作法將有助於降低此類潛在矛盾。

為了能以實例來達到說明之目的，我們可以把監督人員在面對面訪談中以及在電話訪談中所扮演角色的差異性做一比較。此時所應該強調的，乃是集中式的電話訪談所能提供的較高程度之監督、以及它如何會與整體性調查誤差——尤其是測量誤差——達到最小化有所關聯。此外，還值得一提的則是：與親自訪談的調查相較之下，這種集中式的電話調查在「與訪談人員有關的誤差」方面，顯然

要低了許多（Tucker, 1983）。

　　也應該要提醒所有訪談人員，他們將被期望能夠遵循這種架構化的例行程序——亦即會把訪談表格分派給他們，必須使用到特定的意向代碼，所撥出的電話必須被加以確認，將使用某種選取程序由每戶住家中挑選出一位合格的受訪者等等；而且對這些例行程序進行監督，乃是監督人員的責任。訪談人員也應該被告知，監督人員也會使用其他各種不同的方法，對他們的訪談品質進行查核；舉例來說，已完成訪談的問卷調查表應該立刻遞交給監督人員，好讓監督人員能夠對這些完成案例的有效性立即進行審視。此外，一套集中控制的電話系統，也將允許監督人員能夠對訪談過程的所有細節進行監聽。所有的訪談人員都應該了解，這些作法的主要目的，乃是為了讓監督人員能夠將建設性的回饋提供給訪談人員，以期降低整體性的調查誤差。最後，訪談人員也應該要知道，在他們所完成的訪談案例中，可能會由監督人員抽選其中的一小部分來進行確認的工作（參見第 6 章）。

　　在對訪談人員說明為何要執行這種強烈程度的監督時，訓練人員應該要把其中的原委，與必須向該調查案的贊助者保證會產生高品質的訪談結果之專業上的需要，連結在一起。要切記：千萬不可讓訪談人員覺得他們並未獲得信任，反之，應該要讓他們覺得監督人員所做的這些事情，乃是要幫助他們盡可能地達到最佳品質的訪談。

• 訪談人員的生產力

　　訪談人員也應該了解，從生產力的觀點來看時，他們是被期望達到何種的水準。與訪談人員之生產力有關的一項基本測量值，乃是將每個訪談期間（interviewing session）中所達到的正確完成訪談數量、與該訪談人員所經歷的受訪者拒絕回答（以及部分完成）之數量做一比較。在訪談人員所接受的訓練中，我堅信他們應該致力於達成的一項目標乃是：在每遭遇到一件拒絕回答或部分完成的案例時，至少要能夠獲得四件完成訪談的案例；也就是說，所產生的回覆率至少要達到 80%或者是更高。基本上來說，這個比例與密西根大學的調查研究中心之訪談人員所獲得的平均回覆差不多（Groves, 1989, p.195）。當抽樣主要是在都市區域中進行的時候，這項比例可能會呈現意料之外的偏高；雖然如此，對訪談人員來說，上述的這項比例仍舊是他們自己所應該設定的一個合理目標。所有的訪談人員都應該被告知下列事項：將所謂的「正確地完成」（properly completed）代表的意義強調出來，以及拒絕回答和無法聯絡上的案例爲何會增加整體性調查誤差、並因此而可能破壞了該項調查之有效性的原因，提供相關的說明。

　　在與訪談人員討論到他們的生產力時，訓練人員應該注意到一件事實：每小時所能期望的完成訪談之平均數量，乃是決定於該份問卷調查表的長度，以及該抽樣群體在聯繫上合格之受訪者這方面的有效性（參見第 2 章）。爲了達到進行比較的目的，根據我個人在進行隨機選取撥號的電話調查中所獲得的經驗顯示，當一份問卷調查表在其長

度上平均約需花費二十五至三十分鐘的時候，則每小時所能完成訪談的平均數量約為一份。如果所使用的問卷調查表約需耗時十五至二十分鐘的話，則每小時所能完成訪談的平均數量約為兩份，或是稍微低一些。當我們所使用的問卷調查表越簡短時，則每小時的產出量就會呈現反比性地增加。訪談人員應該了解，依據每小時產出量的觀點來看時，調查人員的合理預期大約在何種水準；尤其是當薪資會與完成數量有某種程度的牽連時，這點更為重要（我們在稍後將對此進行討論）。

訪談人員也應該了解，他們的生產力每天都會被加以統計，而且也會每天都對他們所獲得的拒答率及完成率進行比較。訪談人員必須認清一件事實：如果他們不斷地產生出過多的拒答案例時，那他們很可能無法被繼續聘用；因為這種情況將會提高該項調查的未獲回應率，並可能因而增加整體性的調查誤差。

最後，在處理訪談表格時應該以何種的速度進行，也是應該提及的事項。我們當然不會期望訪談人員能夠一通接一通地不斷打出電話，但是他們也應該了解，在兩通電話之間是不可以出現能夠被感覺到的刻意遲延。

依據投注於監督工作中的各種資源之不同，我們也可以藉由使用一份特別為此目的而發展出來的監視表（interview monitoring form, IMF），對訪談的品質進行評定（參見第 6 章）。如果這種方法將被採用時，則在一般性的訓練期間中就應該對此表格進行審視，以便讓訪談人員對於將用來判斷訪談品質的準則，也能夠有所了解——

舉例來說，在讀出問項時、其用詞應該達到何種程度的正確性，訪談人員在提供非必要性的評論時、其可以接受的頻率如何，以及其他的相關標準。

依據數量的觀點對訪談人員說明他們所被期望的目標時，千萬不可忽略我們首重的品質方面之重要性。但是對大部分致力於調查的執行人員來說，他們所擁有的預算都相當有限；因此如何在品質與數量之間取得平衡，乃是他們所不斷面臨到的最現實之困難。

· 支付薪資與其他聘雇方面的策略

訓練人員在有關於一般性的工作策略及期望中所應該討論到的最後一點，將會與進行該項調查的人員所使用的特定程序有所牽扯，亦即：應該要填寫何種的聘雇表格，工作的時間表將會如何被分派，出席率的政策為何，將以何種方式及將於何時支付薪資給訪談人員（當使用不支薪的訪談人員時，如何給與學分），以及其他的相關事項。

支付薪資是一項牽扯甚廣的重要問題，因此它本身就值得我們加以探討。就心理學的觀點而言，將薪資支付給訪談人員時所使用的方法，最好是能夠反映出對他們所懷抱的期望。在支付薪資給訪談人員時的標準處理方法，乃是以每小時薪資為基準。這種支付時薪而不考慮生產力的策略，其背後的因素乃是：它本身所具有的一種官僚主義式的方便性，以及一種認為這是強調「品質重於數量」之最佳方法的信念所造成的。就後者而言，則是根據下列的假設為基礎：如果訪談人員是以按件計酬的方式（亦件每

一件完成訪談的案例）支付薪資時，那他們在進行訪談時將會盡可能地越快結束越好，這將會犧牲訪談的品質。

雖然這是許多調查專業人員所抱持的一種推論，但是我個人卻深信：這項推論已經否定了某種依據能夠直接對有功者給予獎勵的因人而異的支付薪資模式為基礎、而建立的高度架構化之監督制度，在確保高品質的調查上所能夠展現出來的能力。由我個人在過去十五年中進行電話調查所獲得的經驗，讓我得以在此向各位建議，應該要考慮使用一種混合式的支付薪資模式；在這種模式之下，訪談人員所賺取的收入中，有大部分都是來自於某種標準化的時薪，但其中的某一部分則是依據他們的生產力做為基礎。一般而言，這種 3：1 的均衡性似乎是值得採用的一種方式。舉例來說，支付給訪談人員的每小時基本薪資或許是 6 美元；則依據他們本身的生產力，平均來說每小時可能還會賺得額外的 2 美元。

從心理學的觀點來看，這種混合模式也反映出下列事實：對許多調查案而言，它們並不是被一些擁有充裕贊助的機構所執行，而有能力忍受所雇用的訪談人員進展緩慢、但卻可以獲得高品質的訪談。雖然所有的訪談都必須具有某種可讓人接受的品質，這種混合式的支付薪資模式也承認下列事實：在遵循標準化的訪談程序時，與那些能力較差的訪談人員相較之下，對許多能力相當傑出的訪談人員來說，他們每小時所能完成的訪談數量通常都會較多、而且受訪者拒絕回答的案例也會較少。藉由提供一種在金錢的增加上會與「完成－拒答」有所關聯的計算公式，我深

信所制定出來的必將是一種較為公平的獎勵架構。

在過去的十年中，西北大學調查研究室有時使用這種混合模式支付薪資給所有的訪談人員，而從來不曾接到任何的抱怨，提及在這種制度下、依據訪談人員的表現支付薪資是一種不公平的作法。當然，與那種只使用標準化時薪的方式相較之下，使用這種混合模式做為支付薪資的方法時，需要保有更多的記錄；但這種作法也將引起每個人的關切，而我相信這和訪談品質的期望是不會有所衝突的。

總言之，訪談人員由所接受的訓練中，應該要能明確地了解：只要他（她）們能夠與那些負責處理該項調查的人員相互配合，那他們就能夠賺取相當不錯的收入。高品質的電話訪談並不是一件容易的工作；正因為如此，那些優秀的訪談人員對於在他們的收入中，能有一部分乃是反映出他們工作成果的這種機會，也都表現地深感興趣。

至於那些已經對一般性程序與期望均相當熟悉的訪談人員，就不見得非要參加每項調查中第一部分的訓練；雖然如此，對於那些即使是經驗老到的訪談人員來說，較為妥當的謹慎作法還是應該讓他們偶爾參加這類訓練，當做是一項「充電課程」。當然，某些深具經驗的訪談人員或許會試圖逃避這項訓練，但是根據以下所述的調查結果，更強調出偶爾對標準化的訪談程序做一複習所具有的重要性：基本上來說，在訪談人員的經驗程度與判斷問題的精確性之間，並無任何的關聯（Groves, 1989, p.383-385）。

最後要提到的一點則是：訪談人員應該要認清（而且最好是能夠將其融為己有）他們有責任讓所有被聯絡到的

人，都對該項調查留有良好的印象。換句話說，我堅信所有的訪談人員對於從事該項調查研究的機構，都應該要抱持一種專業化的責任感，以避免讓受訪者對電話調查留下一種不好的印象。

針對某項特定調查提供訓練

不論那些經驗豐富的訪談人員參加一般性訓練的頻率究竟如何，所有的訪談人員都必須接受與每項新的調查之特點有關的訓練。一般而言，在這項訓練的第二部分中，應該依據下列原則來建立其架構：

1. 針對該項調查之目的做一說明；
2. 對於抽樣群體是如何產生、以及應該如何處理這些電話號碼，做一審視；
3. 對於如何使用介紹／選取表格做一說明；
4. 對於各種轉進陳述做一審視；
5. 如果將使用到拒絕回答報告表的話，則應該對此表做一說明；
6. 對於該份問卷調查表、包括其使用策略，做一說明。

在使用電腦輔助式電話訪談的情況下，應該要對任何不具固定形式的軟體先後順序做一明確的說明，而且要分配充裕的時間進行線上操作的實際練習。

可以遵循的一種標準化處理方式，就是讓每一位將參

與該項調查的訪談人員，都能擁有一套針對該項調查之特點而準備的訓練卷宗。在這套卷宗裡應該包含：該項調查中將使用到的所有表格之範本，以及針對訓練期間內各種口述說明的書面補充資料或指示。

- 調查目的

　　藉由對該項調查目的有所了解及認識，訪談人員應該更容易相信他們所蒐集到的資料所具有的重要性。這項信念將能夠帶給所有的訪談人員一種自信感；因為他們已經了解，自己所參與的是一項某人（亦即該項調查的贊助者）相當關切、而且極富意義的行動。基於這項原因，我建議該項調查的贊助者應該要參加這部分的訓練，並且參與針對該項調查之目的所做的說明。不僅是因為這個贊助者對於這方面的了解最為透徹，而同樣重要的則是，這也可以提供所有的訪談人員一個機會，讓他們能與自己真正為其工作的幕後老闆見面。

　　在針對該項目的來向訪談人員提出說明時，並不需要太過詳細。此外，是否應該將特定的研究假說（如果有的話）與訪談人員分享，也不可輕易地隨意決定。如果這方面的資訊有可能會讓訪談人員因為有所預期，而在蒐集資料的時候產生偏見的話，那最好還是不要將它說出來。從另一方面來看，如果訪談人員對該項調查之目的了解過少的話，也可能會斲喪了訪談人員在說服那些不情願回答的受訪者時，所展現出來的能力。

- **抽樣羣體與訪談表格**

　　所有的訪談人員都應該了解（以非學術性的態度）被研究的是何種目標母體，以及抽樣群體在該母體中的代表性究竟如何；舉例來說，它是一項隨機選取撥號式的調查，或是一項以名簿爲基礎的調查？至於在該項調查中將被使用到的訪談表格，也應該要加以討論；尤其是對那些不易聯絡上的受訪者究竟要嘗試多少次的重覆撥接，以及那些與訪談人員可能已經使用過的訪談表格有任何差異的部分，都應該特別提出來。此外，也應該要提醒所有的訪談人員：在撥出每通電話之前，都必須將日期、時間以及他們的編號，填入訪談表格中（使用某些電腦輔助式電話訪談系統時，軟體會自動執行這些功能）。各種特定的意向代碼也應該要被加以複習，但只有在訪談人員對這些代碼不甚熟悉的時候，才需要進行詳細的討論。

- **介紹／選取表格**

　　接著就應該對介紹／選取表格做一解說。依據選取程序在複雜性上的不同，訓練人員也可以選擇讓某些訪談人員參與一種角色扮演的訓練形式；由某些人扮演潛在的受訪者，然後再讓數位不同的訪談人（每次一位）分別使用這項選取程序。這種作法將有助於讓選取程序中那些較爲困難的部分被突顯出來（如果有的話）；同時也能夠讓所有的訪談人員更加相信在他們進入下一階段的訓練之前、或是在他們開始正式的訪談之前，必須要對這份表格的使用多做練習。

- **轉進陳述**

　　因爲來自於那些受訪住戶的把關者、以及潛在受訪者們所提出的各種問題，最有可能出現的時機就是在訪談人員使用這份介紹／選取表格的時候；正因爲如此，所以在實施訓練的時候，也應該要對特定的轉進陳述進行討論。在這些標準化的答覆之中，每一種之間所存在的細微差別也都應該要被提及。所有的訪談人員都應該要被提醒，在開始正式的訪談之前，必須對這些陳述的使用多加練習。

- **拒絕回答報告表**

　　在一項調查中，如果將使用到一份拒絕回答報告表時，則應該在針對問卷調查表進行說明之前，就先對這份報告表做一審視。在這份拒絕回答報告表中，如果其內容中有任何部分是與訪談人員曾經接觸過的有所不同時，就應該將這些差異特別強調出來。提醒訪談人員有關於被記錄在這份拒絕回答報告表中之資訊所具有的價值，以及這些報告表將會被使用於爲了改變受訪者拒絕回答之初衷而做的再度聯繫裡，乃是一種明智的作法。

- **問卷調查表**

　　訓練人員接下來要繼續處理的便是問卷調查表了，應該要逐條地將大部分——如果無法做到全部問項的話——問項中的所有內容做一詮釋（包括所有的答案選項），以便向所有的訪談人員提供一項有關於這份問卷調查表之使用的範例。依據受訪者所做出的某些特定答覆、而需要訪

談人員詢問不同問項的那種跳答型態，必須特別加以注意；尤其是在使用書面記錄式訪談的情況下更需如此，因種這種跳答的安排都是以人工方式進行的。在問卷調查表中如果也包含開放式問項時，則訓練人員也必須針對訪談人員被期望能夠以明瞭易讀之方式所記錄下來的答案類型及數量，提出詳細的說明（在使用書面記錄式訪談時，用來記錄開放式問項答案的空間範圍，將會被實際地提供於某張紙上；對於訪談人員來說，這也構成了有關於他們應該要記錄多少內容的一種架構）。此外，針對某些特定的開放式問項而進行的刺探性指示（probing instructions），也應該要被加以說明。

在針對問卷調查表做一詳細的審視之後，也應該要利用角色扮演的方式進行。應該要在每組五人或更少人的基礎下，將所有的訪談人員編為數個不同的組別，然後再由一位監督人員扮演受訪者的角色，安排他們對這份問卷調查表進行練習。在實施這項問卷調查表練習時，可以利用一種循環式的（round-robin）方法進行；依據監督人員所提供的各種回答，遵循跳答型態的過程（基本上來說，訪談人員們對於訓練期間中所進行的這部分活動，都表現得興致勃勃與樂在其中；因為這種方式能夠讓他們主動地參與其中）。一般來說，依據問卷調查表在進行時間及複雜程度上的不同，這項角色扮演的訓練歷時大約在二十至六十分鐘之間。進行這項角色扮演訓練的目的，並不是要讓所有的訪談人員都能成為該份問卷調查表的專家，而是要提高他們對於這項方法的了解度、以及引導出他們在使用這

份問卷調查表時所可能遭遇到的任何不確定性。

- **結束訓練期間的活動**

　　這項針對調查之特性所進行的訓練活動，基本上來說會持續約二至四小時，在結束時應該要對其所涵蓋的內容再做一次審視，並且再次提醒所有的訪談人員：熟悉訓練卷宗裡的所有資料，對他們而言是一件相當重要的事情。如果還有其他任何的預先調查或是在職訓練將要被舉行的話，則訓練人員也應該對其本質做一提示。當這項活動期間到了尾聲的時候，如果能夠對訪談時間表做一審視，也是頗有助益的一種作法。

預先調查的練習與在職訓練

　　對於把有關於該項調查之過程的各方面告知訪談人員這件事而言，訓練期間的各種活動雖然扮演一種頗為重要的角色，但要產生最佳的訓練，仍需透過實際訪談才得以實現——不論是以預先調查練習或是在職訓練的形式進行。那些對於電話調查相當熟稔的人都很清楚，基本上來說，所有的訪談人員都需要接受一次或兩次的訪談期間之後，才能夠在一項新的調查案中「恢復正常的進展速度」。認清這項事實之後，在進行訓練時的一種理想的（雖然是所費不貲的）處理方式，便是讓每一位訪談人員在開始產

生將會被列入該項調查之最後樣本大小的正式完成案例之前，至少要有一次實際訪談的練習活動（在練習時所使用的電話號碼，應該是來自於抽樣群體中的一個隨機子群體，這樣才不至於讓最後的樣本產生偏差）。

當一位調查人員具有採用這種處理方式的能力時，它也可以被用來做為在所有的訪談人員中、篩選出那些人有可能蒐集到品質最高之資料的一種方法；尤其是在一群新的訪談人員中，更可以達到這項目的。至於最後的聘用決定，則可以保留到每一位新的訪談人員都至少完成了一次的練習活動之後，再做出決定。舉例來說，錯失某次已排定時間的練習活動，可能就是這位訪談人員之潛在不可信賴性的一項警訊。

在練習期間（以及實際的工作期間）中，不斷地提供各種與他們在工作中各方面有關的回饋給所有的訪談人員，這乃是監督人員的責任（參見第 6 章）。在執行這項工作的時候，乃是藉由對已完成訪談的案例立刻進行查核，對於那些並未完成的訪談表格進行審視，以及盡可能投入最多的時間聆聽那些正在進行中的訪談。如果各種資源允許的話，也可以對所有訪談人員的訪談過程進行錄音（但必須在受訪者同意的情況下才能這麼做）；這種作法可以幫助監督人員針對錄音帶中所顯示的特定問題，來將回饋提供給訪談人員（Fowler & Mangione, 1985）。由於這種作法對監督人員來說，乃是一項非常吃力的工作，因此在將訪談人員分配給每一位監督人員管理時，其數量最多不可超過八位到十位。在練習期間中、以及在一項吃力的調查

案之起初階段中，前述的這項比例甚至還顯得過高了些；因此在這些時間裡，訪談人員對監督人員的理想比例，應該是維持在 4：1 或 5：1 之間。

對於那些新聘用的訪談人員所表現出來的能力，監督人員及活動指導人應該要不斷地對其進行檢視，並且做出有關於是否要讓某人繼續參與某項特定調查的決定。在整個調查的進行期間中，都應該要對每位訪談人員的表現持續進行定期的檢視。如果有必要的話，監督人員或是活動的指導人也應該要與那些並未達到標準的訪談人員安排一次面談，來討論他們所必須做出的改進。

對於那些負責較大型調查案的執行人員來說，利用一種因人而異的架構化回饋策略，來把與訪談人員之表現有關的資訊傳達給他們，則是一種應該被加以考慮的方式。或許可以使用一份印製的回饋表格、以每個月為基礎，藉由審視每位訪談人員已做出改善的部分、或是仍然需要加以改善的部分，強化其在職訓練。

理論上來說，在職訓練是一項永無歇止的工作。對訪談的品質進行監督、然後再提供持續的回饋給所有的訪談人員——不論他們是否為經驗老到的資深訪談人員，這乃是監督人員責無旁貸的責任。當這項工作是由那些技巧豐富、而且思密周慮的監督人員執行時，就應該可以造就出一群擁有高度技巧的訪談人員；也就是說，他們在工作中所表現出來的充滿活力之處理方式，並不會對調查資料的品質造成任何偏差或傷害。

整體性調查誤差與訪談人員

　　對任何一所調查機構來說，不論其投入於訪談人員之聘雇及訓練的資源有多少，至少都會有某些與訪談人有關的誤差（亦即在調查的資料中，與擔任訪談人員的那些人有所關聯的差異及／或偏差）將會出現；即使是在那些最優秀的電話調查中，這一點也是無法避免的。因爲如此，調查人員就應該審慎地考量那些與肇因於訪談人員之誤差大小有所關聯的其他運作上之要素、以及統計上的研究。舉例來說，在一項特定的調查中，聘用的訪談人員越多時，則與訪談人員有關的測量方法之變異數（measurement variance）就會越小，但是與訪談人員有關的測量方法之偏差（measurement bias）卻可能會因此而提高（Groves, 1989, p.315）。當然，調查人員在某項調查中究竟可以聘用多少位支薪的訪談人員，成本這項實際的問題將會對此方面加諸實際的限制；我們在第 6 章中將對此點再做探討。

　　目前已經有許多統計學上的技巧，可以讓調查人員預估在問卷調查表的某些特定問項中，因爲訪談人員之影響而造成的偏差會有多大。Kish（1962）就曾經針對在某個調查問項中，使用 rho（intraclass correlation coefficient）（亦即一種內在相互關係的係數）來做爲與訪談人員有關之差異的一項測量值的這項理論，提出相關的說明（Fowler & Mangione, 1990; Groves, 1989, p.318）。Wolter（1985）也曾經針對「鐮刀式」變異數計算方法（「jackknife」variance calculation methods）的使用提出討論，這是一種在計算調查之統計值（例如平均值）的時候，將某位訪談人員的所有訪談案例完全不列入計算的方法；然後再利用這些統計值中所呈現的差異，估計與訪談人員有關之影響的大小。我也鼓勵那些屬於進階級的讀者，參考 Stokes 與 Ming-Yih（1988）針對訪談人員之影響的模式化所撰寫的著作，以及 Groves（1989, p.360-381）的相關著述。

綜觀本書，我提到了在試圖降低整體性調查誤差、以及試圖測定其大小程度之間所存在的差異。在高品質的調查工作中，這兩方面將會相互彌補。由與訪談人員有關之誤差的角度來看，仍舊有太多我們可以去做、並且能夠將此項誤差加以降低的各種方法。因此，所有的調查人員都應該考慮試著對這些誤差的大小做出估計，以便讓他們對於自己所進行的這些調查中所獲得的研究結果，能夠有更深入及透徹的了解。

監督Ⅱ：建立監督人員的工作架構

　　本書中所強調的重點，乃是在整個資料蒐集的過程中，透過強烈及徹底的監督之後，電話調查在降低整體性調查誤差這方面所能夠提供的機會。在第 3 章中，對於如何建立一個具有高度固定化程序的系統，以用來處理在某個抽樣群體中的電話號碼，提出相關說明。而監督人員——尤其是那些負責監控抽樣群體的人員——的重要性，也被加以探討。在第 5 章裡，則針對訓練人員在訪談人員之訓練活動中所扮演的角色，以及監督人員於在職訓練中與監督訪談活動中所扮演的角色，亦提出相關說明。

　　而本章中所要討論的焦點，則是針對在整個資料蒐集過程中的監督責任、提出更為詳盡的說明，以及針對在高品質電話調查中的其他監督任務、提供更進一步的周密考慮。本章在內容上，將觸及該項調查之活動指導人所扮演的角色，並且要對那些能夠提供一項流程順暢之電話調查

運作的其他行政管理工作進行確認。

　　有一件事情，對讀者而言或許並不會非常明確，但它事實上卻是相當可能發生的，那就是：對一項電話調查來說，它所有的（或者至少是大部分的）監督責任，有可能全部都只由一個人承擔。舉例來說，在長達將近十年的時間裡，我每年都有三次的機會，在一項進階級的大學新聞學課程中，針對輿論的民意測驗這個主題，進行一項為期兩週的指導。在這段兩週的期間中，有部分的時間是由學生們以訪談人員的身分，參與一項隨機選取撥號的電話調查（最後的樣本大小約為四百件完成訪談的案例），他們使用一種系統化的程序、對於那些不易聯絡上的受訪者所做的再次聯繫最多不得超過三次，由所有的住戶中選取合格的受訪者。在他們所使用的問卷調查表中，平均來說大約有二十條封閉式的問項。在一段共計為十天的期間之內，我將該抽樣群體產生出來，與學生共同發展那份問卷調查表，訓練他們如何擔任訪談人員，排定每一次訪談期間的時間、並負責布置，對所有的訪談進行監督，監控該抽樣群體的處理過程，校訂並輸入所有的資料，並且進行一套相當健全的統計分析，然後再將結果提供給整個班上的同學。

　　對本書的大部分使用者而言，他們雖然不太可能會需要擔負起上述所有的這些責任，但有些人或許還必須承擔得更多；我們就拿一位正在透過某項電話調查蒐集撰寫畢業論文所需之資料的研究生為例，他或許就必須自己處理所有的這些訪談。在其他情況下，研究人員將會聘請某家

調查機構進行一項電話調查，或者是必須考慮設立一個暫時性的組織架構，以完成一項特定的調查計畫。在這些狀況下，如果能夠對於這種集中式電話調查的運作架構及相關成本有所熟悉，乃是相當有幫助的（Bass & Tortora, 1988; Berry & O'Rourke, 1988; Frey, 1989, p.185-199; Groves, 1989, p.526-550）。

此時，主要的一項考量就是：在所有的運作中，是否要將使用電腦輔助式電話訪談的可能性包括在內。當使用到電腦輔助式電話訪談的時候，除了只是購買電腦軟體與硬體之外，還有許多不可避免的必要投資。舉例來說，在相同規模的電話訪談調查中，為了要能夠適切地實施這套系統，與使用書面記錄式訪談的方式相較之下，使用電腦輔助式電話訪談時所需要的辦公室空間，就至少要比前者多出了 33%到 50%。此外，電腦輔助式電話訪談在傢俱設備方面，以及（這點更為重要）在軟體設計與硬體維修的行政管理人員方面，也都需要有更大量的實質投資。姑且不論這種方式在科技上所具有的吸引力，電腦輔助式電話訪談並非一種萬能丹、而且在實施（或是搬動）的時候也必須非常小心謹慎；我們在第 1 章中都已經對這些做過了探討。截至目前為止，我們所了解的仍舊相當有限，以至於無法極具信心地肯定確認：那些調查案在使用電腦輔助式電話訪談的方式進行之後，所獲得的成本——利益比（cost-benefit ratio），必定會遠勝於使用書面記錄式訪談的方法（Catlin & Ingram, 1988）（在這種情況下，所謂的「利益」乃是指整體性調查誤差的大小）。因此，我鼓勵

對這方面有興趣的讀者，在決定何時要使用電腦輔助式電話訪談、以及何時要採用書面記錄式訪談的時候，應該要遵循各種不斷發展演進的相關知識。

不論運作的架構如何、以及是否使用電腦輔助式電話訪談，有許多基本的監督工作都是必須被例行性地加以執行，以確保高品質的電話調查。而這些工作就是我們在本章中所要探討的內容。

訪談活動期間的人員配置與時間安排

對於監督人員來說，在沒有任何訪談活動被排定的時間裡，仍然有許多的工作是他們必須負責的。事實上，這些工作如果沒有被妥善執行的話，則訪談的活動也將成為不可能，或是極為雜亂無章——而這也是這種情況下的最佳結果了。在這許多的責任之中，最重要的乃是有關於訪談活動期間的人員配置與時間安排。在本節裡所提出的有關於人員配置的各種討論，大部分都是假設訪談人員會因為他們的工作而獲得薪資的支付；但是其中有某些考慮，也同樣適用於那些不支薪的訪談人員。

人員配置

在大型的調查機構中，都會有一位專門負責聘用及配

置訪談人員的活動指導人；而在那些較小型的調查作業裡，這項工作則是由某一位具備監督能力的人員負責。在決定需要使用多少位訪談人員、以便將他們配置於該項調查的進行期間時，必須考慮到下列各點：

1. 在每一個工作期間（work session）中，每一位訪談人員所可能達到的生產力究竟如何；
2. 在每個星期裡，每一位訪談人員所能夠工作的次數；
3. 在每個期間中，能夠工作的訪談人員之平均人數；
4. 在每個星期裡，將會進行的訪談活動之次數，以及；
5. 所需要的完成訪談之案例總數為多少。

　　舉例來說，如果某項調查所使用的是隨機選取撥號的抽樣方法，而且所使用的問卷調查表在執行時約需花費十五分鐘的話，則訪談人員將被期望的生產力可能是每小時完成兩件訪談案例；或者是說，在一種典型的四小時工作期間中，可以完成八件的訪談案例。如果每星期所排定的工作期間為六次，共有十支電話可供進行訪談的話，那麼每星期將被期望的完成訪談案例，大約是四百八十件（8×6×10）。依據在每個星期中、所有訪談人員所能工作的平均次數之不同，我們就可以預估需要有多少位的訪談人員、才能夠讓所有的電話都獲得充分地人員配置。當某項調查所需要的完成訪談之案例總數越高的時候，則我們必須調整（亦即增加）所聘用的訪談人員之數量，以因應不理想的出勤率及人員疲憊的可能性也就越高。

以上述的這個例子來說，如果我們想要獲得的完成訪談之案例總數為二千四百件時，則在人員充分配置的情況下，所需要的訪談期間大約是五個星期。如果所有的訪談人員在每個星期裡的平均工作期間為三次的話，那麼每一位訪談人員在這段為期五週的進行期間裡、將被預期達到的完成案例就是一百二十件（亦即：在每個期間中所完成的八件案例、乘以每星期所能工作的三個期間、再乘以五個星期）。嚴格說起來，在這項調查中想要完成二千四百件的訪談案例時，就需要有二十位的訪談人員。雖然如此，在聘雇與訓練的時候，將訪談人員的數量按照估計值多加10%至30%，乃是一種較為妥當的謹慎作法；如此才足以因應訪談人員所出現的工作疲憊、以及不理想的出勤率等狀況。

就像我們先前所提到的，當一項調查中所聘雇的訪談人員在數量上相對較高的時候，理論上來說，所產生的與訪談人員有關差異也會較低（Groves, 1989）。但是，如果我們採取極端的方式——也就是說試圖利用這種方法降低整體性調查誤差，那將是一種相當不具成本效益性的作法。Groves（p.62-72, 365-374）就由一種成本——利益的觀點，針對訪談人員（以及監督人員）的最適數量，提出一項極為先進的討論。我們在這個領域中的知識，尚不足以精確到能夠讓某人肯定的斷言在一項調查計畫裡，所應該配置的訪談人員數量究竟需要多少。雖然如此，活動的指導人對於必須聘雇的訪談人員數量，應該要有能力計算出某種合理的範圍——亦即在考慮到整體性調查誤差的基礎下，

於實際的需求與所需的成本之間，取得適當的平衡。

　　想要招募到具備高能力的訪談人員時，最佳的廣告刊登地點乃是位於大學院校的校園之內、或是在其附近的場所。它將能夠吸引那些學生、學生的配偶、學校的雇員、以及這些機構所位處地區中的社區居民。雖然學生通常都可以成為不錯的訪談人員，但是在雇用他們的時候，最常見的一項缺點就是：他們的出勤率通常都不太可靠，這是因為他們在學業上的壓力、以及生活型態所造成的。因此，當某項調查必須在最具成本效益的進行期間之內加以完成的話，我強烈地建議各位：在聘雇訪談人員的時候，不要全部都由學生的這個母體中做挑選。

　　就像我們在第 5 章中所提到的，在做出一項聘雇的決定時，最重要的屬性之一，就是這位訪談人員的電話拜訪態度。因此，負責執行人員聘雇的這個人，在剛開始的時候應該先透過電話對應徵者進行面試，並依據所認定的與良好電話訪談有關的優先重要順序，對他們的聲音以及說話的型態進行評等。這些項目包括：自信、愉悅、清晰、明瞭、速度、音量、反應、智慧以及成熟。為了幫助這項評等工作的進行，在應徵表格中應該提出某些開放式的問題，以讓應徵人員有機會侃侃而談。

時間安排

　　在準備性的人員配置決策已被制定、而且訓練也已經開始進行之後，有關於時間的安排就必須被加以確定。在

每一個抽樣區域中，其居民在什麼時間裡最有可能會待在家中或是外出，雖然都有其本身的特殊型態；但是就那些以一般母體爲對象的調查而言，星期天到星期四的晚上、以及星期六的下午，乃是聯絡大部分潛在受訪者的最佳時機（Frey, 1989, p.232-235）。舉例來說，在美國南部的地區中，有許多居民都是在星期天的晚上前往教堂聚會。

如果所規劃的是一項四個小時的訪談期間，那麼下午五點到晚上九點、或是下午五點半到晚上九點半，乃是我們所建議使用的夜間訪談時間（Weeks, Jones, Folsom & Benrud, 1980; Weeks, Kulka & Pierson, 1987）。雖然這個時段會與晚餐時間有所重疊，但是對於那些技巧成熟的訪談人員來說，要安排在某個較爲方便的時間裡重覆撥接受訪者，並沒有什麼困難。如果某項調查在進行抽樣時，已經跨越不同的時區，那就應該將訪談的時間做出必要的調整。

一般來說，由星期天到星期四的晚上，都能夠獲得某種固定水準的生產力；除了在秋季月份中的每個星期一晚上，當電視正在進行職業橄欖球賽的實況轉播時，有某個比例的民眾似乎並不希望在這個時段中受到打擾。星期五與星期六的晚上，可說是生產力最低的時段，因爲大部分的社交應酬活動，都是在這兩個晚上進行的。此外，訪談人員與監督人員想要在這兩個晚上進行工作的意願也最低。

由星期天早上十一點到下午四點的這段時間中，對於在大部分地區所進行的訪談而言，也是一個能夠出現適當生產力的時段；雖然實際的結果很可能是必須進行再度聯

繫，因為被指定的受訪者通常都會利用這段時間，進行一些週末的家庭瑣事或勞動工作。值得一提的是，根據經驗顯示：有許多在平常日子的夜晚時間中都無法被聯絡上的潛在受訪者，或許在星期天的時候就可以聯繫上。然而，在每年的某些特定時間裡，由於電視對各種運動項目所做的轉播，將會造成星期六與星期天下午的生產力出現下降的情況。

此外，在其他一些情況下，因為某些電視特別節目（例如超級盃橄欖球決賽）很可能會受到比例相當高的一般民眾所收看時，則正常的夜間訪談就應該暫時取消。在這些時段中所進行的電話訪談，不僅是生產力極為低落，而且與那種在其他情況下打給同一住戶進行訪談的結果相較之下，受到該住戶無情之拒絕回答的可能性也會相對較高。此外，在這些時段中所獲得的資料品質也可能會降低，並因而造成調查誤差的提高。

依據每項調查在進行期間上所允許的時間長短之不同，在平常日子的白天時間裡，有時候也必須安排訪談的活動。與早上的時間相較之下，在下午一點至五點的這段午後時間裡，通常是比較受青睞的訪談時段。在平常日子的白天時段中所進行的訪談，雖然有許多被指定的受訪者都無法聯絡上——因為他們正在上班，但卻有助於過濾隨機選取撥號抽樣群體內的辦公用途及無效的電話號碼。根據經驗顯示，在隨機選取撥號式的調查中，訪談人員於平常日子裡的這段午後時間內的生產力（依據每小時所完成的訪談案例來看），預期大約可以達到晚間時段的 60%至

80%。在白天所進行的訪談活動會有一項好處，那就是：年紀較大的受訪者在接到此類由陌生人打來的電話時，所表現出來的不安程度通常都會比較低，而且反應也會比較靈敏、合作的意願也比較高。此外，那些並未外出工作的家長在心情上也會顯得比較放鬆，因爲他（她）們的配偶或是正在就學的孩子並不在身旁。雖然如此，假如只有白天時段的訪談活動被排定的話，由於未獲回應（無法聯絡上）之誤差，而將無法獲得一個成年人的有效樣本，

如果電話調查的對象是某些目標母體、而非一般大眾的話，則訪談活動就必須在最有可能聯絡上這些受訪者的時段內進行。舉例來說，在一項以律師或其他專業人員爲對象、並針對他們在其工作地點進行的電話調查中，訪談活動就應該集中在平常日子的白天時段內，並要允許次數較多的再度聯繫。至於以高中學生爲對象、並針對他們在自己家裡時所進行的一項電話調查，則訪談活動或許就應該集中在星期日到星期四的下午三點至晚上七點的這段時間內。依據所抽樣的母體在可被聯繫上之時段方面所具有的各自不同特性，訪談活動就應該針對這些時段來排定。

當我們在安排某項調查的進行期間時，季節性也是必須被列入考慮的一項因素。如果有任何的原因，而足以讓我們相信：某項調查的焦點可能會因爲在一年中的某些時段而受到混淆時，則在時間的安排上，就必須將此項因素列入明顯的考慮之列。在針對一般母體爲對象、而且進行期間相對較短的各項調查中，不要將蒐集資料的時段完全安排在夏季的月份，或是十二月的中旬及下旬內，或許是

一種較為明智的作法（Frey, 1989, p.234）。否則的話，由於許多人在這些時間內都已外出度假、或是有其他的個人優先活動（例如：利用假日外出野餐或購物），可能會造成未獲回應之案例的增加。

當訪談活動的時間安排一經確定之後，就必須聘雇足夠數量的訪談人員，以便讓可使用的電話線路都能夠獲得適當的人員配置。假如在經過一個星期的訪談之後，我們發現到由於不甚理想的出勤率（這種情形或許是電話訪談本身所具有兼差性質而造成的），而使得至少總有一支電話是處於無人使用的狀況時，有一種可列入考慮的替代方法，那就是：「超額預訂」（over-booking）訪談人員的數量。舉例來說，如果有十支電話可以使用，而且根據以往的經驗了解、在大部分情況下都至少會有一位訪談人員缺席的話，那我們在每個訪談期間內，或許可以選擇安排十一位訪談人員。當然，這種作法也可能會造成一些問題；例如當所有被排定時間的訪談人員都全數出勤時，電話就不敷使用了。

依據在訪談期間內將被使用的電話數量之不同，在排定訪談人員的時間表時，可能會是一項頗為耗時的工作。對於一位具有監督經驗的人員來說，我的建議是：與這些訪談人員先行聯繫，而在確定被聯絡的訪談人員於他（她）被排定的期間內確實會前來工作之後，再做出最後的判斷。對某位特定的訪談人員來說，如果出勤狀況是一項頗為惱人的問題時，那麼這種以電話排定工作期間的作法，也可以被視為一種警訊：這位訪談人員的聘用很可能會被終止。

在排定時間方面的最後一項考慮因素，便是偶爾會出現在執行某些訪談期間的人員配置時，只需要使用到的具有某種人口統計學上之特性的訪談人員（例如女性）。就像我們先前所提到的，如果訪談人員在人口統計學上的特性，會與某項調查的焦點有著極為顯著的關聯時（例如我們在前文中所舉出的針對性騷擾所進行的調查）；那我們就必須考慮將這些訪談人員的特性、與該項調查的需求相互配合（Groves, 1989, pp.398-404）。如果忽略了這項在實施上具有某種困難度的策略時，那將即有可能在測量誤差方面，出現升高的現象。只要所有的訪談人員都能了解：這種作法並不帶有任何差別待遇或歧視的成分在內，純粹是因為在蒐集該項研究的資料時，只需要具有某種人口統計學上之特性的訪談人員執行；那麼，與人事有關的各種問題必定能夠減至最低。

訪談期間的準備（布置）

除了在訪談人員的配置與時間安排上，必須具有一套有效的制度之外，對於集中式的電話訪談工作場所來說，監督人員也必須每天都將其準備妥當。這項工作必須在每次的訪談活動開始進行之前就已完成，並且在前一次的訪談活動結束時、就已經將某些特定的工作處理完畢。雖然監督人員必須介入的實際工作項目，在書面記錄式訪談與

電腦輔助式電話訪談中是有所不同的，但是在這兩種訪談環境內，其相似之處還是要遠比差異之處來得更多。

當訪談人員抵達工作場所之後，他們應該發現到整個訪談室都已經準備妥當，以供他們開始進行訪談。他們的工作場所應該是光線良好、清爽宜人、以及整齊有序；當所進行的是書面記錄式訪談的調查時，訪談表格、問卷調查表、以及鉛筆等，都應該已經在等著他們的來到。理想上來說，每一部電話、以及／或是電腦輔助式電話訪談的工作站，都應該有它本身的個人座位之設置，或是以隔開座位的方式安排，以便讓所有的訪談人員都擁有他們自己的獨立工作空間。如果無法提供此種類型的傢俱設備時，則可以將訪談設備擺置於桌上；但無論如何，都應該避免出現訪談人員在工作時相互面對的情況。

在訪談室能夠被完全布置妥當、以供進行書面記錄式的訪談活動之前，都必須將前一次訪談活動中的所有訪談表格，依據它們最近一次聯絡的意向代碼加以整理（以人工方式進行）。然後，再將那些仍屬於有效的電話號碼（例如已安排再次聯絡的特定時間、以及可撥通但卻無人接聽者），與一批數量不多而尚未聯絡過的訪談表格混雜在一起。在每一個工作站中所分配的訪談表格份數，至少要能夠讓訪談人員在進行活動的期間裡、有一半的時間是相當忙錄的。當我們是以完整的電腦輔助式電話訪談系統進行調查時，所使用的軟體程式通常都能依據訪談人員之需要而將電話號碼分配給他們；並且依據某個電話號碼的訪談歷史（call-history），利用電腦的流程、在最適當的時間

裡嘗試再次聯繫（Groves, 1989, pp.196-201）。

在大部分調查中，不論是書面記錄式訪談或電腦輔助式電話訪談，通常都應該以一種隨機的方式將電話號碼分配給所有的訪談人員；在這種方式下，訪談人員才能夠對該有效抽樣群體中的隨機子群體進行訪談。此外，「隨機化增強公平性」（randomization reinforces equity）（Groves, 1989, p.362），也才能因此而提升訪談人員的士氣。有些時候，監督人員必須將特定的再次聯繫指派給某些特定的訪談人員；對於這些非隨機性指派的背後理論基礎，所有的訪談人員都應該要有所了解才對。即使我們所使用的是能夠自動將抽樣群體分派給所有訪談人員的那種完整的電腦輔助式電話訪談系統，為了對某些特定的號碼做出適切的分派決策，人為的介入或干涉有時候也是有其必要的。

當我們所使用的是書面記錄式訪談的時候，剛開始的時候最好不要分派太多的訪談表格給訪談人員；當他們需要的時候，可以由監督人員那兒拿到更多的訪談表格；這種作法可以顯示出他們在撥出的電話數量上已開始有所進展。在書面記錄式訪談的電話調查中，我們之所以傾向於讓監督人員以人工方式控制訪談表格的流動，還有另外一個原因：如果讓訪談人員自己挑選他們所要聯繫的訪談表格時，那他們通常都會展現出一種因人而異的特殊行為，而可能會對某些抽樣產生偏差、並且／或是造成讓與訪談人員有關之誤差的增加。

根據經驗顯示，負責準備書面記錄式訪談活動的人員，必須要能夠知道：對一般的訪談人員來說，在每次訪談活

動的前半段時間內，能夠期望他們處理的訪談表格份數究竟是多少。這個數量會因為問卷調查表之長度及抽樣群體之有效性的不同，而有所差異。當我們所使用的是耗時較久的問卷調查表、以及（或是）一個較為有效的抽樣群體時，就比例上而言，訪談人員花費在進行訪談上的時間，應該要比撥出電話的時間來得更多；因此，每個小時所能處理的訪談表格在數量上也會較少。相反地，當我們所使用的是較為簡短的問卷調查表、以及（或是）一個有效性較低的抽樣群體時，就比例上而言，訪談人員花費在過濾樣本中不合格之電話號碼的時間就會比較多，而每個小時所能處理的訪談表格份數也會較多。在書面記錄式訪談或電腦輔助式電話訪談的調查中，如果所使用的是費時較長的問卷調查表時（需要二十分鐘、或是更久的時間），則監督人員在訪談活動接近尾聲之際，就應該告知所有的訪談人員，到了什麼時間就可以停止再去嘗試另一件完成訪談的案例。如果監督人員並未將這個時間告訴訪談人員的話，當他們所使用的是一份耗時較久的問卷調查表時，很可能會在比實際需要還來得更早的時間之前，就出現一種停止再撥出電話的傾向，並因而造成整體性調查成本的增加（Groves, 1989, p.491）。

在使用書面記錄式訪談的情況下，於每個工作站內所放置的問卷調查表數量，要比訪談人員在整個工作期間中所能完成的平均份數來得少些，乃是一種較佳的運用策略。對所有的訪談人員來說，這種作法能夠讓他們覺得自己在工作期間內已經獲致某種的進步；因為他們已將工作站內

所有的問卷調查表都處理完畢，而且還必須向監督人員要求分派更多的訪談表格。

依據訪談時所使用的電話設備種類之不同，在每次的訪談活動之前，都需要做某種特定程度的清潔工作。在訪談人員抵達之前，至少要將每一個工作站都清理打掃乾淨。如果所使用的電話配備有個人式的頭戴式耳機時，則可以由訪談人員清潔他們自己所使用的耳罩。在大部分種類的頭戴式耳機中，由於麥克風並不會與訪談人員的嘴部有所接觸，因此它只需要偶爾進行清潔即可。但是當我們所使用的是手持式的電話聽筒時，則在每次的訪談活動開始之前，都應該以不具毒性的清潔溶劑將該聽筒的整個外部表面加以消毒清潔。而且每星期至少要有一次，將每支聽筒加以分解、並對內部進行清潔。

這項針對工作設備進行清潔的作法，不僅是對所有訪談人員所表現出來的一種禮貌，而且也能夠增強整體的條理性，並有助於維護訪談人員的健康。在電話調查中，由於訪談人員的聲音有著相當程度的重要性；因此任何的感冒以及其他呼吸道方面的疾病，對於他們在進行良好的電話訪談之能力上，都足以造成極為嚴重的負面影響。對於許多兼差性質的電話訪談人員來說，缺乏可讓人信賴的出勤率原本就是一項經常讓人困擾不已的問題；因此，不要再讓訪談人員遭遇任何會對其健康造成潛在問題的狀況，就成了監督人員所不可吊以輕心的責任之一。

當每一次的訪談活動開始之前，在對訪談室進行準備布置時所要注意的最後一點，則是把和每位訪談人員有關

的特定資訊放入他們個人的工作卷宗裡。在訪談室中，應該要於靠近進行訪談的位置附近、設置一個檔案櫃或一組個人郵箱，以便容納每一位訪談人員所使用的個別卷宗。當訪談人員完成簽到以後，在他們開始進行訪談之前，應該要先查閱個人所屬的卷宗、以了解是否有任何新的資訊涵蓋在內。在這種制度下，監督人員就可以將一部分書面記錄式訪談的問卷調查表分派給特定的訪談人員，由他們進行再次的處理。要發給所有訪談人員的各種備忘資料，也可以放置在此份卷宗內；而與某位訪談人員在前次工作中所遭遇到的特定問題有關的各種提示建議，也可以放在此份卷宗內。如果在某位訪談人員開始繼續進行訪談之前，監督人員認為有某些較為嚴重的事情必須與其進行當面討論的話，也可以在該份卷宗內放入一張通知，要求訪談人員先與監督人員見面。在某些電腦輔助式電話訪談的系統中，可以設立一個「電子卷宗」（electronic folder），以便讓所有的訪談人員在開始進行訪談之前，都必須先進入此卷宗內做一檢視。

當訪談人員在抵達某個集中式的工作場所後，如果該場所看起來（而且事實上也是）整齊有序時，這種情況將有助於把我們所期望的那種專業化訪談品質的一種正面訊息，傳達給所有的訪談人員。監督人員或其他不同於訪談人員的行政管理人員，不但必須將所有的工作活動準備地更為規律一致，而且藉由這種讓訪談人員不必分神處理這些工作的作法，將可以使他們更專注地致力於進行高品質的訪談，而不是做一些「清潔打掃」的工作。

在書面記錄式訪談及電腦輔助式電話訪談的調查中，對訪談期間的活動進行監督

　　由於高品質的電話訪談乃是一件足以讓人殫精竭慮、筋疲力盡的工作，因此在訪談期間的各種活動中對於監督人員的要求，也就相對地更高。對於這些身負監督責任的人員來說，他們的責任就是要確保抽樣的完全性、以及所蒐集到的資料之品質。由於這些原因，被聘用來擔任監督職務的人選，必須是精力充沛與技巧純熟的人員，並且依據他們所肩付的責任來續薪——大約是最低工資的三倍左右，在 1992 年時，這項薪資約等於每小時十三美元。

　　那些曾經在研究所中接受過社會科學訓練的人，通常來說都能符合良好的監督人員所必須具備的各項資格：他（她）們都相當聰明機智，願意在一種高度架構化的環境裡努力工作，而且在致力於降低整體性調查誤差時，對於科學化的調查研究方法、高品質的抽樣及高品質的訪談所扮演的角色，都具有相當不錯的體認。

　　一般來說，在將各種成本與資料品質列入考慮的情況下，最合適的比例應該是：由一位監督人員來負責八至十位具有經驗的訪談人員（Groves, 1989, pp.61-62）。當一位監督人員所必須負責的訪談人員超過十位以上時，在時間的需求上就會過於強烈，以至於要產生高品質的監督就會顯得相當困難了。雖然如此，將一位監督人員所負責的訪談人員數量減少到八名以下，不僅是不符合成本效益，通

常來說也是沒有必要這麼做的。只有一種情況例外：當所負責的都是無經驗的訪談人員，或是在某項調查的進行期間剛開始的時候，比較妥當的謹慎作法，就是讓監督人員與訪談人員的比例維持在大約 1：5 左右。

至於對監督人員進行督導，則是屬於活動指導人的責任；這包括：監督人員的聘用、訓練，以及針對他們的在職表現進行持續的審視。所有的監督人員都應該了解：活動指導人可能會在毫無預先通知的情況下，出現於某個訪談期間的活動中，以評定監督人員在執行他們的責任時究竟表現如何。這些必須由監督人員執行的各項責任，它們在不同的調查案中或許會有些差異，分別敘述如下。

創造一個高產能的訪談環境

對於在活動期間中所進行的所有訪談，監督人員必須負責維持其訪談品質；而所有的訪談人員對於監督人員在這項責任上的感受及表現，也必須有著清楚地認知。我們在這方面的建議是：監督人員在每次的訪談活動開始之前，至少要比訪談人員提早三十分鐘到達，以便確定所有的先前準備工作都已布置妥當（如果有任何尚未準備好的項目，也必須將其備便），並且讓自己從容不迫地等待所有訪談人員的到來。

監督人員在活動期間中所展現出來的權威性，應該是充滿自信、一視同仁、言行一致，並且表現出一種個性愉悅、但卻不至於過度友善的態度及行為。此外，在對訪談

人員提出各種具有建設性的批評時，也應該以一種能夠讓訪談人員更有可能將其謹記在心的方式進行，而不是讓訪談人員產生排斥或反彈的反應——如果是以那種過於嚴苛、否定、或是讓人難堪的方式提供此類批評時，很可能就會造成這種結果。

對監督人員而言，他們應該讓自己接受各項相關訓練，以便對發生某種與訪談有關之問題的可能程度進行判斷（Cannell & Oksenberg, 1988）。這或許是因為某位訪談人員對於各種正確的技巧不夠熟悉，因此仍需要接受適當的訓練。也可能是某位訪談人員已經知道該做些什麼，但卻不清楚應該如何正確執行；或者是這位訪談人員已經知道應該如何執行，但卻缺乏正確執行的相關技巧與能力。除非監督人員能夠正確判斷這些問題的癥結及程度，否則的話，他（她）勢必無法將有效的解決方案提供給這位訪談人員。

確認已完成訪談之案例的有效性

就如我們在第 5 章中所提到的，在書面記錄式訪談的調查中，每當完成一件訪談的案例時，每一位訪談人員都應該依照指示，迅速並仔細地核對該份問卷調查表，然後立即將它遞交給監督人員。緊接著，監督人員便應該逐項地對整份問卷調查表進行檢查，以確定在應該被詢問之所有問項中的答案都已被記錄下來，而且在所有開放式問題中被寫下來的答案都清晰可辨。為了要能夠正確並迅速地

執行這項工作，訪談人員就必須對這份問卷調查表相當熟悉才行。

在電腦輔助式電話訪談中，當監督人員要對問卷調查表執行此項確認其有效性的工作時，則沒有任何書面的記錄可供追蹤；這時，我們都假設所使用的軟體程式可以在這項確認有效性的工作上，成為某種可被接受的代替物。值得一提的是，在電腦輔助式電話訪談的環境中，監督人員們有時候會提到：與他們在使用書面記錄式訪談的經驗相較之下，他們在這種方式下對於訪談期間內的進展，可說是「喪失了感覺」（Berry & O'Rourke, 1988, p.473）（要判定存在於電腦輔助式電話訪談與書面記錄式訪談之間的各種特定優點及缺點，已經是屬於尚待進一步研究的另一項領域了）。

在各種書面記錄式訪談的調查中，除非是監督人員已介入某項問題的解決方案，或是針對某位訪談人員所提出的疑問做出解答；否則的話，監督人員的第一要務應該是確認已完成訪談之案例的有效性。設定這項優先順序之目的，乃是希望在各種問題出現之後，就能夠盡快將其加以確認。然後，在這些問題再次發生以前，監督人員就可以立刻和這位訪談人員共同探討補救之道。在許多情況下，該名訪談人員並不需要再次聯絡某位受訪者，就能夠將一項問題加以解決。然而，在那種重要的資訊完全付之闕如的情況下，監督人員就應該指示這位訪談人員立即再聯繫某位受訪者，以便蒐集那些遺漏掉的資料。

當一份書面記錄式訪談的問卷調查表，其有效性一旦

被監督人員認定為已屬於正確完成的案例之後，這位監督人員就應該在隨附的訪談表格上簽名，以易於分辨這項有效性的確認工作是由何人執行的。活動指導人對於已完成訪談之案例的有效性，應該偶爾進行再確認的工作，以查核監督人員是否有盡忠職守。此外，當書面記錄式訪談的問卷調查表被輸入成機器可判讀的形式以前、在所進行的校訂／製碼過程中，對於各種被檢測出來的問題，也能夠輕易地追溯到在訪談期間內當這個完成案例出現之後，是由那位監督人員所負責的。

就如我們在前文中所提到的，監督人員與訪談人員之間所發展出來的融洽與信賴，將會影響到所產生出來的資料品質。監督人員必須要有持續不斷的口頭、以及（或是）書面的回饋提供給訪談人員，尤其是在某個進行期間的初期階段中、當在職訓練是相當嚴苛精密的時候，更得如此。監督人員在提供回饋時，應該要以一種即時與直接、而且是機巧圓熟的方式進行，在其他訪談人員面前，絕不可以因為某位監督人員的言行，而使任何一位訪談人員處於無地自容的窘迫狀況。不論只是為了說明某項微不足道的問題，或是要求這位訪談人員在進行另一次的訪談之前先與其做一溝通，如果監督人員都能以寫張便條紙給這位訪談人員的方式處理的話，就可以避免上述情況的發生（在某些電腦輔助式電話訪談的系統中，監督人員可以透過電腦連線，與所有的訪談人員進行即時的溝通）。如果某項問題已經發生，而訪談人員卻表現出無法改進或不願意修正的態度時，在這種極為偏激的情況下，所有的監督人員都

應該要獲得授權執行其自由裁決，停止這位訪談人員在某個工作期間之剩餘部分中再進行訪談的權利。

要期待所有的訪談人員及監督人員都能表現得十全十美，這雖然是不合情理的事情；但是當一位監督人員在對書面記錄式訪談的問卷調查表進行確認其有效性的工作時，所能夠允許通過審核的訪談錯誤應該是極為有限才對。同樣地，當所有的訪談人員都能夠了解他們所完成的訪談案例，在有效性方面都會經過審慎地確認時，將能提高他們的注意力，而讓他們以一種精確的方式進行訪談。

對於那些使用到某種拒絕作答報告表的書面記錄式訪談調查而言，也應該要建立一種類似的制度，來對已完成的所有拒絕作答報告表進行有效性的確認。也就是說，訪談人員應該立即將附有拒絕作答報告表的訪談表格遞交給監督人員，而監督人員則應該對其完整性進行查核；如果在完成這份拒絕作答報告表時，所使用的方法中有任何問題存在的話，就應該馬上將適當的回饋提供給訪談人員。

監督正在進行中的訪談

在任何可能的情況下，於所進行的電話調查中應該使用一種集中式的電話系統設備，讓監督人員的電話能夠對所有訪談人員的線路進行監聽。目前已有特殊設計的電話，能夠在訪談人員或受訪者都不知情的狀況下，達到對那些正在進行中的訪談加以監聽之效果（雖然根據 1992 年時美國所提出的立法，這種行為乃是不合法的）。如果監督人

員的桌上能夠配備一部專業性的系統電話，讓它與訪談人員們所使用的每一條線路都相互連結，也可以達到相同的效果。在後述的這種情況下，監督人員於切入某條電話線路之前，必須先將話機拿起來才行；當這種情況出現的時候，訪談人員將能查覺到監督人員正在監聽其通話（通常來說，受訪者會並不知情）。雖然這種作法可能會產生某些缺點（例如，通話中的音量或許會稍微降低一些），但它的好處則是：所有的訪談人員都能確定，他們所進行的訪談品質將會受到評定。

對於那些使用電腦輔助式電話訪談的調查而言，對正在進行中的訪談加以監聽，乃是監督人員的首要責任；這是因為與使用書面記錄式訪談的調查相較之下，監督人員們並不需要擔負對完成訪談之案例確定其有效性的責任。在書面記錄式訪談的電話調查中，監聽正在進行中的訪談雖然是監督人員的次要責任；但不容置疑的，它仍是一項很重要的監督責任。不論是電腦輔助式電話訪談或書面記錄式訪談，這項監聽的工作可以藉由使用一份架構化的「訪談人員監聽表格」（interviewer monitoring form, IMF），正式執行；或是在不使用某種架構化的程序下，以非正式地方式執行。

監督人員並不需要監聽訪談的整個過程，而是應該以某種系統化地方式將這項監聽的時間加以分配；也就是說，每次花上幾分鐘的時間，對所有的訪談人員分別輪流監聽其部分的訪談內容，而且對於那些較缺乏經驗的訪談人員，進行監聽的頻率應該更為頻繁、每次所持續的時間也應該

較長。在分配監聽時間的時候，甚且還可以利用機率抽樣（probability sampling）的方式進行，以選擇要對那一位訪談人員進行監聽，在什麼時間執行，以及每次要監聽多久（Couper, Holland & Groves, 1992）。

在訪談人員與受訪者之間的聯繫過程中，所有的部分都應該要進行監聽，這包括；訪談人員對於簡介詞、受訪者選取順序、轉進陳述、以及問卷調查表本身的使用。依據可獲得的資源之不同，監督人員也可以設計一份「訪談人員監聽表格」，並將其加以運用。這份訪談人員監聽表格可以發揮下列的各種功能：（a）幫助監督人員將一種書面式的在職回饋提供給訪談人員；（b）產生訪談人員的績效資料，以供活動指導人使用；以及（c）提供調查人員一種具有價值的資料類形，以便針對特定問項中與訪談人員有關的測量誤差進行檢測（Cannell & Oksenberg, 1988; Groves, 1989, pp.381-389）。

對於訪談人員在對那些並不完整、模擬兩可、或是毫不相干的各種答覆進行深入調查時所使用的各種方法，以及訪談人員在重覆問項時是否以正確方式陳述，並以一種不帶有任何偏見地形式對某位受訪者所不了解的名詞或術語進行定義及解釋，監督人員都應該要特別注意。此外，監督人員也必須密切注意訪談人員所說或所做（口頭上）的任何事情，是否有可能增強某種特定類型的答覆，以至於讓受訪者的答案產生偏差。舉例來說，訪談人員絕不可以陳述他們本身的看法，即使是當某位受訪者問他們「你個人的看法如何呢？」的時候，亦復如此。訪談人員也絕

不可因為某種下意識的習慣，而說出例如「那真是太糟糕了，」或是「我很高興聽到你這麼說」之類的話。

在某些電腦輔助式電話訪談的系統中，監聽正在進行中的訪談，也意味著能夠對出現於訪談人員與電腦之間的互動影響加以審視。這種作法也可以讓監督人員對於訪談人員在記錄封閉式問項及開放式問項之答案時的精確性，做一評定；也就是說，在大部分的電腦輔助式電話訪談系統中，雖然都不允許訪談人員輸入設定範圍以外的答案值（answer values），但卻無法防範那些不正確、而又歸屬於範圍內的答案值被鍵入。

對大部分的監督人員來說，他們都偏愛使用一份訪談人員監聽表格；因為這種作法有助於讓他們在活動期間中，使本身的工作更具架構性。當現實狀況並不允許他們使用這種訪談人員監聽表格時，監督人員就應該接受相關的訓練，讓他們能夠以一種非正式的方法，應用相同的準則來對一位訪談人員的在職表現之精確性進行判定。

當訪談中所使用的電話系統並不允許監督人員對訪談過程進行監聽時，則監督人員就應該不時地在訪談室內來回走動，並且例行性地在每位訪談人員的身邊稍做停留，對訪談人員的談話進行簡短的聆聽。任何具有電話訪談經驗的人都知道，如果監督人員不但在聆聽、而且還注視著某位訪談人員當時正在做的事情時，要假裝正在進行一項訪談，幾乎是不可能的事情。對有經驗的監督人員來說，藉由訪談的進行步調、以及各種談話應對中所表現出來的協調性／矛盾性，很容易就能檢測出那是否為一項捏造的

訪談。因此，擁有一套能夠讓監督人員直接對正在進行中的訪談加以監聽的電話系統，雖然是較受青睞的一種方式；但是，不論這種監聽設備是否能夠取得，就這方面來說，都是監督人員責無旁貸的責任。

在調查進行期間的初期階段、以及對那些新的訪談人員來說，應該要以更爲頻繁的頻率聆聽正在進行中的訪談。在這些情況下，每八至十位的訪談就配置兩名監督人員，或許是一種較爲妥當的安排。即使是在調查進行期間的稍後階段中，這項監聽的工作也不可稍有停頓，而且監督人員也不應該忽略聆聽那些有經驗的訪談人員所進行的訪談。除非這項監聽的工作是依循某種已排定的時間表執行，否則的話，監督人員必須依據他們所從事的調查是在一種書面記錄式訪談或電腦輔助式電話訪談的環境下來進行，而按照一般的常識分配他們的監聽時間。

監督訪談表格所產生的各種意向代碼

在訪談期間中，對抽樣群體的處理加以監督，這也是監督人員的責任之一。對於訪談人員在記錄拒絕回答與只完成部分訪談之案例時所採取的態度，以及他們是如何使用所有的意向代碼，監督人員都應該偶爾進行查核。同樣地，監督人員在執行這項工作的時候，也是應該將重點放在那些新進的訪談人員身上。對於那些使用書面記錄式訪談的調查來說，監督人員在執行這項工作時，必須以人工方式處理所有的訪談表格。至於在某些完全使用電腦輔助

式電話訪談系統的調查中，則可以依據監督人員或活動指導人的要求，產生許多種不同類型的報表，將訪談人員在處理該抽樣群體時的進展顯示出來（Weeks, 1988, p.418-419）。

與抽樣群體有關的另一項考慮，便是在訪談期間內對某些特定的電話號碼再做循環處理。由先前的訪談活動中，可能會有某些電話號碼必須在某個特定的時間內進行再度聯繫，以及（或是）應該將其分派給某位特定的訪談人員處理。對於某些電腦輔助式電話訪談系統來說，它的軟體程式或許就可以完成這項工作的全部或大部分。但是在書面記錄式訪談中，監督人員就必須在適當的時間、負責把這些訪談表格分配給合適的訪談人員處理。

對訪談人員來說，當他（她）必須重覆撥接某位來自於前次訪談期間中的受訪者、並嘗試將這項並未完成的案例加以完成時，有時候也會出現缺乏信心的現象。在這種情況下，監督人員就必須針對這種不情願的心態、來與原先的訪談人員進行討論，然後再決定是否要將這件只完成部分訪談的案例，重新分派給另一位訪談人員處理。

解決問題與回答疑問

在訪談活動的進行期間中，不論是任何時刻，監督人員都必須扮演「解決問題者」（trouble-shooter）的角色。他們必須知道應該如何回答訪談人員所提出的疑問，預期並解決各種的問題，而且還要隨時做好處理各種突發狀況

的準備。有時候，存在於訪談人員之間的人際緊張關係必須被及時化解；有時候，訪談人員可能會因為太過於饒舌，以至於降低了他們的生產力。有些時候，監督人員也必須直接和一位猶豫不決的受訪者交談，或是因為某位訪談人員所犯下的（可能）錯誤而向某位忿怒不已的受訪者道歉，或是將訪談人員所無法說明的某些不確定事項加以解決，或是對某位要求和監督人員直接談話的受訪者所說的內容洗耳恭聽。

當贊助者來訪的時候

　　某項調查的贊助者們想要對蒐集到他們所需之資料的各項活動進行觀察，這原本就是一件名正言順的事情。這些贊助者提供了該項調查所需的經費，因此他們希望能夠直接了解所有的訪談人員是如何使用這份問卷調查表與其他的各種調查資源，以及受訪者是如何回答問題的這種要求，可說是理所當然的。然而，當這些贊助者在參與調查的時候，對於受訪者所應該表現出來的熱誠反應，或許有著相當不切實際的期望。這些贊助者或許會天真地認為：對所有的受訪者來說，這份問卷調查表都應該能讓他們深感興趣、並且覺得很重要；正因為如此，如果有某些受訪者在回答問題的時候，表現出一種不以為意與（或是）不感興趣的反應時，他們很自然地就會認為這都是訪談人員的不對。

　　由於存在著上述這種、以及其他與贊助者觀察正在進

行中之訪談活動有關的各種潛在問題，因此，監督人員就必須做好聆聽這些贊助者所提出之關切事項的心理準備；但卻絕不能因此而偏離了標準化的調查程序，除非是活動指導人已經對政策做出了改變。此外，監督人員也絕不可和調查的贊助者發生爭執；如果有任何意見不合之處，應該請這些贊助者直接和活動指導人針對他們所關切的各種事項進行討論；如果活動指導人已承諾會做出任何改變的話，監督人員必定會接獲相關的通知。

針對已完成的訪談案例進行確認

另一項監督的責任，乃是和對於已完成的調查案進行確認有所關聯。監督人員除了要對訪談期間內每一件已完成的案例確認其有效性之外，在編列一項調查案的預算時，也應該將針對所有已完成訪談之案例中的一部分進行確認所需的費用包括在內(以西北大學調查研究室在 1990 年時，為某家意圖以調查結果做為他們在一項聯邦審判案中之輔助証據的法律公司所進行的一項調查為例，該公司也聘雇了另一個機構，來針對我們所完成的一千六百件訪談案例進行確認的工作)。在對這些已完成的訪談案例進行確認時，需要由一位具有監督能力的人員聯絡受訪者，以證實這項訪談的確進行過，而且還要對訪談人員所記錄的各種答案加以確認。

如果那些正在進行中的訪談，係依據本章中所述的各種方針而受到嚴格的監督時，則這項對已完成的訪談案例進行確認的工作，或許就不見得非要實施不可。雖然如此，對於那些新進的訪談人員，我們建議還是要執行這項確認的工作，尤其是在某項調查的進行期間剛開始的時候。讓所有的訪談人員都知道將會有這項確認的動作發生，乃是有益無害的；但是在他們所完成的訪談案例中，究竟有多少數量會被實際地加以確認，就沒有必要讓他們知道了。

　　未通過確認的任何完成案例，都可能成為人們所關切的焦點。但是，這並不意味著這項訪談在進行時所使用的方法不正確（例如，受訪者在許多情況下，都會有一種讓人無法理解的心態，而不願意承認他們曾經參與過某項調查），它只不過是代表著我們在查核某位特定訪談人員所執行的工作時，必須更為謹慎留意罷了。在書面記錄式訪談的調查中，有時候也會因為訪談人員不小心將某份不正確的訪談表格與問卷調查表釘在一起，以至於在企圖進行確認時所撥接的是錯誤的電話號碼，而使得某件已完成的案例無法通過確認。

　　假如相關的資料是藉由訪談人員監聽表格而產生時，則調查人員就可以利用來自於確認表格中的資料，對該項調查的測量誤差的大小，以及它是否與訪談人員有關、或是和受訪者有關，進行檢測。

結論

就如 Fowler（1984）所觀察到的結果，從事調查的專業人員們對於調查資料的蒐集過程中與人為部分有所關聯、並因而導致誤差得以產生的各種根源，所投入的關切與注意實在是少之又少。由本章中所強調、以及由本書中整體所述的內容來看，各位應該已經相當清楚：在一項電話調查中，抽樣所能產生的品質以及所蒐集到的資料品質，與實施監督時的品質，有著極為密切的關聯性。

對許多的調查機構來說——尤其是那些商業性質者，似乎都不願意設立某種能夠強調及獎勵高品質電話訪談與監督的制度。這種低度運用電話調查所能提供之各種機會的現象（雖然它可能並非出自於故意的）——亦即電話調查在資料蒐集時所能夠提供的這種嚴格管控的功能——似乎仍將持續下去，直到調查案的贊助者都能體認到一項事實為止：他們對於自己所投入的金錢，必須要求獲得更高的品質。當我在 1984 年開始撰寫本書的第一版時，我所表達的就是這項看法；很不幸地，從那時直到現在，我對於這個問題在其程度上所做的評定，根本上來說並未出現任何的改變。

綜觀本書，我所提出說明的各種程序，均是以下列假設為基礎：在一項調查中，應該是要以合理的成本來蒐集到高品質的資料——亦即調查的結果只存在著相當低的整體性調查誤差。就像其他的許多事情一樣，削減電話調查

所需的各項費用，通常來說也就代表著削減其品質，並因而增加了整體性調查誤差的可能性。雖然如此，與最佳品質的工作成果相較之下，品質低劣的訪談與不適當的監督，已被證明是更為昂貴的一項投資；尤其是在品質過於低劣、以至於所蒐集到的資料完全不具任何有效性的情況。

簡單來說，用來蒐集品質低劣之調查資料所花費的金錢與心力，基本上就是一種被浪費掉的金錢與心力。相反地，用來支持審慎規劃與執行、並能蒐集到高品質資料的調查案而投入的各種資源，很可能會獲得數倍於它們本身價值的回饋。

參考書目

American Association for Public Opinion Research (AAPOR). (1991). *Code of professional ethics and practices.* Ann Arbor, MI: AAPOR Secretary's Office.

Andrews, E. L. (1992, March 15). Emboldened phone companies are pushing the frills. *New York Times,* p. F8.

Alexander, C. A. (1988). Cutoff rules for secondary calling in a random digit dialing survey. In R. M. Groves, P. P. Biemer, L. E. Lyberg, J. T. Massey, W. L. Nicholls, & J. Waksberg (Eds.), *Telephone survey methodology* (pp. 113-126). New York: John Wiley.

Alexander, C. A., Seoold, I., & Pfaff, P. (1986). Some results with an experiment with telephone sampling for the US national crime survey. *Proceedings of the Section on Survey Research Methods,* American Statistical Association, Chicago.

AT&T. (1982). *The world's telephones: 1982.* Atlanta: R. H. Donnelley.

Babbie, E. (1989). *The practice of social research* (5th ed.). Belmont, CA: Wadsworth.

Baker, R. P., & Lefes, W. L. (1988). The design of CATI systems: A review of current practice. In R. M. Groves, P. P. Biemer, L. E. Lyberg, J. T. Massey, W. L. Nicholls, & J. Waksberg (Eds.), *Telephone survey methodology* (pp. 387-402). New York: John Wiley.

Bass, R. T,. & Tortora, R. D. (1988). A comparison of centralized CATI facilities for an agricultural labor survey. In R. M. Groves, P. P. Biemer, L. E. Lyberg, J. T. Massey, W. L. Nicholls, & J. Waksberg (Eds.), *Telephone survey methodology* (pp. 497-508). New York: John Wiley.

Bauman, S. L., Merkle, D. M., & Lavrakas, P. J. (1992). *Interviewer estimates of refusers' gender, age, and race in telephone surveys.* Paper presented at the Midwest Association for Public Opinion Research Conference, Chicago.

Belson, W. A. (1981). *The design and understanding of survey questions.* Aldershot, England: Gower.

Berry, S. H., & O'Rourke, D. (1988). Administrative designs for centralized telephone survey centers: Implications of the transition to CATI. In R. M. Groves, P. P. Biemer, L. E. Lyberg, J. T. Massey, W. L. Nicholls, & J. Waksberg (Eds.), *Telephone survey methodology* (pp. 457-474). New York: John Wiley.

Biemer, P. P., Groves, R. M., Lyberg, L. E., Mathiowetz, N. A., & Sudman, S. (Eds.). (1991). *Measurement errors in surveys.* New York: John Wiley.

Blair J., & Chun, Y. (1992). *Quality of data from converted refusals in telephone surveys.* Paper presented at the American Association for Public Opinion Research Conference, St. Petersburg, FL.

Bradburn, N. M., & Sudman, S. (1991). The current status of questionnaire design. In P. P. Biemer, R. M. Groves, L. E. Lyberg, N. A. Mathiowetz, & S. Sudman (Eds.), *Measurement errors in surveys* (pp. 29-40). New York: John Wiley.

Bradburn, N. M., Sudman, S., & Associates. (1979). *Improving interview method and questionnaire design.* San Francisco: Jossey-Bass.

Brook, J. (1976). *Telephone: The first hundred years.* New York: Harper & Row.

Bryant, B. E. (1975). Respondent selection in a time of changing household composition. *Journal of Marketing Research, 12,* 129-135.

Burkheimer, G. J., & Levinsohn, J. R. (1988). Implementing the Mitofsky-Waksberg sampling design with accelerated sequential replacement. In R. M. Groves, P. P. Biemer, L. E. Lyberg, J. T. Massey, W. L. Nicholls, & J. Waksberg (Eds.), *Telephone survey methodology* (pp. 99-112). New York: John Wiley.

Catlin, G., & Ingram, S. (1988). The effects of CATI on costs and data quality: A comparison of CATI and paper methods in centralized interviewing. In R. M. Groves, P. P. Biemer, L. E. Lyberg, J. T. Massey, W. L. Nicholls, & J. Waksberg (Eds.), *Telephone survey methodology* (pp. 437-452). New York: John Wiley.

Campbell, D. T., & Stanley, J. (1966). *Experimental and quasi-experimental designs for research.* Chicago: Rand McNally.

Cannell, C. (1991, October). *Research on monitoring interviewers' behaviors.* Informal presentation at the Institute for Social Research, University of Michigan.

Cannell, C., & Oksenberg, L. (1988). Observation of behavior in telephone interviews. In R. M. Groves, P. P. Biemer, L. E. Lyberg, J. T. Massey, W. L. Nicholls, & J. Waksberg (Eds.), *Telephone survey methodology* (pp. 475-496). New York: John Wiley.

Cochran, W. G. (1977). *Sampling techniques.* New York: John Wiley.

Collins, M., Sykes, W., Wilson, P., & Blackshaw, N. (1988). Nonresponse: The UK experience. In R. M. Groves, P. P. Biemer, L. E. Lyberg, J. T. Massey, W. L. Nicholls, & J. Waksberg (Eds.), *Telephone survey methodology* (pp. 213-232). New York: John Wiley.

Congressional Information Service (1990). *American statistical index.* Bethesda, MD: CIS.

Cook, T. D., & Campbell, D. T. (1979). *Quasi-experimentation: Designs and analysis issues for field settings.* Chicago: Rand McNally.

Cooper, S. L. (1964). Random sampling by telephone: An improved method. *Journal of Marketing Research, 1*(4), 45-48.

Couper, M. P., Holland, L., & Groves, R. M. (1992). *"Hello my name is . . .": Respondent-interviewer interactions in survey introductions.* Paper presented at the American Association for Public Opinion Research Conference, St. Petersburg, FL.

Czaja, R., Blair, J., & Sebestik, J. (1982). Respondent selection in a telephone survey. *Journal of Marketing Research, 19,* 381-385.

Dawes, R. M. (1972). *Fundamentals of attitude measurement.* New York: John Wiley.

de Leeuw, E. D., & van der Zouwen, J. (1988). Data quality in telephone and face to face surveys: A comparative meta-analysis. In R. M. Groves, P. P. Biemer, L. E. Lyberg, J. T. Massey, W. L. Nicholls, & J. Waksberg (Eds.), *Telephone survey methodology* (pp. 283-300). New York: John Wiley.

de Sola Pool, I. (Ed.). (1977). *The social impact of the telephone.* Cambridge: MIT Press.

Dillman, D. A. (1978). *Mail and telephone surveys: The total design method.* New York: John Wiley.

Dillman, D. A., Gallegos, J., & Frey, J. H. (1976). Reducing refusals for telephone interviews. *Public Opinion Quarterly, 40,* 99-114.

Dillman, D. A., Sangster, R. L., & Rockwood, T. H. (1992). *Question form effects in mail and telephone surveys: Results from 14 experiments.* Paper presented at the American Association for Public Opinion Research Conference, St. Petersburg, FL.

Dillman, D. A., & Tarnai, J. (1988). Administrative issues in mixed mode surveys. In R. M. Groves, P. P. Biemer, L. E. Lyberg, J. T. Massey, W. L. Nicholls, & J. Waksberg (Eds.), *Telephone survey methodology* (pp. 509-528). New York: John Wiley.

Dillman, D. A., & Tarnai, J. (1991). Mode effects of cognitively designed recall questions: A comparison of answers to telephone and mail surveys. In P. P. Biemer, R. M. Groves,

L. E. Lyberg, N. A. Mathiowetz, & S. Sudman (Eds.), *Measurement errors in surveys* (pp. 73-94). New York: John Wiley.

Drew, J. D., Choudhry, G. H., & Hunter, L. A. (1988). Nonresponse issues in government telephone surveys. In R. M. Groves, P. P. Biemer, L. E. Lyberg, J. T. Massey, W. L. Nicholls, & J. Waksberg (Eds.), *Telephone survey methodology* (pp. 233-246). New York: John Wiley.

Ekman, P., & Friesen, W. (1974). Detecting deception from body and face. *Journal of Personality and Social Psychology, 29,* 288-298.

Ekman, P., & Friesen, W. (1976). Body movement and voice pitch in deceptive interaction. *Semiotica, 16,* 23-27.

Fowler, F. J., Jr. (1984). *Survey research methods.* Beverly Hills, CA: Sage.

Fowler, F. J., Jr. (1993). *Survey research methods* (2nd ed.). Newbury Park, CA: Sage.

Fowler, F. J., Jr., & Mangione, T. W. (1985). *The value of interviewer training and supervision.* Final Report to the National Center for Health Services Research, Washington, DC.

Fowler, F. J., Jr., & Mangione, T. W. (1986). *Reducing interviewer effects on health survey data.* Washington, DC: National Center for Health Statistics.

Fowler, F. J., Jr., & Mangione, T. W. (1990). *Standardized survey interviewing.* Newbury Park, CA: Sage.

Frey, J. H. (1989). *Survey research by telephone* (2nd ed.). Newbury Park, CA: Sage.

Gawiser, S. R., & Witt, G. E. (1992). *Twenty questions a journalist should ask about poll results.* New York: National Council on Public Polls.

Groves, R. M. (1989). *Survey errors and survey costs.* New York: John Wiley.

Groves, R. M., Biemer, P. P., Lyberg, L. E., Massey, J. T., Nicholls, W. L., & Waksberg, J. (Eds.). (1988). *Telephone survey methodology.* New York: John Wiley.

Groves, R. M., & Kahn, R. L. (1979). *Surveys by telephone: A national comparison with personal interviews.* New York: Academic Press.

Groves, R. M., & Lyberg, L. E. (1988). An overview of nonresponse issues in telephone surveys. In R. M. Groves, P. P. Biemer, L. E. Lyberg, J. T. Massey, W. L. Nicholls, & J. Waksberg (Eds.), *Telephone survey methodology* (pp. 191-212). New York: John Wiley.

Hagen, D. E., & Collier, C. M. (1982). Must respondent selection procedures for telephone surveys be invasive? *Public Opinion Quarterly, 47,* 547-556.

Hays, W. L. (1973). *Statistics for the social sciences.* New York: Holt, Rinehart & Winston.

Hedrick, T., Bickman, L., & Rog, D. (1993). *Applied research design.* Newbury Park, CA: Sage.

Henry, G. T. (1990). *Practical sampling.* Newbury Park, CA: Sage.

House, C. C., & Nicholls, W. L. (1988). Questionnaire design for CATI: Design objectives and methods. In R. M. Groves, P. P. Biemer, L. E. Lyberg, J. T. Massey, W. L. Nicholls, & J. Waksberg (Eds.), *Telephone survey methodology* (pp. 421-436). New York: John Wiley.

Kish, L. (1949). A procedure for objective respondent selection within the household. *Journal of the American Statistical Association, 44,* 380-387.

Kish, L. (1962). Studies of interviewer variance for attitudinal variables. *Journal of the American Statistical Association, 57,* 92-115.

Kish, L. (1965). *Survey sampling.* New York: John Wiley.

Kviz, F. J. (1977). Towards a standard definition of response rate. *Public Opinion Quarterly, 41,* 265-267.

Landon, E. L., & Banks, S. K. (1977). Relative efficiency and bias of plus-one telephone sampling. *Journal of Marketing Research, 14,* 294-299.

Lavrakas, P. J. (1987). *Telephone survey methods: Sampling, selection, and supervision.* Newbury Park, CA: Sage.

Lavrakas, P. J. (1990). *Morton Grove district 70 enrollment study* [Mimeo]. Evanston, IL: Northwestern University Survey Lab.

Lavrakas, P. J. (1991). Implementing CATI at the Northwestern Survey Lab: Part I. *CATI News, 4*(1), 2-3+.

Lavrakas, P. J. (1992). *Attitudes towards and experiences with sexual harassment in the workplace.* Paper presented at the Midwest Association for Public Opinion Research Conference, Chicago.

Lavrakas, P. J., & Maier, R. A. (1979). Differences in human ability to judge veracity from the audio medium. *Journal of Research in Personality, 13,* 139-153.

Lavrakas, P. J., & Merkle, D. M. (1991). *A reversal of roles: When respondents question interviewers.* Paper presented at the Midwest Association for Public Opinion Research Conference, Chicago.

Lavrakas, P. J., Merkle, D. M., & Bauman, S. L. (1992). *Refusal report forms, refusal conversions, and nonresponse bias.* Paper presented at the American Association for Public Opinion Research Conference, St. Petersburg, FL.

Lavrakas, P. J., Merkle, D. M., & Bauman, S. L. (1993). *The last-birthday selection method and within-unit coverage problems.* Paper presented at the American Association for Public Opinion Research Conference, St. Charles, IL.

Lavrakas, P. J., & Rosenbaum, D. P. (1989). *Crime prevention beliefs, policies and practices of chief law enforcement executives: Results of national study.* Washington, DC: National Crime Prevention Council.

Lavrakas, P. J., Settersten, R. A., Jr., & Maier, R. A., Jr. (1991). RDD panel attrition in two local area surveys. *Survey Methodology, 17,* 143-152.

Lavrakas, P. J., Skogan, W. G., Normoyle, J., Herz, E. J., Salem, G., & Lewis, D. A. (1980). *Factors related to citizen participation in personal, household, and neighborhood anti-crime measures* [Mimeo]. Evanston, IL: Center for Urban Affairs & Policy Research.

Lavrakas, P. J., & Tyler, T. R. (1983). *Low cost telephone surveys.* Paper presented at Evaluation '83, Chicago.

LeBailly, R. F., & Lavrakas, P. J. (1981). *Generating a random digit dialing sample for telephone surveys.* Paper presented at Issue '81 Annual SPSS Convention, San Francisco.

Lepkowski, J. M. (1988). Telephone sampling methods in the United States. In R. M. Groves, P. P. Biemer, L. E. Lyberg, J. T. Massey, W. L. Nicholls, & J. Waksberg (Eds.), *Telephone survey methodology* (pp 73-98). New York: John Wiley.

Lewis, I. A. (1991). Media polls, the *Los Angeles Times* poll, and the 1988 presidential election. In P. J. Lavrakas & J. K. Holley (Eds.), *Polling and presidential election coverage* (pp. 57-82). Newbury Park, CA: Sage.

Lipsey, M. W. (1989). *Design sensitivity: Statistical power for experimental research.* Newbury Park, CA: Sage.

Lyberg, L. E (1988). Introduction: The administration of telephone surveys. In R. M. Groves, P. P. Biemer, L. E. Lyberg, J. T. Massey, W. L. Nicholls, & J. Waksberg (Eds.), *Telephone survey methodology* (pp. 453-456). New York: John Wiley.

Lyberg, L. E., & Dean, P. (1992). *Methods for reducing nonresponse rates—a review.* Paper presented at the American Association for Public Opinion Research Conference, St. Petersburg, FL.

Maier, N.R.F. (1966). Sensitivity to attempts at deception in an interview situation. *Personnel Psychology, 19,* 55-66.

Maier, N.R.F., & Thurber, J. (1968). Accuracy of judgments of deception when an interview is watched, heard or read. *Personnel Psychology, 21,* 23-30.

Maier, R. A., & Lavrakas, P. J. (1976). Lying behavior and evaluation of lies. *Perceptual and Motor Skills, 42,* 575-581.

Maklan, D., & Waksberg, J. (1988). Within-household coverage in RDD surveys. In R. M. Groves, P. P. Biemer, L. E. Lyberg, J. T. Massey, W. L. Nicholls, & J. Waksberg (Eds.), *Telephone survey methodology* (pp. 51-72). New York: John Wiley.

Mason, R. E., & Immerman, F. W. (1988). Minimum cost sample allocation for Mitofsky-Waksberg random digit dialing. In R. M. Groves, P. P. Biemer, L. E. Lyberg, J. T. Massey, W. L. Nicholls, & J. Waksberg (Eds.), *Telephone survey methodology* (pp. 127-142). New York: John Wiley.

Massey, J. T. (1988). An overview of telephone coverage. In R. M. Groves, P. P. Biemer, L. E. Lyberg, J. T. Massey, W. L. Nicholls, & J. Waksberg (Eds.), *Telephone survey methodology* (pp. 3-8). New York: John Wiley.

Massey, J. T., & Botman, S. L. (1988). Weighting adjustments for random digit dialed surveys. In R. M. Groves, P. P. Biemer, L. E. Lyberg, J. T. Massey, W. L. Nicholls, & J. Waksberg (Eds.), *Telephone survey methodology* (pp. 143-160). New York: John Wiley.

Merkle, D. M., Bauman, S. L., & Lavrakas, P. J. (1991). *Nonresponse bias: Refusal conversions and call-backs in RDD telephone surveys.* Paper presented at the Midwest Association for Public Opinion Research Conference, Chicago.

Mitofsky, W. J. (1970). *Sampling of telephone households* [Mimeo]. New York: CBS News.

Nicholls, W. L. (1988). Computer-assisted telephone interviewing: A general introduction. In R. M. Groves, P. P. Biemer, L. E. Lyberg, J. T. Massey, W. L. Nicholls, & J. Waksberg (Eds.), *Telephone Survey Methodology* (pp. 377-386). New York: John Wiley.

Oldendick, R. W., Sorenson, S. B., Tuchfarber, A. J., & Bishop, G. F. (1985). *Last birthday respondent selection in telephone surveys: A further test.* Paper presented at Midwest Association of Public Opinion Research, Chicago.

Oksenberg, L., & Cannell, C. (1988). Effects of interviewer vocal characteristics on nonresponse. In R. M. Groves, P. P. Biemer, L. E. Lyberg, J. T. Massey, W. L. Nicholls, & J. Waksberg (Eds.), *Telephone survey methodology* (pp. 257-272). New York: John Wiley.

O'Rourke, D., & Blair, J. (1983). Improving random respondent selection in telephone surveys. *Journal of Marketing Research, 20,* 428-432.

Pierce, J. R. (1977). The telephone and society in the past 100 years. In I. de Sola Pool (Ed.), *The social impact of the telephone* (pp. 159-195). Cambridge: MIT Press.

Potthoff, R. F. (1987). Some generalizations of the Mitofsky-Waksberg technique for random digit dialing. *Journal of the American Statistical Association, 82,* 409-418.

Ramirez, A. (1992, April 30). Lifetime telephone numbers that ring anywhere you go. *New York Times,* p. A1+.

Robinson, J. P., Shaver, P. R., & Wrightsman, L. W. (1991). *Measures of personality and social psychological attitudes.* New York: Academic Press.

Salmon, C. T., & Nichols, J. S. (1983). The next-birthday method for respondent selection. *Public Opinion Quarterly, 47,* 270-276.

Schuman, H., & Presser, S. (1981). *Questions and answers in attitude surveys.* New York: Academic Press.

Sebold, J. (1988). Survey period length, unanswered numbers, and nonresponse in telephone surveys. In R. M. Groves, P. P. Biemer, L. E. Lyberg, J. T. Massey, W. L. Nicholls, & J. Waksberg (Eds.), *Telephone survey methodology* (pp. 247-256). New York: John Wiley.

Smead, R. J., & Wilcox, J. (1980). Ring policy in telephone surveys. *Public Opinion Quarterly, 44,* 115-116.

Stokes, L., & Ming-Yih, Y. (1988). Searcnıng for causes of interviewer effects in telephone surveys. In R. M. Groves, P. P. Biemer, L. E. Lyberg, J. T. Massey, W. L. Nicholls, & J. Waksberg (Eds.), *Telephone survey methodology* (pp. 357-376). New York: John Wiley.

Sudman, S. (1973). The uses of telephone directories for survey sampling. *Journal of Marketing Research, 10* (May), 204-207.

Sudman, S. (1976). *Applied sampling.* New York: Academic Press.

Sudman, S., & Bradburn, N. (1974). *Response effects in surveys: A review and synthesis.* Chicago: Aldine.

Sudman, S., & Bradburn, N. (1982). *Asking questions.* San Francisco: Jossey-Bass.

Survey Sampling, Inc. (1990). *A survey researcher's view of the U.S.* Fairfield, CT: Survey Sampling.

Thornbeȓry, O. T., Jr., & Massey, J. T. (1988). Trends in United States telephone coverage across time and subgroups. In R. M. Groves, P. P. Biemer, L. E. Lyberg, J. T. Massey, W. L. Nicholls, & J. Waksberg (Eds.), *Telephone survey methodology* (pp. 25-50). New York: John Wiley.

Traugott, M. R. (1987). The importance of persistence in respondent selection for preelection surveys. *Public Opinion Quarterly, 51,* 48-57.

Traugott, M. R., Groves, R. M., & Lepkowski, J. (1987). Using dual frame designs to reduce nonresponse in telephone surveys. *Public Opinion Quarterly, 51,* 522-539.

Trewin, D., & Lee, G. (1988). International comparisons of telephone coverage. In R. M. Groves, P. P. Biemer, L. E. Lyberg, J. T. Massey, W. L. Nicholls, & J. Waksberg (Eds.), *Telephone survey methodology* (pp. 9-24). New York: John Wiley.

Troldahl, V. C., & Carter, R. E., Jr. (1964). Random selection of respondents within households in phone surveys. *Journal of Marketing Research, 1,* 71-76.

Tucker, C. (1983). Interviewer effects in telephone surveys. *Public Opinion Quarterly, 47,* 84-95.

U.S. Bureau of Census (1984). *Statistical abstracts of the United States, 1984.* Washington, DC: Government Printing Office.

Waksberg, J. (1978). Sampling methods for random digit dialing. *Journal of the American Statistical Association, 73,* 40-46.

Weeks, M. F. (1988). Call scheduling with CATI: Current capabilities and methods. In R. M. Groves, P. P. Biemer, L. E. Lyberg, J. T. Massey, W. L. Nicholls, & J. Waksberg (Eds.), *Telephone survey methodology* (pp. 403-420). New York: John Wiley.

Weeks, M. F., Jones, B. L., Folsom, R. E., & Benrud, C. H. (1980). Optimal times to contact sample households. *Public Opinion Quarterly, 44,* 101-114.

Weeks, M. F., Kulka, R. A., & Pierson, S. (1987). Optimal call scheduling for a telephone survey. *Public Opinion Quarterly, 51,* 540-549.

Weiss, C. (1972). *Evaluation research.* Englewood Cliffs, NJ: Prentice-Hall.

Wolter, K. (1985). *Introduction to variance estimation.* New York: Springer Verlag.

索引

A

AAPOR, 美國輿論研究協會 195

Access lines, 電話線路 32, 73, 95

Added-digit（s）, 添加數字 84, 87-90, 107

Administrative plan, 管理計畫 42-45

Advance contact; 事前聯絡 fax; 事前傳真 letter; 事前信件 109, 170, 183, 232-234

Answering machines, 答錄機 35-36, 38, 134-136, 141, 179

B

BASIC 程式, 92, 96

Birthday selection methods, 生日選取法 214-216

Bogus interviews, 捏造的訪談 302-303

Busy signals, 忙線訊號 133-134

C

Callbacks, number of 重覆撥接 132, 155, 172, 268

Caller I.D., 來話者身分識別 35, 38

Call forwarding, 來話轉接 36, 143, 198

Call screening. See Call forwarding.

Call-sheet, 訪談表格 42, 120, 125-153, 196, 212, 268

CATI, 電腦輔助訪談 6, 23, 44-46, 62, 90, 112, 120, 125, 127, 128,

155, 173, 183, 186-187, 203, 212, 218, 242, 249, 258-259, 266, 268, 279, 288, 293, 297, 299-303

Cluster sample, 群集樣本 64

Cold call, 陌生電話 232

Commercial lists, 商業名冊 106-108, 233

Completion, 完成訪談 150-151

Completion rates, 完成訪談率 176-177

Confidentiality, 保密的 200, 201, 233, 240

Contact only, 聯絡而已 144-145

Cost, cost efficiency, 成本，成本效益 20-21, 24, 71-72, 97, 185, 213, 234, 237, 241-245, 259, 263, 274, 279, 282, 291, 294-295, 308-309

Coverage / noncoverage error, 涵蓋範圍 / 未涵蓋範圍誤差 3, 18-19, 26, 29, 32, 46, 51, 66, 75, 88, 94, 100, 101, 105, 106-107, 116, 119, 141, 148, 185, 187, 189, 191, 193, 205, 206, 208, 213, 216, 228, 232, 236

D

Debriefing session, 簡報式討論會 43

Degree of precision, 準確度 70-71, 111-112

Design effects, 設計效果 97

Dialing disposition, 撥接結果 120, 125-152, 228

Directory sampling. See List sampling.

Disability barrier, 殘障障礙 145-146

DOS-PC, Dos 作業系統 92

E

Eligible respondent, 合格的受訪者 205-207, 209, 214, 227

Errors of omission / commission, 遺漏上 / 委任的誤差 228

Ethics, 道德 49-50

Evaluation research, 評估研究案 68

External validity, 外在效度 54, 66, 70, 121, 126, 140, 193, 206

F

Face-to-face interviewing. See Personal interviewing.

Fallback statements, 轉進陳述 197, 198-200, 255, 269

False negatives / Positives, 錯誤的否定／肯定 228

Fast busy, 固定忙線 133-134

Fax "mail" surveys, 傳真信件調查 182-186

Final dispositions, 最後結果 166-168

Final sample, 最後樣本 61, 71, 111, 113, 192, 193, 272

Field director, 活動指導人 247, 280-281, 295, 304, 306

G

Gatekeeper, 把關者 269

Geographic screening, 地理區域的過濾 69-70, 77, 116, 226-228

H

Hagen and Collier selection method, Hagen-Collier 選取法 220

Head-of-household selection, 戶長選取法 222-225

Hit rate, 命中率 99, 113-115

Household informant, 戶內資料受訪者 205, 210

Household refusal, 住戶拒絕回答 136-137, 138-140, 148-149, 191

I

Incentives / disincentives for participation, 參與的誘因／阻力 200-203, 254

Informed consent, 告知同意 200

Interviewer monitoring, 監聽訪談人員 187, 303-304

Interviewer monitoring form（IMF）, 訪談人員監視表 262

Interviewer productivity／efficiency, 訪談人員的產能／效率 261-263

Interviewer recruitment／hiring, 訪談人員的召募／聘請 54, 239-245

Interviewer-related error／effects, 與訪談人員有關的誤差／效果 46, 54, 235, 245, 246, 252, 258, 274-275, 282, 290, 301, 307

Interviewer remuneration, 訪談人員的薪資 241-245, 263-266

Interviewer report form（IMF）, 訪談人員報告表 125

Interviewer screening form, 訪談人員篩選表格 244

Interviewer training, 訪談人員的訓練 42, 54, 236, 246-273

Interviewer training manual, 訪談人員訓練手冊 248

Interviewer work station, 訪談人員工作站 196

Interviewing sessions, 訪談期間 280-306

Intraclass correlation coefficient, 內在相關係數 274

Introduction／selection sequence, 介紹／選取的順序 42, 191, 196-197, 268

Introductory spiel, 介紹詞 42-43, 127, 190, 194-203

Inverse sampling method, 倒轉抽樣法 85

Item nonresponse, 未獲回應之問項 180, 255

Item randomization, 問項的隨機選取 45

J

Jackknife variance calculation, 鐮刀式變異數計算法 274

Junk call, 垃圾電話 191

K

Kish selection method, Kish 選取法 208-213, 218

L

Language barrier, 語言障礙 136-137, 147-148, 179

Likely voters, 可能的投票者 225-226

List sampling, 名簿抽樣 51, 69, 70-71, 100-108, 168-170, 192

Loss of eligibles, 合格者的流失數 113, 117

M

Mail surveys, 郵寄問卷 24, 27, 66, 108, 182-186

Margin of error. See Sampling error.

Measurement error, 測量誤差 3, 20, 46, 54, 59, 154, 187, 204, 236, 239, 259, 285, 288, 301, 307

Mitofsky-Waksberg RDD sampling. See Multistage sampling.

Mixed mode surveys, 混合模式調查法 4, 26, 56-57, 108-110, 182-186

Multiple-frame sampling. See Mixed mode surveys.

Multiple-line households, 多條線路的住戶 33-34, 182

Multistage sampling, 多階段式抽樣 64, 82-83, 96-100, 161

N

NCPP, 公共民調全國評議會 195

900-numbers, 900 的付費電話 66

No eligibles, 沒有符合資格者 144

Noncontacts, 未聯絡上 108, 121, 130, 166

Noncooperation rate, 不合作比率 179

Non-English interviewing, 非英語訪談 136-137

Nonprobability sample, 非機率樣本 63, 68, 207

Nonresident, 非住家 137-138

Nonresidential number, 非住家電話號碼 142-143

Nonresponse, nonresponse error, 未獲回應之誤差 3, 19-20, 26, 38, 40, 41, 46, 53, 66, 75, 108, 119-120, 126, 132, 140, 153, 154-160, 166, 172, 179-182, 185, 187, 190, 191, 199, 209, 213, 227, 236, 254, 256, 262, 285, 287

Nonresponse rates, 未獲回應之比率 154, 173-182

Nonsampling error, 非抽樣誤差 18

Nontelephone household, 沒有電話住家 18, 30-33

Nonworking number, 無效的電話號碼 140-141

Number changed, 電話號碼更改 141

Number verification, 確認電話號碼 196-197

O

On-the-job training, 在職訓練 44, 246, 247, 271-273, 298

Open-end items, 開放式問項 24, 44, 151, 270, 296

Overbooking, 超額預訂 287

P

Panel studies, 區間式調查 68, 171, 203

PAPI, 書面記錄式訪談 6, 41, 112, 122, 128, 151, 155, 187, 214, 225, 249, 257, 270, 279, 290-293, 296-299, 307

Partial interview, 部分訪談 149-150

Personal interviewing, 個別訪談 22, 56, 209, 237-238

Pilot-test, 指引性測試 42, 64

Population, population parameters, 母體、母體參數 65-66, 68, 193

Population of inference, 推論母體 63

Probability sample, 機率抽樣 36, 63, 68, 73, 107, 141, 193, 214, 221, 301

Probing, 刺探 252-253, 257, 270

Q

Quality control, 品質管制 4, 23, 197, 237-238, 308-309

Quality data / results, 有效的資料 / 結果 4

Questionnaire design / format, 問卷設計 / 格式 6, 48-49, 58-59, 269-270

Quota selection methods, 配額選取法 216-221

R

Random digit dialing (RDD), 隨機選取撥號 26, 33, 68, 73-100, 106, 131, 141, 143, 148, 159, 182, 192, 198, 201, 203, 227, 232, 261, 285

Random numbers table, 亂數表 84-87, 102

Rapport, interview-respondent, 訪談人員—受訪者的關係 227

Refusal avoidance training, 避免拒答的訓練 140, 253-257

Refusal conversions, 改變拒答的初衷 140, 154-160, 257

Refusal report form (RRF), 拒絕作答報告表 120, 138, 140, 150, 154-160, 269, 299

Respondent exclusion criteria, 受訪者除外準則 115-116

Respondent fatigue, 受訪者疲乏 25

Respondent instructions, 受訪者選取說明 194

Respondent refusal, 受訪者拒答 148-149

Respondent selection, 受訪者選取 42, 53-54, 144, 148, 189-234

Response rates, 回覆率 154, 173-182, 232, 261

Reverse directory, 反向編排名冊 70, 78, 106, 108, 114, 227, 233

Ring-no-answer, 無人接聽 131-133

Role playing, 角色扮演 257-258, 268, 270

S

Sample size,　樣本大小　17, 63

Sampling,　抽樣　15, 57-58

Sampling area / boundaries,　抽樣地區／範圍　32, 77-79, 196, 226-228

Sampling design / frame,　抽樣設計／架構　42, 62-73, 76, 97, 110, 119, 146-147

Sampling error,　抽樣誤差　4, 17-18, 49, 63, 67, 96, 103, 105, 111

Sampling pool controller,　抽樣群體控制者　129-154, 219, 225, 227

Sampling pool efficiency rates,　抽樣群體的有效比率　174-176

Sampling pool expectations,　抽樣群體的預期　160-173

Sampling pool generation,　抽樣群體的產生　5, 42, 51-52, 61-118, 129, 268

Sampling pool processing,　抽樣群體的處理　5, 53, 118-187, 303

Sampling pool size,　抽樣群體的大小　71, 92, 110-118

Self-weighting,　自我加權　86

700-numbers,　700 開頭的電話　36

Skip patterns,　跳答型態　257, 258, 270

Simple random sample,　簡單隨機樣本　63, 82-83, 96

Sponsors,　贊助者　196, 199, 233, 267, 305-306

Standardized survey interviewing,　標準化調查訪談　241, 248-249

Statistical power,　統計檢力　111

Stratified sample,　層級化樣本　63-64, 79, 94, 104-106, 161

Sugging,　拐彎抹角　39

Supervisor remuneration,　監督者的薪資　294

Supervisor responsibilities,　監督者的責任　42, 54-55, 259-260, 277-309

Supervisor-to-interviewer Ratio,　監督者-訪談人員比例　294-295

Survey modes, 調查模式 23-24, 108-110, 182-186, 237-238

Systematic sample, 系統化抽樣 16, 63, 103-106

T

Target population, 目標母體 63, 148, 181, 206, 268

Telecommunications Technology, 電訊科技 28, 34-35

Telemarketing, 電話行銷 39, 191, 242, 251

Telephone behavior, public's, 電話禮貌 28-41

Telephone presence, interviewers', 訪談人員電話的拜訪態度 243, 283

Telephone saturation, 電話普及性 30-33

Temporary disconnected, 暫時斷線 141-142

Total survey error, 整體調查誤差 4, 17-22, 44-46, 57, 63, 88, 108, 126, 132, 165, 180, 187, 207, 213, 216, 230, 232, 237, 241, 250, 259, 260, 261, 262, 274-275, 277, 279, 282, 294, 308-309

Trohdal-Carter-Bryant selection method, T-C-B 選取法 216-221

Training packet, Interviewer, 訪談人員的訓練卷宗 267

U

Unavailable respondents, 受訪者此時不方便 145

Uncontrolled respondent Selection, 不受控制的受訪者選取 205-207

Unequal selection Probabilities, 不等的選取機率 34, 63, 181

Unlisted / unpublished numbers, 未登錄的電話 70, 75, 79, 86, 89, 201

V

Vacuous suffix banks, 無效的後四碼範圍 80-81, 94

Validating completions, 完成訪談的有效性檢查 261, 296-299

Veracity, 真實性 39-40

Verifying completions, 完成訪談的確認　150-151, 261, 306-307
Videophone, 影像電話　26, 36, 243

W

Weighting, 加權　33, 50, 63, 73, 100, 181
Within-unit sample, 單位內的樣本　189, 193, 207-221

關於作者

  Paul J. Lavrakas 畢業於芝加哥 Loyala 大學的哲學博士，目前是西北大學的一位新聞學與統計學教授，他自 1980 年起就是該學院中教授群的一員。在 1982 年時，他創立了西北大學調查研究室，並自創立之初，就一直擔任該組織的指導人。

  出生於麻塞諸塞州的劍橋（Cambridge），他是在密西根州伯明罕（Birmingham）的公立學校接受教育，並於 1968 年時獲得密西根州立大學（Michigan State University）一般社會科學的學士學位。而後在芝加哥的 Loyola 大學中，於 1975 年時獲得試驗性社會心理學的碩士學位，再於 1977 年時獲得應用社會心理學的博士學位。由 1968 年到 1972 年的這段時間內，他在位於芝加哥 Southside 的一所公立學校中，教導五年級的學生。當他在 1978 年成為西北大學「都市事務與政策研究中心」（Center for Urban Affairs and Policy Research）的一位副研究員之前，於 1977 年時他所擔任的職務是西屋電子公司（Westinghouse Electric Corporation）中的一位公共部門專家。

過去十五年之間，由於他在「民眾對於犯罪與社區反犯罪計畫的反應」這個領域內，所進行的範圍極爲廣泛之公共政策研究，而獲得極高的國際聲望。他針對各種不同的研究方法論方面的議題，定期地對美國法務部（Department of Justice）、以及其他公家與私人部門機構提供建議。過去六年內，他將大部分的研究重點都轉移到媒體運用各種調查方式報導新聞事件的這個領域上，尤其是各種政治選舉活動方面。由於這個緣故，他也是《民意調查與總統大選報導》（Polling and Presidential Election Coverage, 1991）這本著作的編著者之一；而目前他正針對 1992 年的大選，撰寫一部相關的姊妹作品。在 1993 年時，他則是擔任「中西部輿論研究協會」（Midwest Association for Public Opinion Research）的副總裁／總裁當選人。

弘智文化事業出版品一覽表

弘智文化事業有限公司的使命是：

出版優質的教科書與增長智慧的軟性書。

心理學 系列叢書

1. 《社會心理學》
2. 《金錢心理學》
3. 《教學心理學》
4. 《健康心理學》
5. 《心理學：適應環境的心靈》

社會學 系列叢書

1. 《社會學：全球觀點》
2. 《教育社會學》

社會心理學 系列叢書

1. 《社會心理學》
2. 《金錢心理學》

教育學程 系列叢書

1. 《教學心理學》
2. 《教育社會學》
3. 《教育哲學》
4. 《教育概論》
5. 《教育人類學》

心理諮商與心理衛生系列叢書

1. 《生涯諮商：理論與實務》
2. 《追求未來與過去：從來不知道我還有其他的選擇》
3. 《夢想的殿堂：大學生完全手冊》
4. 《健康心理學》
5. 《問題關係解盤：專家不希望你看的書》
6. 《人生的三個框框：如何掙脫它們的束縛》
7. 《自己的創傷自己醫：上班族的職場規劃》
8. 《忙人的親子遊戲》

生涯規劃系列叢書

1. 《人生的三個框框：如何掙脫它們的束縛》
2. 《自己的創傷自己醫：上班族的職場規劃》
3. 《享受退休》

How To 系列叢書

1. 《心靈塑身》
2. 《享受退休》
3. 《遠離吵架》
4. 《擁抱性福》
5. 《協助過動兒》
6. 《迎接第二春》
7. 《照顧年老的雙親》
8. 《找出生活的方向》
9. 《在壓力中找力量》
10. 《不賭其實很容易》
11. 《愛情不靠邱比特》

企業管理系列叢書

1. 《生產與作業管理》
2. 《企業管理個案與概論》
3. 《管理概論》
4. 《管理心理學：平衡演出》
5. 《行銷管理：理論與實務》
6. 《財務管理：理論與實務》
7. 《重新創造影響力》

管理決策系列叢書

1. 《確定情況下的決策》
2. 《不確定情況下的決策》
3. 《風險管理》
4. 《決策資料的迴歸與分析》

全球化與地球村系列叢書

1. 《全球化：全人類面臨的重要課題》
2. 《文化人類學》
3. 《全球化的社會課題》
4. 《全球化的經濟課題》
5. 《全球化的政治課題》
6. 《全球化的文化課題》
7. 《全球化的環境課題》
8. 《全球化的企業經營與管理課題》

應用性社會科學調查研究方法系列叢書

1. 《應用性社會研究的倫理與價值》

2.　《社會研究的後設分析程序》

3.　《量表的發展：理論與應用》

4.　《改進調查問題：設計與評估》

5.　《標準化的調查訪問》

6.　《研究文獻之回顧與整合》

7.　《參與觀察法》

8.　《調查研究方法》

9.　《電話調查方法》

10.　《郵寄問卷調查》

11.　《生產力之衡量》

12.　《抽樣實務》

13.　《民族誌學》

14.　《政策研究方法論》

15.　《焦點團體研究法》

16.　《個案研究法》

17.　《審核與後設評估之聯結》

18.　《醫療保健研究法》

19.　《解釋性互動論》

20.　《事件史分析》

瞭解兒童的世界系列叢書

1.　《替兒童作正確的決策》

觀光、旅遊、休憩系列叢書

1.　《觀光行銷學》

資訊管理 系列叢書

1.　《電腦網路與網際網路》

統計學 系列叢書

1.　統計學

電話調查方法

原　　著 / Paul J. Lavrakas

譯　　者 / 朱瑞淵、王昭正

校 閱 者 / 王金利

執行編輯 / 古淑娟

出 版 者 / 弘智文化事業有限公司

登 記 證 / 局版台業字第 6263 號

地　　址 / 台北市丹陽街 39 號 1 樓

E-Mail：hurngchi@ms39.hinet.net

瀏覽網站：www.businessbooks.com.tw

電　　話 / （02）23959178・23671757

傳　　真 / （02）23959913・23629917

郵政劃撥：19467647　　戶名：馮玉蘭

發 行 人 / 邱一文

總 經 銷 / 旭昇圖書有限公司

地　　址 / 台北縣中和市中山路 2 段 352 號 2 樓

電　　話 / （02）22451480

傳　　真 / （02）22451479

製　　版 / 信利印製有限公司

版　　次 / 1999 年 7 月初版一刷

定　　價 / 320 元

ISBN 957-97910-1-5

國家圖書館出版品預行編目資料

電話調查方法 / Paul J. Lavrakas 著；朱瑞淵、王昭正
譯. --初版. --台北市：弘智文化； 1999〔民 88〕
　面： 公分（應用社會科學調查研究方法系列叢書；9）
參考書目：面；
含索引
譯自：Telephone Survey Methods：Sampling,
　　　　Selection, and Supervision

ISBN 957-97910-1-5（平裝）

1. 社會調查—研究方法　2. 電話—調查

540.15　　　　　　　　　　　　　88004094